collection SPORTS et LOISIRS
créée par Roger Vaultier

jogging et course de fond

jeff galloway

jogging et course de fond

Conseils et programmes d'entraînement

édition 1992

Photo de couverture : Jacques Cochin/Agence Explorer

éditions amphora s.a.
14, rue de l'Odéon 75006 Paris

titre de l'édition originale :
GALLOWAY'S BOOK ON RUNNING

édition originale publiée aux États-Unis en 1984
par Shelter Publications, Inc.
P.O. Box 279, Bolinas, California 94924 U.S.A.

illustrations de :
Richard Golveke, Edna Indritz et David Wills

traduit par : Martine TAYLOR

Collection Sports et Loisirs créée par Roger VAULTIER

Édition 1992
ISBN : 2-85180-113-9
ISSN : 0768-083X

SOMMAIRE

L'auteur 11
Introduction 13

PREMIÈRE PARTIE : LES DÉBUTS 15

1 — **La révolution de la course à pied** 16

2 — **Les cinq stades de l'évolution d'un coureur** 21
- Le débutant 22
  - — Premier stade. Rompre avec ses vieilles habitudes 22
- Le jogger 23
  - — Deuxième stade. Pénétrer dans un monde nouveau 23
- Le compétiteur 24
  - — Troisième stade. Lorsque la compétition est la principale force motrice 24
- L'athlète 26
  - — Quatrième stade. Essayer d'être le meilleur 26
- Le coureur 27
  - — Cinquième stade. Le meilleur de tous les stades 27

3 — **Le démarrage** 29
- Cinq étapes préliminaires à la course à pied 32
- Comment aider une autre personne à démarrer 33

DEUXIÈME PARTIE : L'ENTRAÎNEMENT 35

4 — **La physiologie** 36
- Ce qui se passe à l'intérieur de votre corps lorsque vous courez 36

5 — **Le plan d'entraînement** 46
- Par où commencer ? 46
- La pyramide d'entraînement 48
- L'entraînement de base 50
- L'entraînement en côte 52
- L'entraînement à la vitesse 52
- Après la pyramide 53

6 — **Votre carnet de course** 55

7 — **Programmes kilométriques quotidiens et hebdomadaires** 58
- Effort + repos 60
- Changements à l'intérieur des cellules musculaires 61
- Le programme kilométrique quotidien 61
- Le programme kilométrique hebdomadaire 64
- Courir par temps froid 66
- Courir par temps chaud 67

TROISIÈME PARTIE : LA COMPÉTITION 69

8 — **La vitesse** 70
- Le sommet de la pyramide 70
- Le fartlek 72
- Interval-training 74
- Les alternatives au travail de vitesse 76
- Les causes les plus fréquentes de blessures dues à la vitesse ... 77

9 — **Savoir évaluer l'allure** 79

10 — **L'art de la compétition** 82
- Du dix kilomètres au semi-marathon 82
- Atteindre son niveau de rendement maximum 83
- Le compte à rebours 89

• *Programme d'entraînement au 10 km* 91
- L'entraînement de base 91
- L'entraînement en côte 91
- L'entraînement à la vitesse 91

11 — **Courir le marathon** 99
- En ne faisant pas plus de cinq kilomètres par jour 99
- La longue course 100
- Améliorer sa performance dans le marathon 102

• *Programme d'entraînement au marathon* 105
- L'entraînement de base 105
- L'entraînement en côte 105
- L'entraînement à la vitesse 105
- Le travail de style 105

12 — **Le compétiteur avancé** 114
- Les séances d'entraînement pour le compétiteur avancé 114
- Le programme d'entraînement avancé 116
- La stratégie de course du compétiteur avancé 120
- Il ne faut pas abuser des bonnes choses 123

QUATRIÈME PARTIE : LA MISE AU POINT 125

13 — **Le style** 126
- Comment courir mieux et avec plus de puissance ? 126
- Quelques considérations sur le style 127
- Trois « trucs » pour améliorer son style 130
- Travail de style hebdomadaire 131
- Les accélérations de style 132
- Le style de course pour les côtes 133
- Incidents de parcours 134

14 — **Étirements et musculation** 136
- Se décontracter et trouver l'équilibre 136
- Trois étirements utilisés par les coureurs 139
- Exercices de musculation 142

15 — **Exercices et répétitions d'exercices qui améliorent le style** 146
• Comment développer et améliorer son style ? 146

16 — **La volonté** 151
• Comment courir plus vite sans entraînement 151

17 — **Les femmes et la course à pied** 156
• Quatre domaines de préoccupation féminine concernant l'exercice 158
• Courir pendant toute la grossesse 160
• Retrouver la ligne après la naissance du bébé 164

CINQUIÈME PARTIE : LES BLESSURES 167

18 — **Le blessé ambulant** 168
• Quelques exercices de remplacement : comment garder la forme et le moral 170
• Si vous ne pouvez absolument pas faire d'exercices 172
• Reprendre la route 173
• Reprendre les séances d'entraînement 174
• Que s'est-il passé ? 175

19 — **Le diagnostic et le traitement des blessures** 176
• Les podologues 176
• Les orthopédistes 176
• Diagnostic et traitement 177
• Problèmes du genou 177
• Problèmes du tendon d'Achille 182
• Aponévrose plantaire et autres problèmes du talon 185
• Problèmes du tibia 188
• Un entraînement varié et équilibré 192

SIXIÈME PARTIE : L'ALIMENTATION 195

20 — **La nutrition** 196
• Un passé végétarien 196
• Les protéines 197
• Les lipides 198
• Les hydrates de carbone 198
• L'eau et le sel 199
• Les vitamines et les minéraux 200

21 — **Le carburant** 202
• Se nourrir en vue d'une performance 202
— La surcharge en hydrates de carbone 202
— Les liquides 203
— 24 heures avant la course et le compte à rebours 204
— Le compte à rebours alimentaire précédant une compétition 204

22 — **Courir pour éliminer les graisses** 205
- Le point de « programmation » 205
- L'objectif des 40 minutes 207
- L'après-combustion 207
- Brûler des graisses en dormant 207
- Le café 208
- Courir en portant du poids 208
- Courir mince 208

SEPTIÈME PARTIE : LES CHAUSSURES 211

23 — **Les chaussures et leurs secrets** 212
- Informations confidentielles sur la conception des chaussures 212
  — Définition des mouvements du pied 213
  — Le pied rigide 214
  — Forme des chaussures 215
  — Ajustage des chaussures 216

24 — **Acheter des chaussures** 219
- Les points à vérifier avant de choisir une chaussure 219
- Autres « trucs » concernant les chaussures 221

HUITIÈME PARTIE : DU DÉPART JUSQU'A L'ARRIVÉE, OU COURIR DE 7 A 77 ANS ? 223

25 — **Faut-il laisser les enfants pratiquer la course à pied ?** 224
- Les effets bénéfiques 224
- Les dangers 224
- Les vrais objectifs 224
- La compétition 225
- Programme conseillé 225

26 — **Courir après quarante ans** 226
- Un temps de récupération plus long 226
- Un changement de cap radical à mi-parcours de la vie 227
- Courir un jour sur deux 228
- Courir après soixante ans 228

APPENDICE 233

L'AUTEUR

Jeff Galloway court depuis 1958. Né à Raleigh, en Caroline du Nord, Jeff a commencé à courir au lycée et a été champion de son état (2 miles). Il a fait ses études supérieures à l'université de Wesley et a fait partie de l'équipe américaine de cross-country et d'athlétisme. Après avoir passé trois ans dans la marine américaine, il s'inscrivit à l'université de Floride où il obtint une licence en sciences humaines.

En Floride, Jeff commença à s'entraîner avec Frank Shorter et Jack Bacheler. Lors de leur préparation pour les Jeux Olympiques de 1982, les trois coureurs s'entraînèrent pendant deux mois dans les montagnes, à Vail dans le Colorado et furent tous trois sélectionnés pour faire partie de l'équipe olympique cette année-là. Il fut sélectionné dans l'équipe du 10 000 et aida son ami Jack Bacheler à remporter la distance la plus longue.

En 1973, Jeff établit un record américain du 10 miles et représenta les États-Unis comme membre de l'équipe américaine d'athlétisme en Europe, en U.R.S.S. et en Afrique. Au milieu des années 70, Jeff commença à suivre un programme d'entraînement mettant davantage l'accent sur la récupération et sur une réduction du kilométrage hebdomadaire associée avec une longue course tous les quinze jours, et à l'âge de 35 ans il courut le marathon de Houston-Tenneco en 2 h 16.

LA CARRIÈRE SPORTIVE DE JEFF GALLOWAY

Lycée : 1-mile : 4'28'' ; 2-miles : 9'48''.
Université : 1-mile : 4'12'' ; 2-miles : 9'06'' ; 3-miles : 14'10''.
Autre temps :6-miles : 27'21''.
10 km : 28'29''.
10-miles : 47'49'' (Record américain, 1973).
Marathon : 2 h 16'35''.

Il a été le premier vainqueur de la « Peachtree Road Race » à Atlanta en 1970 et par la suite il est devenu l'un des principaux organisateurs de cette épreuve. En 1977, il a réuni la meilleure formation mondiale avec Bill Rodgers, Frank Shorter, Don Kardong et Lasse Viren qui donnèrent à la course une renommée internationale ; en trois ans, les inscriptions passèrent de 1 200 à 12 000 personnes. En tant que co-fondateur de l'« Avon International Women's Marathon » en 1978, il soutint la cause qui a abouti à la création du marathon féminin olympique. Il est également co-directeur du « Manufacturers Hanover Corporate Challenge ».

En 1973, Galloway a créé Philippides, et c'est à présent un réseau national de 35 magasins franchisés, spécialisés dans la vente d'articles pour la course à pied. En 1973, il a créé son premier camp de vacances sportives et il y en a maintenant trois qui fonctionnent chaque été, en Californie, dans le Colorado et en Colombie britannique. Parmi les entraîneurs et les professeurs qui s'occupent de ces camps, il y a Bob Anderson, Covert Bailey, David Costill, Joe Henderson, Harry Hlavac, Arthur Lydiard, John Pagliano et Joan Ullyot (médecin).

Jeff a rencontré sa femme Barbara lors d'une rencontre d'athlétisme en Floride — elle faisait partie de l'équipe américaine d'athlétisme de Floride. Ils se sont mariés en 1976. Barbara court pratiquement tous les jours et a participé à plus de 30 marathons. Son meilleur temps au 10 km est de 41'50'' et son temps de marathon est de 3 h 18'.

Jeff dirige à présent plus de 60 séminaires de course à pied par an et fait 80 à 100 apparitions dans les magasins spécialisés dans la course à pied, les Y.M.C.A. et les clubs sportifs. Cela fait des années qu'il écoute les coureurs de tous les jours lui confier leurs problèmes et qu'il essaie d'y apporter des solutions originales — en particulier, pour ceux qui n'ont pas beaucoup de temps pour s'entraîner.

Jeff et Barbara vivent avec leurs enfants à Atlanta, en Géorgie.

« Il est certain que Jeff Galloway possède à la fois les connaissances et les capacités physiques pour parler d'expérience. Son livre est une contribution éclatante à la course à pied de compétition. »

Kenneth H. Cooper. *Médecin*
Auteur de « Aerobics »

INTRODUCTION

Ce livre est le fruit de centaines d'expériences. J'ai appris en m'adressant directement à eux, les problèmes rencontrés par les coureurs de tous les jours et comment alterner les périodes d'effort et de repos pour améliorer la forme en diminuant le risque de blessure ou la fatigue.

La course à pied ce n'est pas seulement la compétition. Même si une bonne partie de ce qui suit est destinée à aider les coureurs à aller plus vite, les mêmes principes — mise au point d'un programme kilométrique, tenue d'un carnet de course, bonne condition physique, entraînement en côte, exercices d'élongation et de musculation — s'appliquent aux coureurs de tous niveaux et aux objectifs les plus divers. Il se peut que vous soyez un coureur débutant. Si tel est le cas, ce livre vous aidera à démarrer sans douleur et dans la confiance. Si vous pratiquez la course à pied depuis assez longtemps, vous apprendrez à courir de manière plus agréable, à mieux vous préparer pour les compétitions et à éviter les blessures dues à la fatigue. Les compétiteurs aguerris trouveront de nouvelles idées sur la stratégie de la course et pour améliorer leur future performance. Quels que soient votre niveau ou votre objectif, vous devez vouloir courir de manière intelligente, courir sans souffrir, éviter les blessures et passer un moment agréable lorsque vous courez.

Vous trouverez de nombreuses informations dans ce livre mais un seul message : vous pouvez le faire ! Nous nous retrouvons sur cette terre munis d'un important capital d'espoirs, de possibilités et d'espérances. De nombreuses personnes vivent sans jamais découvrir le moyen de surmonter les obstacles et de connaître le plaisir et l'immense joie que procure le fait de s'améliorer. Avec de la détermination, de la patience et de la persévérance vous pouvez vous forger le corps d'un coureur et par là-même mener une existence plus saine et plus enrichissante.

1

Les débuts

1. La révolution de la course à pied
2. Les cinq stades de l'évolution d'un coureur
3. Le démarrage

1. LA RÉVOLUTION DE LA COURSE A PIED

La course à pied n'est pas une nouveauté. Les anciens Grecs disputaient déjà des courses, au moins dès 776 avant J.-C., l'année des premières olympiades. En 490 avant J.-C., le célèbre coureur Philippides parcourt 300 miles en quatre jours pour solliciter l'aide de la ville voisine de Sparte contre l'invasion imminente des Athéniens. Dans l'Angleterre pré-industrielle, on faisait courir les laquais devant les carrosses pour qu'ils avertissent leur seigneur du danger. Aujourd'hui encore, les indiens Tarahumara qui vivent dans la région nord-ouest du Mexique se livrent à des compétitions de course à pied et courent 250 à 300 kilomètres par jour — en poussant du pied un ballon tout au long du parcours. La course à pied en tant que sport existe depuis des siècles sous diverses formes, allant des épreuves non officielles permettant de tester son « moi » et sa volonté jusqu'aux rencontres universitaires d'athlétisme et aux Jeux Olympiques, mais ce n'est que récemment que des gens de tous les milieux se sont lancés en masse sur les routes.

Il y a diverses raisons qui poussent à courir : on court pour perdre du poids, pour être en forme, pour se sentir bien, pour réduire le stress, pour faire de la compétition ou pour partager une expérience avec d'autres personnes. L'état avancé de la technologie y est peut-être également pour quelque chose. La plupart des travaux qui autrefois étaient faits à la main sont maintenant faits par des machines. Alors que nos lointains ancêtres menaient une vie physiquement active, parcourant de longues distances pour ramasser des racines, des noix et des graines ou poursuivre le gibier, alors que nos grands-parents ou nos arrière-grands-parents labouraient les champs pour se nourrir et fabriquaient de leurs mains les objets nécessaires à leur vie de tous les jours, nous évoluons à présent dans une économie principalement sédentaire.

Il y a de plus en plus de gens qui cherchent à retrouver la santé, la forme et la minceur que possédaient autrefois naturellement nos prédécesseurs qui menaient une existence active. Une nouvelle mentalité semble s'être développée. Peut-être que lorsque une société atteint un haut niveau d'efficacité industrielle et technologique, les gens qui depuis longtemps ne s'occupent plus de leur nature physique, réagissent et commencent à chercher des moyens de rétablir l'harmonie entre le corps et l'esprit.

Je courais bien avant que ce ne soit la mode en Amérique. Puis, à la fin des années 1960, je commençai à voir un flot d'autres coureurs sur les routes où auparavant j'étais le seul à courir. Au début des années 70, il y en avait de plus en plus et à présent ils sont des millions à y courir régulièrement. Cela semble avoir été le fait d'une évolution naturelle mais en y réfléchissant bien je peux citer quelques personnes clés qui ont contribué à donner une impulsion à la course à pied, ce qui a abouti à la révolution à laquelle nous assistons maintenant dans nos villes : trois professeurs —

Arthur Lydiard, Bill Bowerman et le Dr Kenneth Cooper — et trois coureurs — Amby Burfoot, Frank Shorter et Bill Rodgers. Il y en a eu bien sûr beaucoup d'autres, mais ces six hommes ont été des catalyseurs, reflétant et amplifiant l'esprit des temps. Ils se sont trouvés aux bons endroits, aux bons moments et ont eu la juste inspiration des nouvelles perspectives qui allaient être décisives pour la naissance de la course à pied pour le maintien de la forme.

LA COURSE A PIED NÉO-ZÉLANDAISE. Dans les années 1940, Arthur Lydiard, un ancien joueur de rugby devenu obèse et travaillant comme ouvrier dans une usine de chaussures en Nouvelle-Zélande décida de faire quelque chose pour changer sa vie. Le fait de passer ses week-ends à jouer au rugby n'avait nullement fait disparaître la roue de secours qu'il avait sur l'estomac, alors il décida de perdre du poids en courant. Mais, à cette époque le spectacle qu'offraient les coureurs de ce pays était plutôt décourageant. Ils tournaient à toute allure sur la piste sans s'arrêter jusqu'à ce qu'ils s'effondrent. La philosophie de l'époque était « il faut souffrir pour progresser ».

Arthur voulait retrouver la ligne mais pas de cette façon. Alors, il s'en fut sur les routes de Nouvelle-Zélande et se lança dans un programme de remise en forme composé de longues courses à allure modérée. Au fil des mois il perdit du poids. Au fil des années il devint de plus en plus dépendant de la course à pied et redécouvrit un esprit de compétition depuis longtemps refoulé. Il commença à se demander comment il se comporterait dans un marathon et bientôt Lydiard le « jogger » devint Lydiard le coureur. Il finit même par représenter la Nouvelle-Zélande aux Jeux du Commonwealth en 1951.

Quelques jeunes gens des environs s'étaient mis à courir avec Lydiard et ils finirent par lui demander d'être leur entraîneur. Lydiard accepta et modifia son propre programme qui mettait l'accent sur de longues courses à allure modérée en une suite de projets de courses pour ses étudiants. Aux Jeux Olympiques de Rome en 1960, trois des jeunes des environs — Peter Snell, Murray Halberg et Barry Magee — remportèrent des médailles en course de fond. Lydiard devint un personnage public acclamé et un héros national.

On peut dire que Lydiard a inventé le jogging. Après les Jeux Olympiques, il fut fréquemment invité à parler à des groupes d'hommes et de femmes sédentaires, âgés de 30, 40 ans et plus. Les gens auxquels il parlait commencèrent à sentir que comme l'ancien joueur de rugby obèse, ils pouvaient eux aussi courir sans forcer et améliorer leur condition physique. La course à pied pouvait non seulement leur faire perdre du poids mais également se révéler une activité agréable. Lydiard transforma l'image que se faisait le public de la course à pied et, d'une activité intense, fatigante et pénible, il fit une composante sociale et civilisée du mode de vie actif néo-zélandais. La crédibilité que lui conférait la médaille olympique fournit à Lydiard un tremplin qui lui permit d'atteindre des millions de gens. Il les tira de leur fauteuil les jeta sur les routes au début des années 60, et la vogue « underground » du jogging démarra.

LE JOGGING AMÉRICAIN. Bill Bowerman est l'un des entraîneurs d'athlétisme qui obtient le plus de succès aux États-Unis, mais le rôle qu'il a joué dans l'introduction du jogging en Amérique est encore plus important.

Au cours de l'hiver 1962, peu de temps après que son équipe de relais de l'université d'Orégon ait battu le record du monde du 4 mile, il fut invité à participer à une rencontre de course à pied avec l'équipe de Nouvelle-Zélande, ancienne détentrice du record mondial. Bowerman et son équipe étaient les invités d'Arthur Lydiard.

« Le premier dimanche où j'arrivai là-bas », raconte Bowerman dans le livre de Bill Dellenger *The running experience,* « Lydiard me demanda si je souhaitais l'accompagner et participer à une course avec un club de jogging local. J'avais l'habitude de me rendre en plein air et de faire 50 mètres en marchant, 50 mètres en courant à petites foulées, sur une distance totale de 500 mètres, ce qui me donnait l'impression de faire un bon bout de chemin... Nous nous rendîmes dans un parc où se trouvaient environ 200 personnes — hommes, femmes, enfants de tous niveaux et de toutes constitutions. Je n'avais pas encore digéré mon petit déjeuner lorsque Lydiard me montra du doigt une colline dans le lointain et me déclara que nous allions la gravir en courant. Elle semblait être à environ 2,5 kilomètres. Nous partîmes et pendant environ 800 mètres je ne me sentis pas trop mal à l'aise, puis nous commençâmes à gravir cette colline. Mon dieu, la seule chose qui me garda en vie fut l'espoir que j'allais en mourir. Je me retrouvai en queue de peloton et un vieil homme qui avait je suppose dans les soixante-dix ans me rejoignit et me dit : "Je vois que vous avez des problèmes." Je ne dis rien... car je ne pouvais pas parler. Nous redescendimes alors la colline et arrivâmes à peu près en même temps que ceux qui avaient couvert toute la distance. »

Bowerman qui est à présent âgé de 50 ans passa six semaines en Nouvelle-Zélande pendant lesquelles il courut tous les jours. Il perdit presque 5 kilos et 10 centimètres de tour de taille. Lorsqu'il retourna dans l'Orégon il avait appris à courir lentement et sans peine. Dès son retour, il reçut un coup de téléphone de Jerry Uhrhammer, reporter sportif du journal local. Celui-ci voulait connaître les performances réalisées par l'équipe mais Bowerman montra surtout de l'enthousiasme pour ce qu'il avait appris sur le jogging. Uhrhammer qui par la suite se mit au jogging après avoir subi une opération à cœur ouvert, publia divers articles basés sur les révélations de Bowerman. Bowerman se mit à organiser des courses le dimanche matin et Uhrhammer lui fit de la publicité.

Le public se mit à s'intéresser de plus en plus aux courses du dimanche et l'on demanda à Bowerman d'organiser des stages et des cours pour des associations locales à Eugene. C'est ce qu'il fit, engageant comme instructeurs quelques-uns des coureurs de fond les plus doués de l'Orégon. Bowerman ne tarda pas à être submergé de demandes d'informations sur ce nouveau phénomène et en 1966 il écrivit un pamphlet de soixante pages intitulé « Jogging » en collaboration avec un cardiologue, le Dr Waldo Harris. L'année suivante il publia une nouvelle version plus complète de « Jogging » qui se vendit à plus d'un million d'exemplaires. La graine de la vogue du jogging était fermement plantée dans le sol américain !

L'AÉROBIC POUR LA FORME. En 1960, les maladies cardio-vasculaires constituaient la première cause de décès chez les Américains. Une génération entière d'Américains s'était trop facilement laissée séduire par la « belle vie ».

Jusqu'au milieu des années 40, les gens travaillaient relativement dur. Le budget limitait la consommation de viande et favorisait celle des légumes. Mais la prospérité d'après guerre amena davantage de temps libre, d'emplois sédentaires et les fonds nécessaires à l'achat de viande, de crème fraîche et de beurre... Le nombre des maladies cardio-vasculaires augmenta rapidement.

L'armée de l'air commença à s'inquiéter lorsque ses pilotes se mirent à décéder de crises cardiaques, entraînant souvent dans leur chute des avions de plusieurs millions de dollars. Les responsables de l'armée furent très intéressés lorsque l'un de ses jeunes médecins, le Dr Kenneth Cooper suggéra de procéder à une étude pour voir si l'exercice physique pouvait avoir une influence sur le facteur de risque dans les maladies cardio-vasculaires.

Cooper faisait son internat à Boston lorsque Bowerman revint de Nouvelle-Zélande. Ancienne vedette de son lycée et de son université pour ses performances en course à pied (il courait le mile en 4'18''), Cooper faisait de la tension et avait grossi de 40 kilos après la faculté de médecine et l'internat. Un jour, ainsi qu'il le rappelle dans « The aerobics Program for total well-being » il décida d'aller faire du ski nautique. Ayant été dans sa jeunesse un skieur émérite, il chaussa ses skis, demanda au pilote de monter presque immédiatement à 50 km à l'heure et se prépara à passer un moment fantastique comme au bon vieux temps.

« Mais », rappelle-t-il, « une surprise m'attendait ».

« Au bout de 3 à 4 minutes j'étais complètement épuisé et je me sentis soudain faible et malade. Je dis au pilote du bateau d'arrêter et de me ramener à terre le plus vite possible. Pendant la demi-heure qui suivit je restai allongé sur la rive, victime d'un effroyable mal au cœur et de vertiges et incapable d'aligner deux idées cohérentes. »

Cette expérience eut sur Cooper le même effet que la course néozélandaise du dimanche matin avait eu sur Bill Bowerman. Il se lança dans un programme d'exercices et suivit un régime qui ramena son poids de 95 à 77 kilos et réduisit de 16 % la proportion de son tissu adipeux. Son enthousiasme pour l'exercice physique et la découverte de la responsabilité des maladies cardio-vasculaires dans les accidents d'avion convainquirent l'armée de la valeur du programme de tests qu'il avait mis au point. Les résultats de ses études furent publiés dans son livre le plus marquant « Aerobics ».

Le livre de Cooper était un ouvrage de vulgarisation expliquant des faits qui commençaient à s'accumuler — démontrait que la « belle vie » serait rapidement interrompue par de mauvaises habitudes alimentaires et que l'exercice physique pouvait avoir raison de nombreux facteurs de risque. Les Américains se montrèrent réceptifs à ces idées. A quoi bon avoir une belle maison, une famille et un revenu élevé si l'on n'avait pas la santé pour en profiter ?

Le but de Cooper était de secouer la grande léthargie et l'inactivité de la plupart des Américains en leur démontrant les bienfaits de la pratique régulière de l'exercice. Aujourd'hui, des millions d'Américains en forme doivent leur santé à la lecture d'« Aerobics ».

L'IMPULSION FINALE DONNÉE PAR LES COUREURS PROFESSIONNELS. De la même façon que les médailles olympiques remportées par la Nouvelle-Zélande furent le détonateur nécessaire à la vague d'intérêt pour les théories sur la forme de Lydiard, le succès remporté par les Américains aux Jeux Olympiques montra à leurs compatriotes qu'eux aussi pouvaient être des coureurs de fond. Avant les Jeux Olympiques de Tokyo en 1964, un seul américain avait remporté une médaille d'or en course de fond depuis 1908 — Horace Ashenfelter vainqueur de la course d'obstacles en 1952.

Tout changea aux Jeux Olympiques de Tokyo quand Billy Mills, un parfait inconnu, dérangea les plans de la star australienne Ron Clarke et du Tunisien Mohamed Gammoudi en gagnant le 10 000 mètres. Quatre jours plus tard, l'Américain Bob Schul remporta la médaille d'or du 5 000 mètres et Bill Dellenger, un entraîneur de Springfield dans l'Orégon prit la troisième place avec une seconde de retard.

Après des années de faible participation, le nombre de concurrents inscrits dans les courses de fond américaines les plus importantes commença à augmenter. En 1964, le Marathon de Boston, la plus ancienne course de fond du pays, enregistra pour la première fois 300 inscriptions. En 1967, le nombre passa à 479 ; en 1970, 1 150. Le « San Francisco's Bay Breaker » enregistra une progression similaire. Partis à 15 en 1963, ils étaient 124 l'année suivante, 1 241 en 1969 et 75 000 en 1984 !

Bien qu'il y eût chaque année davantage de coureurs, les Américains n'avaient toujours pas remporté le marathon le plus important du pays — celui de Boston — depuis 1957, lorsqu'un professeur de Groton, dans le Connecticut, nommé John J. Kelley pulvérisa le record de l'épreuve. Après la victoire de Kelley, les Finlandais et les Japonais dominèrent l'épreuve jusqu'en 1968, date à laquelle un autre Américain lui aussi originaire de Nouvelle-Angleterre et de Groton, et entraîné par Kelley remporta la course. La victoire devenue historique de mon compagnon de chambre Amby Burfoot amena des milliers de coureurs du dimanche à se mettre à la pratique de ce nouveau sport.

Puis, au début des années 70, Frank Shorter, un étudiant en droit diplômé de Yale devint un coureur de dimension nationale alors qu'une ancienne vedette de la piste en Oregon — Kenny Moore — quitta la piste pour les routes et finit second dans le Marathon de Fukoka en 1970. En 1971, Shorter et Moore se qualifièrent tous les deux pour le Marathon des Jeux Panaméricains qui fut remporté par Shorter. Kenny Moore était écrivain de formation et fut engagé par le magazine « Sports Illustrated ». Il écrivit des comptes rendus enthousiastes du monde international des courses qui intéressèrent des millions de lecteurs.

L'engouement pour la forme qui avait bouleversé le mode de vie des Américains augmenta encore en 1972 grâce à A.B.C. Sports, qui lors des Jeux Olympiques de Munich choisit de faire du marathon l'un des grands moments de ses programmes. La victoire de Shorter — avec 2 minutes d'avance — sur le plus grand nombre de participants jamais rassemblés confirma définitivement que les Américains pouvaient s'illustrer en tant qu'athlètes de fond.

Cela se vérifia à nouveau quelques années plus tard, lorsque Bill Rodgers étonna tout le monde en remportant en 1975 le Marathon de Boston. Il le remporta à nouveau en 1978, 1979 et 1980. Le sympathique Rodgers possédait une énergie toute enfantine et une franchise qui tranchaient sur la suffisance des athlètes professionnels de l'époque. Les innombrables admirateurs qui faisaient la queue pour lui parler après les courses pouvaient l'approcher et il leur refusait rarement un autographe.

Tout comme Lydiard, Bowerman et Cooper qui en tant qu'enseignants avaient attiré l'attention du public sur les bienfaits de la pratique régulière de l'exercice physique, Burfoot, Shorter et Rodgers (qui appartiennent tous à la génération du « baby boom ») procurèrent à des moments clés, une motivation aux groupes de coureurs qui se multipliaient dans le pays. Les Américains comprirent que le secret de leur santé future se trouvait dans la pratique d'une activité physique et que la course à pied était pour beaucoup d'entre eux le dénominateur commun.

2. LES CINQ STADES DE L'ÉVOLUTION D'UN COUREUR

LE DÉBUTANT

LE JOGGER

LE COMPÉTITEUR

L'ATHLÈTE

LE COUREUR

J'ai commencé à courir dès l'âge de 13 ans. J'ai tout de suite été grisé par l'enthousiasme du débutant : le frisson très particulier dû à l'effort et le sentiment que mon corps possédait de grandes possibilités. Bien entendu, j'essayai de prolonger au maximum chaque foulée et chaque sensation provoquée par cette première course et je dus ensuite me traîner en clopinant pendant une semaine, me sentant presque trop courbaturé pour bouger.

Mais une fois les courbatures presque effacées j'y retournai et je me remis à courir. J'étais accroché. Comme pour l'apprentissage d'une technique ou d'un art, je passai par divers stades d'implication, de compétence et d'agrément. A présent, après avoir couru pendant plus de 25 ans et avoir passé une grande partie de mon temps à aider d'autres personnes à intégrer la course à pied à leur vie, je vois presque tous les coureurs suivre le même type d'évolution.

Pour progresser, il suffit d'apprendre, de mûrir et de se connaître soi-même ; chaque stade conduit logiquement au stade suivant. Tout le monde n'a pas les mêmes aspirations : tous les coureurs ne rêvent pas d'une médaille d'or aux Jeux Olympiques. Mais, le fait de comprendre l'expérience commune à la plupart des coureurs aguerris — même si vous n'allez pas atteindre les cinq stades dont je parle dans ce livre — vous permettra de limiter les pièges et de rentabiliser au maximum les futurs bienfaits de votre vie de coureur.

LE DÉBUTANT

1er STADE — ROMPRE AVEC SES VIEILLES HABITUDES

Tout débutant se trouve dans une position précaire. Vous êtes là, sur le point d'entreprendre quelque chose d'entièrement nouveau et pourtant vous vous trouvez confronté à des distractions, voire à des critiques qui peuvent vous faire faire des détours et vous mener à des impasses. Vous voulez être en meilleure santé et en meilleure condition physique mais peut-être ne réalisez-vous pas à quel point vous menez une existence protégée dans le monde inactif qui vous entoure. Chaque fois que vous allez courir, vous découvrez quelque chose de nouveau en vous — quelque chose que vous devez d'une manière ou d'une autre intégrer à votre vie quotidienne.

Il se produit en général un conflit interne et externe. Votre ancien mode de vie est là qui vous offre la sécurité. Lorsque l'énergie du « début » s'est émoussée, il devient plus difficile de trouver les motivations nécessaires pour aller courir tous les jours. Au début vous rencontrerez de nombreux obstacles. Il est si facile de s'arrêter lorsqu'il commence à faire froid, qu'il pleut ou qu'il neige ou lorsque vous ressentez les effets douloureux consécutifs au démarrage. Vous ne vous êtes encore jamais trouvé confronté à ces problèmes et la tentation d'abandonner est forte.

Il est également possible que vos activités de coureur représentent une menace pour vos amis moins actifs. Mais vous (le débutant) finirez par résoudre ce problème avec vos amis qui ne courent pas. Néanmoins, il est possible que la période de transition soit assez instable et désagréable pour tous. Si vous flanchez, le monde que vous avez quitté — et qui était si confortable à bien des points de vue — est là attendant votre retour. Si vous avez la chance de vous faire de nouveaux amis ayant les mêmes aspirations que vous, vous vous réfugierez probablement dans le monde de « ceux qui sont en forme » jusqu'à ce que vous ayiez acquis votre « titre de coureur ».

Le renforcement social aide à prendre de bonnes habitudes. Un bon moyen est de trouver un groupe qui se rencontre régulièrement. Vous pouvez aussi conclure un pacte avec un ami pour qu'il vous traîne dehors lorsque vous n'en avez pas envie et vice versa. Les courses et les compétitions sont des occasions formidables pour faire des rencontres.

Il est possible qu'à certains moments vos progrès soient moins rapides que ceux auxquels vous vous attendiez. Nous autres Américains sommes naturellement hyper actifs et impatients. Lorsque nous semons une graine, nous voulons non seulement la voir pousser, mais aussi qu'il y ait un arbre au bout d'une semaine. Nous voulons des *résultats*. Lorsque vous commencez à pratiquer la course à pied, vous voulez en voir les effets bénéfiques sur la plan physique et psychologique. Mais, si vous forcez trop, vous risquez de vous épuiser et de finir par abandonner par frustration.

La graine de l'exercice — si vous ne l'écrasez pas — survivra malgré des périodes de pluie et de sécheresse. Au moment où elle semblait se déssécher, elle repoussera régénérée et vous propulsera un peu plus loin sur la route. Ne vous découragez pas, même si vous aviez arrêté. Demain, il sera encore temps. De nombreux débutants s'arrêtent et repartent dix ou quinze fois avant d'en faire une habitude.

Les débutants qui ne forcent pas trop semblent s'accrocher plus facilement. Si vous vous contentez de marcher ou de courir à petites foulées 30-40 minutes, un jour sur deux, vous vous verrez entraîné dans un processus de relaxation et de bien-être. Votre séance de jogging deviendra alors un moment privilégié.

Au fur et à mesure que vous progressez, vous découvrez en vous-même la force et l'assurance qui vous permettront de poursuivre. Au début, lorsque vous allez courir, vous ne faites que visiter « ce monde très spécial ». Mais petit à petit, un changement se produit en vous. Vous vous habituez à éprouver une agréable sensation de bien-être. Votre corps commence à se purifier, vos muscles retrouvent leur tonicité, le sang et l'oxygène circulent plus vigoureusement. Un jour vous découvrez que vous ne pouvez plus vous passer de courir et que le débutant que vous étiez s'est transformé en « jogger ».

LE JOGGER

2e STADE — PÉNÉTRER DANS UN MONDE NOUVEAU

Le jogger est à l'aise lorsqu'il court. Vous avez peut-être du mal à démarrer à chaque séance, mais à la différence du débutant, vous pouvez vous identifier à ceux qui ne peuvent se passer de courir. Il est possible que les coureurs de haut niveau — compétiteurs et marathoniens — vous impressionnent mais vous avez déjà compris les effets bénéfiques apportés par une bonne condition physique et vous avez rompu de manière significative avec votre ancien mode de vie qui était nuisible à votre forme. Pour le jogger les séances de course en elles-mêmes se déroulent de manière satisfaisante. Il se produit presque toujours une sensation de douce chaleur en fin de course qui vient récompenser l'effort accompli. Si vous manquez une séance vous risquez de vous sentir coupable. Les débutants se plaignent souvent d'éprouver de l'ennui lorsqu'ils courent, mais les joggers constatent que ce problème s'atténue, puis disparaît au fur et à mesure que la distance parcourue augmente.

Il est rare qu'un jogger possède un plan de course ou un objectif. La plupart considèrent la course à pied comme un sain divertissement et n'éprouvent pas le besoin d'en tirer davantage. Ils se rendent simplement sur les lieux lorsqu'ils en ont la possibilité et ils font ce qu'ils peuvent. Ceux qui ont *vraiment* le sentiment d'avoir besoin d'un plan pensent souvent ne pas en savoir assez pour en mettre un au point. Il est possible qu'ils glanent quelques conseils auprès d'un ami coureur plus expérimenté ou quelques idées dans un magazine spécialisé. Malheureusement ceci se termine presque toujours par une déception ou par une blessure car de tels plans ne sont pas établis en fonction des capacités individuelles du jogger ni de ses aspirations, mais en fonction de celles de quelqu'un d'autre.

Pour vos débuts, vous avez probablement eu besoin d'un groupe ou tout au moins d'une autre personne pour vous motiver et vous guider. En tant que jogger, vous êtes un peu plus indépendant. Vous préférerez courir en groupe plutôt qu'en solitaire, mais vous choisirez votre groupe avec soin. La plupart des débutants recherchent l'anonymat à l'intérieur d'un groupe alors que les joggers aiment souvent s'identifier à un groupe.

En tant que débutant, vous avez peut-être participé à quelques courses pour vous amuser ou à une compétition occasionnelle. Les joggers eux soulignent sur leur calendrier les principales manifestations locales. Ce sont des repères qui motivent et qui permettent de ne jamais interrompre ces séances quotidiennes de course à pied. On trouve souvent une course importante sur l'agenda du jogger. Même si vous ne courez pas par esprit de compétition ou dans le but d'améliorer votre temps, il se peut que vous acquériez l'esprit de compétition. En collectionnant des expériences de plus en plus nombreuses de courses réussies et pas éprouvantes, vous commencez à effectuer la transition vers un mode de vie plus sain.

Il existe toujours des facteurs — une blessure, une longue période de mauvais temps, l'abandon d'un partenaire — qui risquent d'interrompre votre activité de coureur, vous obligeant à tout reprendre à zéro comme un débutant. Une fois la course la plus importante de l'année passée, il est possible que vous perdiez toute motivation de continuer. Un jogger s'arrêtera parfois complètement de courir, mais en général il se remettra à la course après une période plus ou moins longue de repos.

LE COMPÉTITEUR

3e STADE — LORSQUE LA COMPÉTITION EST LA PRINCIPALE FORCE MOTRICE

Nous possédons presque tous une pointe de compétitivité, parfois cachée. Si l'on continue à courir, il est fort probable que celle-ci fasse surface. Si on sait le contrôler, l'esprit de compétition peut être un facteur important de motivation, qui vous encourage à mieux vous entraîner et vous pousse à aller plus loin. Mais pour la plupart des coureurs c'est la compétition, plutôt que les effets bénéfiques de la course à pied qui devient le but principal.

Vous devenez un compétiteur lorsque vous commencez à organiser votre manière de courir en fonction de victoires éventuelles. Pourtant tout cela commence de manière fort innocente. Après avoir participé à quelques courses, vous commencez à vous demander à quelle vitesse vous pourriez courir si vous suiviez un véritable entraînement. Avant que vous ne vous en soyez rendu compte, vous êtes saisi par une irrésistible envie de courir plus vite, au détriment du plaisir de courir.

Tous les joggers n'atteignent pas ce stade. Beaucoup restent simplement des joggers et un très petit nombre passent directement au stade du « coureur ». Néanmoins si vous vous apercevez que la compétition vous obsède de plus en plus, voici quelques exemples de ce qui risque de vous attendre.

Au début, l'esprit de compétition est excitant et gratifiant. Vous courez plus vite en raison d'un entraînement plus important. Vous lisez tout ce que vous trouvez concernant l'entraînement, l'élongation, la nutrition, etc., et vous devenez une sorte de spécialiste dans chacun de ces domaines. Il y a toujours de nouvelles techniques à essayer et vous les essayez (ce n'est que plus tard que vous réalisez qu'un grand nombre d'entre elles sont contradictoires).

Mais au fur et à mesure que le désir de compétition se fait de plus en plus fort, vous commencez à perdre confiance en vous-même. Vous n'appréciez plus de courir tous les jours pour le seul plaisir de courir mais vous pensez seulement que cela vous permet de bien vous préparer en vue de compétitions et de moments meilleurs. Le fait de passer un jour sans courir semble vous condamner à l'échec. Vous pouvez presque sentir la graisse envahir votre corps et voir se réinscrire sur le chronomètre les secondes que vous avez eu tant de mal à gommer. Lorsque vous entendez parler de la performance accomplie par un ami, avant même que vous ayiez établi un record personnel, il vous faut l'égaler ou vous tuer à essayer de le faire.

De temps en temps vous irez courir tout seul, mais le plus souvent vous rechercherez la compagnie de petits groupes de coureurs meilleurs avec lesquels vous entraîner et vous vous apercevrez que vous faites de chaque parcours une compétition ; vous accélérerez l'allure pour « vaincre » ou pour forcer les autres à se dépasser. De même, chaque compétiton représente un défi en vue d'établir un nouveau record personnel. Il est possible que vous vous mettiez à sélectionner les courses auxquelles vous participez en fonction de la facilité du terrain et de l'absence de concurrents sérieux.

Une fois que l'esprit de compétition a pris le dessus, vous avez tendance à perdre de vue vos limites. Si en effectuant un parcours légèrement plus long vous constatez une légère amélioration, vous essaierez d'allonger le parcours de façon très importante en vue d'obtenir une amélioration très importante. Bien que vous ayiez souvent lu que le repos était une chose nécessaire, vous vous considérez comme un cas à part — vous n'avez pas besoin d'un temps de récupération aussi long que les autres mortels. Il est possible que pendant des semaines vous soyiez presque toujours fatigué tout en ayant du mal à trouver le sommeil le soir. Vous devenez irritable et rendez la vie difficile à votre famille et à vos amis. Finalement vous forcez trop et vous vous effondrez, souffrant de blessure, de maladie ou d'une grande fatigue et alors, soit vous ne pouvez plus, soit vous ne voulez plus courir.

Arrivé à ce stade vous aurez peut-être l'impression d'être trahi par votre corps. Vous vouliez vous forger un corps d'athlète et celui-ci refuse de vous obéir. Vous n'arrivez plus à voir les progrès réalisés ces derniers mois ou depuis l'année dernière mais vous pouvez seulement vous représenter la perte de votre condition physique et l'échec de vos aspirations. Pensant que votre corps vous joue des tours (ou que vous arrêter pour cause de blessure serait un signe de faiblesse) vous reprenez prématurément l'entraînement.

Essayer de courir malgré les problèmes ne fait que les aggraver et amène à de nouvelles blessures ce qui vous fera justement manquer les compétitions pour lesquelles vous vous êtes préparé.

Néanmoins, lorsque le sentiment de frustration aura disparu (et que les kilos seront revenus) vous vous remettrez probablement à courir. Avec un peu de chance, cela vous servira de leçon. Vous vous « recyclerez » et recommencerez à gravir tous les barreaux de l'échelle. Lorsque vous aurez bien compris ce que représente la compétition, vous atteindrez le stade de « l'athlète » ou même du « coureur ».

On peut tirer quelques excellentes leçons de la compétition et fort heureusement tous les compétiteurs n'ont pas besoin de pousser les choses aussi loin pour ce faire. Terminer une course malgré la fatigue et l'inconfort pour établir un nouveau record personnel n'est pas seulement un acte gratifiant en lui-même, mais cela vous donne également une idée de vos possibilités dans d'autres domaines. Des forces jamais utilisées dorment enfouies au fond de chacun de nous. La compétition par le défi qu'elle nous lance en nous poussant au bout de nos limites aide ces forces à resurgir. La compétition peut être la voie qui nous permet de dresser un plan de nos ressources intérieures. En même temps, le fait d'expérimenter la frustration et la douleur peut nous aider à découvrir nos limites. En luttant nous apprenons un peu plus sur nous-mêmes. Nous pouvons tirer profit de nos erreurs et atteindre de nouveaux sommets.

L'ATHLÈTE

4e STADE — ESSAYER D'ÊTRE LE MEILLEUR

En tant qu'athlète vous attachez beaucoup plus d'importance à l'effort nécessaire à la réalisation de vos capacités potentielles qu'à vouloir à tout prix collectionner des temps et des trophées. Vous avez enfin un pied dans la compétition et ce n'est pas votre seule motivation. Être un athlète c'est un état d'esprit sans aucun rapport avec l'âge, la performance ou la position occupée dans le peloton des coureurs.

Pour un compétiteur, la victoire et la défaite sont liées à la performance. Les temps réalisés, le relief du terrain, les conditions idéales sont des éléments qui ont tous de l'importance. Pour l'athlète, la victoire réside dans la *qualité* de l'effort. Lorsque vous courez un jour donné, et que vous approchez de très près votre potentiel, c'est une victoire. Vous intériorisez la compétition et la transcendez, connaissant vos limites et vos capacités. Vous savez ce qui a de l'importance et ce que vous devez faire pour le réaliser. En disputant une compétition vous « aspirez » la course, la « vaporisez », « absorbez » ce dont vous avez besoin et « expirez » le reste. La course devient une œuvre personnelle.

Les compétiteurs recherchent les compétitions qu'ils peuvent gagner. Les athlètes recherchent la compétition, mais pas dans l'intention d'obtenir un meilleur classement ou une meilleure performance (sur terrain plat ou rapide etc.). Ils s'accommodent très bien d'une compétition serrée courue du mieux possible — moralement et physiquement — et à long terme ils sont récompensés par des temps plus rapides. On peut toutefois trouver des athlètes en queue de peloton et il y en a qui choisissent des courses moins importantes plutôt que de grandes manifestations couvertes par les médias, pour ne pas se sentir perdus dans une mer humaine.

L'athlète attache davantage d'importance à une progression régulière qu'au fait de réaliser un bon temps dans une compétition donnée. A ce stade vous possédez une conception intime de vos possibilités. Lorsque votre progression se ralentit ou s'arrête vous corrigez votre trajectoire. A chaque course, l'ordinateur intérieur qui vous sert d'entraîneur reçoit les données correctes qui vous fournissent un nouvel état de vos possibilités. Vous savez reconnaître les situations où il ne faut tenir aucun compte d'un mauvais résultat et ne pas se laisser décourager. Même si autrefois vous avez été un compétiteur lisant et essayant presque tout, maintenant que vous êtes un athlète, vous ne lisez que ce qui peut avoir une application pratique. Lorsque des problèmes se posent à vous, vous recherchez tout ce qu'ont écrit sur le sujet les auteurs en lesquels vous avez confiance. Vos lectures font partie d'un plan d'ensemble. Vous ne vous jetez plus sur les conseils et sur les « trucs » de chacun comme sur une assiette de petits fours.

Il est important de se fixer un programme. Mais si vous êtes susceptible de flancher, il faut vous fixer des objectifs et prévoir des courses six à neuf mois à l'avance. L'athlète est capable d'un recentrage permanent et peut se fixer des buts différents de semaine en semaine. Son programme d'entraînement ne doit pas nécessairement être consigné par écrit ; certains athlètes sont tellement en accord avec leur corps qu'ils peuvent travailler en ayant seulement un carnet imaginaire en tête. Que votre programme soit écrit ou « programmé » vous savez où vous allez. Vous ne connaissez peut être pas le type de véhicule que vous allez prendre, mais vous savez que vous *parviendrez à destination.*

Les athlètes, comme les autres être humains ne possèdent pas une logique parfaite. Parfois, vous régresserez et redeviendrez un compétiteur. Après une série de succès, il est possible que vous soyiez déçu par des performances en deça des objectifs que vous vous étiez fixé. Plutôt que d'effectuer une évaluation, une analyse et un réajustement il est possible que vous vous appesantissiez sur le mauvais déroulement de votre journée, sur votre dégringolade ou sur votre médiocre performance et éprouviez un sentiment d'échec.

Les grands athlètes à n'importe quel niveau savent que le « succès » se lit dans les yeux de l'exécutant. Toute expérience peut être source de succès. Si vous êtes capable de saisir l'aspect positif de chacune de vos expériences, vous pourrez aligner une succession de succès qui constitueront un modèle de progression.

Certains athlètes atteignent un certain niveau de réussite ou de satisfaction puis abandonnent la compétition, quelques-uns laissent même complètement tomber la course à pied. Beaucoup choisissent de conserver un niveau réduit d'activité, d'autres se maintiennent à un niveau assez élevé quoique raisonnable. Un grand nombre continuent à progresser et passent au stade final, le plus enrichissant de tous, celui de coureur.

LE COUREUR

5e STADE — LE MEILLEUR DE TOUS LES STADES

Le stade final du périple à travers la course à pied réunit les meilleurs éléments de tous les stades précédents. Le coureur sait mettre en équilibre les éléments de condition physique, de compétition, d'entraînement et de vie sociale et sait harmonieusement mêler la course à pied au reste de sa vie. A certains moment le coureur peut retourner à des stades antérieurs — le problème se rencontre dans tous les domaines chez les gens ayant atteint une certaine maturité — mais ce ne sont là que des crises passagères qui trouvent leur place dans l'harmonie générale.

La course n'est pas l'élément prioritaire de la vie d'un coureur. Cela peut être la famille, les amis, le travail et souvent c'est une combinaison de nombreux facteurs. A ce stade, la course fait partie intégrante de votre programme quotidien — comme le fait de manger, de dormir ou de parler. Vous êtes certain d'aller courir tous les jours même si vous ne savez pas à quel moment. Lorsqu'il *vous arrive* de sauter une journée, vous ne vous culpabilisez pas. En fait, sur toute la durée d'une année, vous ne perdez que quelques jours de course.

Si demain des scientifiques déclaraient que la course à pied est nocive, vous liriez la nouvelle avec intérêt, puis iriez faire votre séance de jogging quotidien. Vous connaissez les effets positifs de l'exercice mais cela ne suffit pas à vous entraîner sur les routes. Vous prenez tellement de plaisir à l'expérience elle-même que la course à pied est devenue une composante nécessaire et constante de votre mode de vie actif.

Le coureur aime courir en compagnie d'autres personnes mais il court le plus souvent seul. Vous appréciez davantage la paix et la réflexion intérieure que vous procure la course en solitaire que lors des stades précédents.

Le fait d'être capable de se forger un style procure une grande satisfaction et c'est un art que de savoir trouver la juste combinaison de force, d'endurance, de style et d'entraînement en vue d'une performance. Une course peut être l'occasion de faire surgir des forces profondément enfouies en nous. Une fois que l'on a appris à faire cela, la joie ne se trouve plus dans la course, mais dans le fait de courir.

Même si vous vous préparez en vue de compétitions occasionnelles avec le même soin qu'un compétiteur, on ne trouve aucune trace de cette intensité forcée. La course n'est pas sacrée. Si des problèmes ou des tensions surgissent, il reste toujours la possibilité d'autres courses.

De temps en temps le coureur est victime d'une blessure. Cela se produit généralement lorsque l'on revient à l'un des stades antérieurs, lors d'une séance d'entraînement ou d'une course. Maintenant vous saurez — grâce à votre expérience — faire la différence entre une simple douleur et un problème sérieux, auquel cas vous ferez marche arrière dès les premiers symptômes. Vous sacrifierez l'entraînement, les courses et les objectifs de temps pour guérir plus vite une blessure et pour revenir le plus tôt possible à votre top niveau.

En tant que coureur, vous éprouvez le plaisir spécifique à chaque stade et retenez le meilleur de chacun de ces stades. Vous pouvez revivre l'excitation du débutant qui découvre la course à pied, apprécier l'équilibre entre la forme et l'enthousiasme comme le jogger, partager l'ambition du compétiteur et intérioriser la quête de l'athlète. Une fois que vous aurez réuni et mis en équilibre ces différents stades vous apprécierez les aspects créatifs et positifs de chacun d'eux et les laisserez enrichir votre vie de coureur.

3. LE DÉMARRAGE

Nous avons tous entendu raconter des histoires épouvantables sur la douleur et le martyre endurés pendant la première semaine de course à pied. En fait, c'est probablement la raison pour laquelle tant de gens abandonnent peu après avoir commencé, déclarent que cela les ennuie ou ne cessent de répéter qu'ils détestent courir. Ils ne dépassent jamais ce stade douloureux.

Pour entreprendre n'importe quelle nouvelle activité, il faut du courage et de la force. Pour aller du connu à l'inconnu il faut avoir la foi. On peut appliquer la loi de Newton : un corps au repos a tendance à rester au repos.

Une fois que vous aurez vaincu votre inertie et dépassé le stade douloureux, vous pourrez appliquer la loi inverse : un corps en mouvement a tendance à rester en mouvement. Si vous démarrez doucement, puis augmentez progressivement votre effort en procédant par petites étapes, et si vous vous reposez correctement pendant toute l'opération, vous pourrez régulièrement améliorer votre condition physique sans courir de risque sérieux de douleur ou de blessure.

RÉSERVEZ-VOUS UNE DEMI-HEURE. Pour accéder à la forme il faut faire chaque semaine trois séances d'une demi-heure de course d'endurance. Prenez rendez-vous avec vous-même. Ce temps-là vous appartient, cette demi-heure est sacrée. Au début vous aurez peut être quelques difficultés à voler ce temps au reste du monde, mais si vous le voulez vraiment vous y parviendrez. Une fois que vous aurez pris l'habitude de vous réserver ce temps, vous serez presque certain d'obtenir la forme et de perdre du poids. En un sens, l'effort a moins d'importance que l'établissement d'une routine. Si vous allez régulièrement courir, les résultats sont pratiquement assurés.

UNE INTOXICATION BÉNIGNE. En s'entraînant régulièrement, de trente à quarante minutes plusieurs fois par semaine pendant environ six mois, les coureurs (ou les marcheurs) semblent contracter une accoutumance à la sensation de détente qui apparaît en fin de course. On pense que cela est dû aux hormones endorphines bêta qui se bloquent à l'intérieur de la partie médiane du cerveau provoquant un effet légèrement tranquillisant. Le corps et l'esprit commencent à attendre cet effet consécutif à l'exercice et sont en état de manque lorsque vous ne vous entraînez pas. Les symptômes de l'état de manque sont variables : mauvaise humeur, fatigue, irritabilité, dépression, etc. Cette récompense naturelle vous soutiendra si vous arrivez à suivre votre programme pendant six mois. Il est même possible que cela ne demande pas aussi longtemps mais si tel est le cas, six mois ne représentent pas un investissement trop important lorsqu'il s'agit d'améliorer sa santé et sa forme pour le restant de ses jours.

CONTRÔLEZ VOTRE POULS. Pour fortifier votre cœur la solution est de garder un rythme artériel assez élevé, mais pas excessif. Les recherches effectuées par le Dr Kenneth Cooper à l'« Institut de Recherche Aérobie » et par d'autres médecins ont montré que le seuil limite représentait 70 à 80 % de votre rythme cardiaque maximal. Cela n'est pas nécessaire pour commencer, mais une fois que vous aurez mis au point un programme, le fait de maintenir cette fréquence cardiaque pendant 30 minutes, trois fois par semaine, fortifiera vos poumons et votre cœur, améliorera la circulation du sang et de l'oxygène et tonifiera vos muscles.

Remarque : Toute personne ayant une tension artérielle élevée, souffrant d'un problème de poids ou ayant eu un problème cardiaque ou des antécédents de maladie cardiaque dans sa famille, devrait consulter un médecin avant de se livrer à des exercices pénibles de type aérobie.

DEUX MÉTHODES POUR CALCULER SON RYTHME CARDIAQUE MAXIMAL

1. Faites faire un test pour mesurer la *consommation maximale d'oxygène*. Cela se fait sur un tapis roulant et c'est très fatigant, mais cela vous donne la mesure la plus exacte de votre maximum.
2. Soustrayez votre âge de 220.

exemple : 220
— 35 ans
____
185 de rythme cardiaque maximal

Prenez ensuite 70 à 80 % de ce chiffre comme seuil limite.

Exemple : 185 × 70 % = un taux limite de 129,5.

La plupart des courses devraient faire apparaître une élévation du rythme cardiaque égale à 70 % ou légèrement supérieure. Les jours où l'on fait de la vitesse l'élévation du rythme cardiaque ira jusqu'à 80 % et même 90 % mais des efforts trop soutenus à ces hauts niveaux aboutiront à un surmenage. Si vous courez à 80 % ou en dessus les jours où vous récupérez ou les jours où vous faites de longues courses, vous allez probablement trop vite.

Contrôlez votre pouls pendant la marche, en cherchant une artère du poignet avec votre doigt (n'utilisez pas votre pouce car c'est aussi un point de pulsation).

Comptez les battements pendant 15 secondes et multipliez le résultat par quatre pour obtenir votre pouls. En général, lorsque vous courez vous vous situez déjà dans la zone limite, mais lorsque vous venez à peine de démarrer il est possible que vous vouliez contrôler votre rythme cardiaque de cette manière. Au bout d'un certain temps, vous apprendrez à reconnaître lorsque vous fournissez un effort suffisant et si vous dépassez les 80 % de votre rythme cardiaque vous vous sentirez mal à l'aise. Vous apprendrez vite à maîtriser la situation en vous arrêtant de courir pour marcher avant même d'éprouver une gêne.

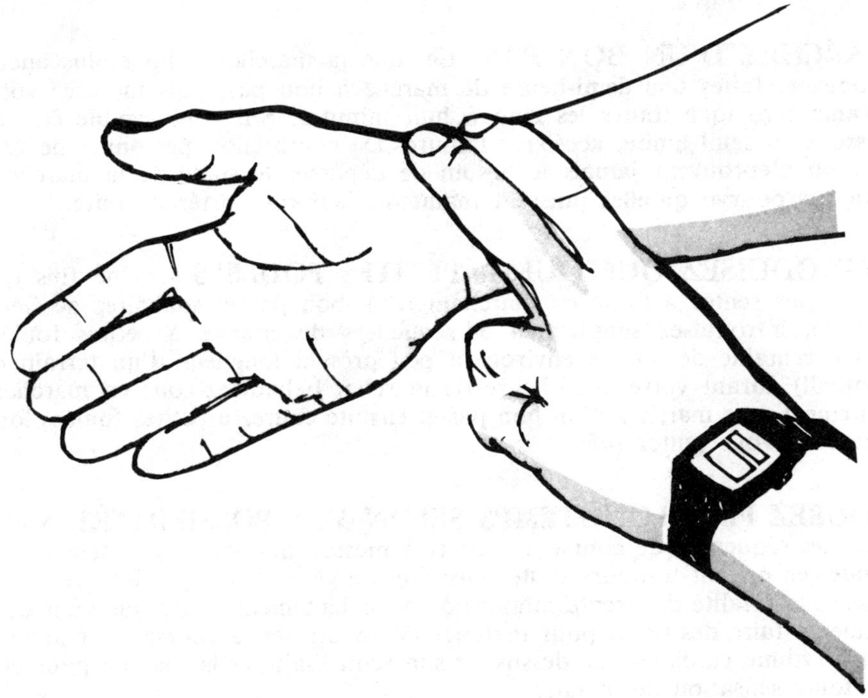

Remarque : Ces données concernant le pouls artériel sont en premier lieu destinées aux débutants. Je ne conseille pas aux coureurs réguliers d'utiliser le rythme cardiaque pour évaluer la durée suffisante de leur séance d'entraînement. Premièrement, il est trop difficile de calculer son pouls exact lorsque l'on est en train de faire de l'exercice ; si vous oubliez un seul battement, le calcul sera faussé. Deuxièmement, le rythme cardiaque tombe rapidement lorsque l'on s'arrête pour le vérifier. Plusieurs études ont montré que la quasi-totalité des personnes qui courent (par opposition à celles qui « marchent ») ont un cœur qui fonctionne à la limite du seuil.

CINQ ÉTAPES PRÉLIMINAIRES A LA COURSE A PIED

POUR COMMENCER, MARCHEZ. Tout le monde a besoin de se sentir à l'aise et d'éprouver un sentiment de réussite dès le départ. Commencez par une demi-heure de marche à pied. Continuez jusqu'à ce que vous n'éprouviez plus aucune difficulté.

MARCHEZ D'UN BON PAS. Lorsque la marche ne pose plus aucun problème, faites une demi-heure de marche à bon pas, puis mesurez votre rythme cardiaque toutes les cinq à huit minutes. S'il vous semble être en dessous du seuil limite, accélérez l'allure. De nombreuses personnes ne veulent ou n'éprouvent jamais le besoin de dépasser le stade de la marche à bon pas pourvu qu'elles puissent maintenir leur taux artériel limite.

INTRODUISEZ QUELQUES « PETITES FOULÉES ». Une fois que vous vous sentez à l'aise en marchant d'un bon pas et souhaitez accélérer l'allure, introduisez simplement 34 séquences de courses à petites foulées d'une centaine de mètres environ (à peu près la longueur d'un terrain de football) durant votre demi-heure de marche. Échauffez-vous en marchant lentement puis marchez d'un bon pas et ensuite courez à petites foulées lorsque vous vous sentez prêt.

COUREZ PLUS LONGTEMPS SELON VOS POSSIBILITÉS. Multipliez les séquences de course au fur et à mesure que vous vous sentez plus solide, en évitant toujours toute sensation de gêne. Il est possible que vous passiez la totalité des trente minutes à courir lentement — ou que vous continuiez à faire des poses pour marcher. Vous utilisez la course pour amener votre rythme cardiaque au-dessus de son seuil limite et la marche pour éviter toute sensation de malaise.

AUGMENTEZ LA PRESSION. Portez votre temps de course à 40 minutes, trois fois par semaine. Au cours de l'une de ces séances hebdomadaires, allez jusqu'à 60 minutes ce qui aura des effets encore plus bénéfiques sur votre rythme cardio-vasculaire et psychique.

Ne sous-estimez pas l'effet des récompenses. De petites récompenses régulières pour des résultats spécifiques ranimeront votre intérêt lorsque votre motivation sera en baisse. Promettez-vous quelque chose — un dîner au restaurant, une nouvelle paire de chaussures, un bon livre — pour aller au bout de chacune des cinq étapes décrites ci-dessus, pour le moment où vous arriverez enfin à réaliser une séance d'une heure, etc. Si vous vous sentez « déprimé », essayez de vous remémorer une expérience positive ou allez voir quelqu'un qui vous remontera le moral. Essayez de trouver des éléments positifs dans chaque course.

Lorsque vous êtes en forme, vous vous considérez et vous considérez votre vie de manière différente. Il est toujours difficile de se défaire d'un mode de vie sédentaire et la période d'adaptation — une fois que vous le faites — est difficile. Mais si vous arrivez à survivre à cette période, il se produit souvent une accoutumance qui permet à l'activité de se soutenir elle même. Alors, *ayez la foi* ! Des temps meilleurs viendront. Soyez patient et amusez-vous.

COMMENT AIDER UNE AUTRE PERSONNE A DÉMARRER

Ne prêchez pas. Si vous venez d'apporter des modifications récentes et importantes à votre santé et à votre mode de vie, il est un peu trop facile de monter en chaire et de faire le coup du coureur ressuscité ! En agissant ainsi, vous ferez fuir les autres et provoquerez un « mouvement de recul » contre la course à pied. La motivation doit venir de la personne elle-même. Les amis et les gens que vous rencontrez sauront lorsqu'ils seront prêts. Essayez de convertir un ami non sportif à la course, c'est essayer de convertir une pierre.

QUELQUES EXEMPLES DE CHOSES A « FAIRE » ET A « NE PAS FAIRE » POUR AIDER QUELQU'UN A DÉMARRER :

A faire :

- Attendez que la personne vous demande de l'aider ou de la conseiller.
- Regardez ou participez ensemble à une course. C'est le meilleur moyen d'intéresser un débutant.
- Faites preuve d'intérêt personnel et écoutez attentivement votre ami. Ensuite, donnez lui des conseils tenant compte de ses objectifs — et non des vôtres.
- Conseillez lui quelques bonnes lectures comme par exemple ce livre.

A ne pas faire :

- Ne jurez pas que la course à pied permet de tout améliorer, depuis la vie sexuelle jusqu'à la chute des cheveux (surtout pas la chute des cheveux).
- Ne traînez pas votre coureur éventuel sur les routes comme un animal traînant sa proie.
- Ne menacez pas votre ami d'être frappé sur le champ d'une malédiction cardiovasculaire, s'il ne commence pas à s'entraîner dès demain.
- Ne passez pas plus de quatre heures à décrire en détail les merveilleux changements que vous a apportés la course à pied.

Le problème le plus important pour un débutant est de savoir « Comment démarrer et comment faire pour ne pas abandonner ». La réponse doit venir de la personne elle-même, mais en tant que conseiller ou qu'entraîneur vous pouvez l'aider à obtenir une série de succès qui lui assureront des progrès suivis.

2

L'entraînement

4. La physiologie
5. Le plan d'entraînement
6. Votre carnet de course
7. Programmes kilométriques quotidiens et hebdomadaires.

4. LA PHYSIOLOGIE

CE QUI SE PASSE A L'INTÉRIEUR DE VOTRE CORPS LORSQUE VOUS COUREZ

La meilleure façon de commencer l'entraînement c'est de comprendre les processus vitaux du corps — du moins ceux qui ont un rapport direct avec la course à pied. Si vous comprenez certains des mécanismes internes de votre corps et si vous êtes sensible à ses besoins et à ses états de fatigue, il pourra accomplir pour vous des miracles. Sans une telle sensibilité il est trop facile d'aller jusqu'à la douleur et la blessure. Les blessures graves sont souvent dues à une succession de petites erreurs à l'entraînement. En effectuant une légère et subtile mise au point, la plupart d'entre nous peuvent cependant rendre leur entraînement plus sûr et plus productif.

UNITÉ DE CORPS ET D'ESPRIT. Essayons tout d'abord de nous défaire de deux ou trois mille ans de pensée occidentale — l'idée que le corps et l'esprit sont deux entités distinctes et même opposées. Les Occidentaux ont tendance à considérer leur corps comme un esclave, une machine que l'on peut conduire et pousser à volonté. Nous laissons souvent notre esprit nous mener vers des objectifs, poussant l'entraînement jusqu'à l'épuisement ou la blessure. Nous en subissons ensuite les conséquences en boitillant et essayons alors de rétablir la communication.

La philosophie orientale au contraire met l'accent sur l'unité de l'esprit et du corps. Le corps et l'esprit ne constituent pas une dichotomie mais une équipe qui collabore vers un même objectif. Le Dr E.C. Frederick, physiologue, illustre ces approches différentes par une anecdote concernant les deux premiers hommes à avoir réussi l'ascension du Mont Everest, Sir Edmund Hillary et son guide sherpa, Tensing Norgay.

Lorsque les journalistes leur demandèrent comment ils avaient réussi cette difficile ascension, Hillary répliqua qu'ils avaient « conquis la montagne » — c'était un obstacle qu'ils avaient attaqué et surmonté. Le sherpa qui avait toujours vécu sur la montagne et dans son ombre répondit qu'ils avaient collaboré avec elle pour atteindre le sommet.

Lorsque le corps et l'esprit travaillent ensemble, on peut gravir des montagnes, parcourir des kilomètres et atteindre des objectifs. Lorsque l'esprit obtient des concessions du corps en le cajolant, des progrès réguliers peuvent en résulter. Mais l'esprit « macho » qui impose ses desseins à un corps « esclave » n'en fera qu'un esclave blessé.

LE PRINCIPE D'ENTRAÎNEMENT LE PLUS IMPORTANT. La plupart d'entre nous savent que les séances d'entraînement demandent un effort important. L'exercice physique fait travailler les muscles et les raffermit en les stimulant. Cependant, si l'effort n'est pas suivi d'une période de repos suffisante, cela aboutit à l'épuisement ou à la lésion des muscles. Il faut équilibrer effort et repos en quantité et en qualité suffisantes pour obtenir un accroissement adéquat de la masse musculaire.

Les courses longues ou difficiles doivent toujours être suivies de plusieurs journées de récupération au cours desquelles on réduira l'allure et la distance. De plus, il faudra ajouter à votre programme des *semaines* de repos : toutes les deux ou trois semaines, vous devrez automatiquement réduire votre kilométrage total. Cela permet à vos muscles de disposer d'un temps de récupération supplémentaire.

Vos progrès dépendent de la qualité de votre travail de vitesse et de la longueur de votre longue course. Si vous courez sans forcer entre ces deux « jours consacrés à la qualité », vous récupérerez, vous vous régénérerez et vous réduirez considérablement les risques de blessure. La blessure se produit le plus souvent lorsque :

- l'on essaye d'atteindre un nombre élevé de kilomètres, semaine après semaine.
- l'on court tous les jours trop vite.
- l'on ne se repose pas suffisamment.

CE QUI SE PRODUIT A L'INTÉRIEUR DU MUSCLE. La majorité des gens qui pensent à une cellule, se représentent en général la cellule circulaire de base, entourée d'une membrane et possédant en son centre un noyau. C'est la bactérie ou l'amibe que l'on étudie au microscope lorsque l'on est au lycée. Mais il existe des centaines de milliers de cellules dans le corps humain présentant toute une variété de fonctions et des formes diverses. Celles qui nous intéressent ici — les cellules musculaires du squelette — sont assez différentes des cellules cutanées ou de ces organismes unicellulaires de forme arrondie que l'on étudie en raison de leur simplicité.

Une cellule musculaire est une fibre composée d'unités de fibres de plus en plus petites, et qui peut s'étendre sur toute la longueur du muscle. Imaginez un long manchon pour câbles électriques avec à l'intérieur des tas de faisceaux de fils électriques. C'est à cela que ressemble la cellule musculaire. Il y a une membrane externe *(le sarcolemme)* à l'intérieur de laquelle se trouvent des faisceaux de fibres *(les myofibrilles)*. A l'intérieur de la cellule musculaire se trouvent également les *mitochondries*, le « bloc moteur » de la cellule qui transforment le carburant (fourni par les aliments) en énergie utilisable.

CE QUI SE PASSE LORSQUE LE MUSCLE EST SURMENÉ. Les muscles sont en général capables d'effectuer la somme de travail à laquelle ils ont été habitués pendant la semaine ou la quinzaine précédente. Votre récent entraînement leur a permis d'atteindre un certain niveau de condition physique. Si vous essayez de dépasser ce niveau, vous éreintez les chevaux qui font le véritable travail — les cellules musculaires individuelles.

Les cellules que l'on pousse au-delà de leurs capacités sont endommagées par des déchirures de leurs membranes. Les mitochondries à l'intérieur des cellules enflent et le glycogène, qui est le carburant stocké à l'intérieur des mitochondries est souvent presque entièrement épuisé.

Vous trouverez dans le passage qui suit une brève description de certains des aspects physiologiques relatifs à deux principes de récupération importants. Puis au chapitre 8 « *Programmes kilométriques quotidiens et hebdomadaires* », nous étudierons les applications pratiques de ces considérations à court et à long terme.

LA JOURNÉE RÉPARATRICE (COURT TERME). Des recherches ont montré qu'il fallait 48 heures pour réparer ce dommage relatif à l'effort ; chaque cellule surmenée est programmée pour se reconstruire — grâce au repos — de manière à pouvoir mieux résister en cas de nouvelle attaque, afin que la fois suivante, elle puisse supporter une charge plus importante. Les parois de la cellule deviennent plus résistantes car la membrane reconstruite est un peu plus épaisse. Les mitochondries augmentent en taille et en nombre afin de pouvoir fabriquer davantage d'énergie. Les vaisseaux et les artères se réparent et se consolident et, au bout de plusieurs mois, la production de capillaires s'accroît afin de mieux distribuer les produits nutritifs et d'éliminer les déchets. (Voir les changements à l'intérieur de la cellule musculaire page 61).

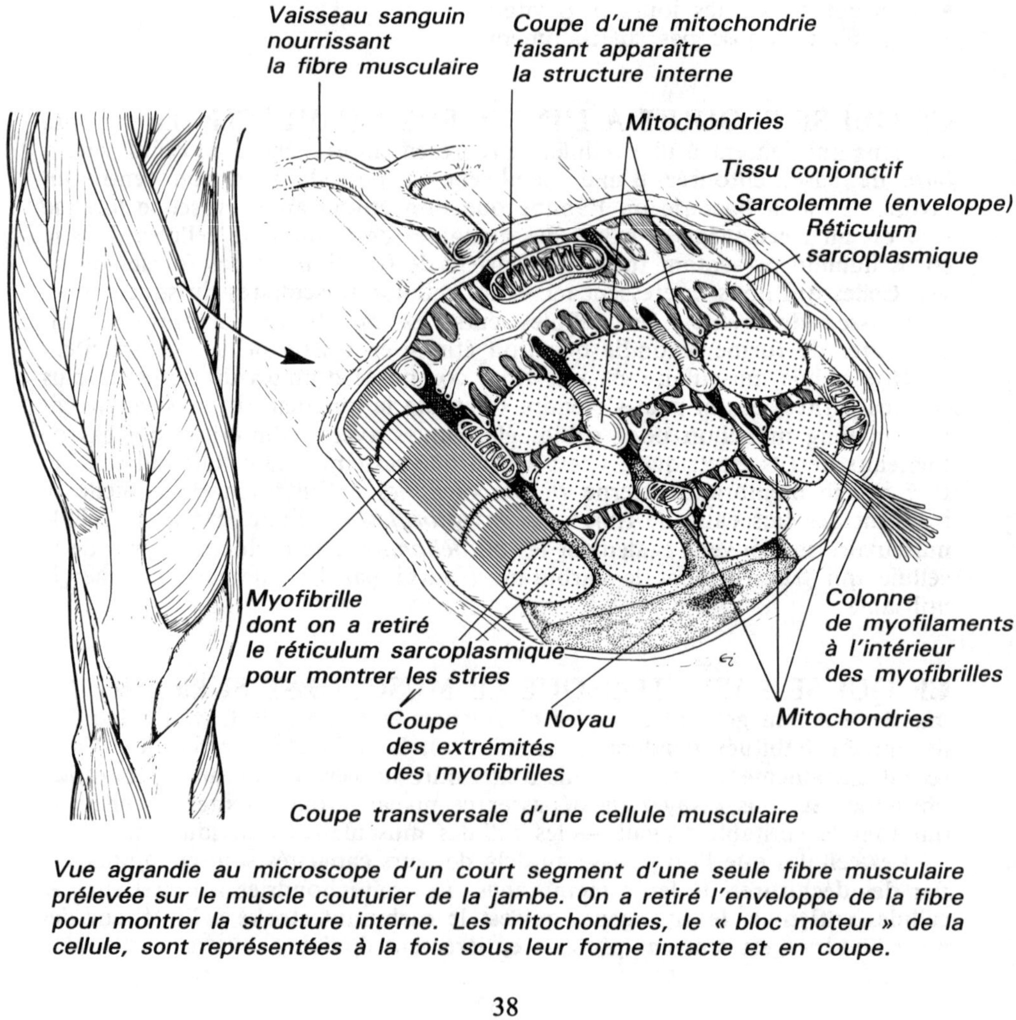

Coupe transversale d'une cellule musculaire

Vue agrandie au microscope d'un court segment d'une seule fibre musculaire prélevée sur le muscle couturier de la jambe. On a retiré l'enveloppe de la fibre pour montrer la structure interne. Les mitochondries, le « bloc moteur » de la cellule, sont représentées à la fois sous leur forme intacte et en coupe.

Vous comprenez pourquoi il est important de s'accorder 48 heures de repos entre des courses pénibles. Cela ne signifie pas qu'il faille complètement cesser de courir. Je me suis aperçu qu'en courant sans forcer pendant la période de 48 heures, on récupérait plus vite qu'en se reposant exclusivement. Même lorsque l'on court lentement, les vaisseaux sanguins de la zone atteinte se dilatent et laissent passer davantage de sang dans la zone abîmée — ce phénomène est appelé hyperhémie réactive. En effectuant entre les courses difficiles, des courses moins longues à une allure moins rapide, on apportera à la zone atteinte un sang et un oxygène reconstituants, des éléments nutritifs pour l'entraînement et davantage de carburant. Il est impossible de poursuivre l'entraînement et d'éviter la règle des 48 heures sans le payer très cher. Cela ne se produira peut être pas tout de suite, mais cela se terminera à coup sûr par une blessure.

LA SEMAINE RÉPARATRICE (LONG TERME). Le second concept important concernant la récupération est qu'il faut à peu près 21 jours aux muscles pour s'adapter à l'effort lorsque vous vous lancez dans un nouveau programme d'entraînement plus éprouvant. Au bout d'une dizaine de jours environ, vous vous sentirez plus fort, car vos muscles se seront adaptés à presque la moitié de l'effort. On est alors fortement tenté d'augmenter encore la pression, mais le corps n'est pas tout-à-fait prêt. Après trois semaines, le corps s'est théoriquement adapté et il est prêt à recevoir une nouvelle charge de travail.

J'ai néanmoins découvert qu'en réduisant l'effort au cours de la 2ᵉ ou 3ᵉ semaine — en réduisant la distance à parcourir de disons 30 à 50 % — le corps se rétablit plus vite et il est prêt à soutenir de nouveaux défis. Cela permet à un plus grand nombre de fibres endommagées de se reconstruire et aux muscles de se reposer et de se réapprovisionner en vue du prochain défi. Là encore, comme pour la règle des 48 heures, il est possible que vous ne respectiez pas cette règle et que vous vous en tiriez pendant quelques temps, mais vous paierez plus tard en fatigue et en blessures. Vous pouvez forcer pendant quelques temps mais votre corps finira par se protéger en tombant malade.

Les concepts de journée et de semaine réparatrices sont expliqués de manière plus détaillée p. 62 à 64. Vous trouverez également des conseils pour mettre ces principes en application dans vos programmes kilométriques quotidiens et hebdomadaires ainsi que des illustrations pratiques de ces concepts.

EXERCICE DE TYPE AÉROBIE/ANAÉROBIE.

Le terme *aérobie* signifie « en présence d'oxygène ». Vous courez selon un processus aérobie lorsque vous courez lentement sans souffrir et sans dépasser l'allure ou la distance pour lesquelles vous vous êtes récemment entraîné. Dans ce cas vos muscles sont assez résistants pour supporter la charge, et le courant sanguin leur apporte une quantité suffisante d'oxygène. Les rares déchets produits sont facilement chassés dans le sang avant de pouvoir s'accumuler et d'obstruer le fonctionnement du muscle.

La course en anaérobie, c'est lorsque vous courez en dépassant la vitesse et (ou) la distance pour lesquelles vous vous êtes entraîné. Les muscles sont poussés au-delà de leur capacité et ont besoin d'une quantité d'oxygène plus importante que celle que le corps peut produire. Pendant un laps de temps limité, les muscles continuent à fonctionner en utilisant des procédés chimiques qui libèrent l'oxygène à partir de l'intérieur du muscle lui-même. La quantité d'oxygène fournie de cette manière est assez limitée, d'importantes quantités de déchets s'accumulent et le muscle se contracte et devient douloureux. Vous commencez à souffler, à haleter, et à ralentir. Une fois l'exercice terminé, cet oxygène doit être « remboursé » au muscle (c'est la « dette en oxygène »). L'un des principaux buts du travail de vitesse est de vous apporter une expérience anaérobie à doses raisonnables ; si vous le faites suivre d'un temps de récupération suffisant, vous habituerez votre corps à venir à bout de la dette en oxygène.

LE CYCLE DE TRANSFORMATION DES ALIMENTS EN ÉNERGIE. Lorsque vous absorbez des hydrates de carbone (pain, fruits, amidons, sucres, etc.) ceux-ci sont décomposés en sucres simples, et une partie de ces sucres est ensuite reconstituée en glycogène et emmagasinée à l'intérieur des muscles comme carburant. Le glucose, le lactose (sucre du lait) et le fructose (sucre des fruits) sont des mono-saccharides et sont convertis en glycogène en une seule opération. Le saccharose (sucre blanc) est un sucre double et nécessite une opération supplémentaire qui utilise davantage d'énergie et qui ralentit le processus.

Après avoir été absorbé par les parois de l'estomac, le glucose est véhiculé par le sang à travers tout le système. Les cellules musculaires absorbent cette source d'énergie et la stockent sous forme de glycogène destiné à être utilisé pendant l'exercice. Des quantités supplémentaires sont stockées dans le foie. Lorsque toutes les parties de stockage sont pleines, le glucose est transformé en graisse et stocké sous cette forme-là.

Pendant les dix premières minutes d'exercice en aérobie, les muscles qui travaillent vont presque exclusivement utiliser la source d'énergie la plus pratique, le glycogène contenu dans la cellule musculaire. Le glycogène et l'oxygène contenus dans le sang se combinent pour produire de l'énergie et divers déchets, parmi lesquels l'acide lactique. Tant que vous n'effectuez pas un entraînement de type anaérobie (essoufflement etc.) le pourcentage d'acide lactique reste relativement peu élevé et peut être chassé par le sang.

Après une dizaine de minutes d'exercice, le corps commence à se tourner vers les graisses comme source de carburant. C'est le temps qu'il faut aux graisses stockées pour lâcher dans le sang des acides gras insaturés en nombre suffisant pour satisfaire les exigences d'aussi nombreuses cellules musculaires affamées. Au bout d'une trentaine de minutes, les graisses deviennent la principale source de carburant, avec une toute petite « couche d'apprêt » de glycogène. (Il ne faut pas croire que parce que l'on brûle des graisses, cela signifie qu'il faille absorber beaucoup de lipides. Les hydrates de carbone constituent la meilleure source d'énergie. Un régime alimentaire trop riche en graisses alimentaires peut compromettre votre performance.)

UNE ÉTUDE PHYSIOLOGIQUE DU « PLAFONNEMENT ». Les graisses constituent un carburant plus abondant que le glycogène. Alors que les réserves en glycogène sont limitées (il y en a pour tenir pendant une trentaine de kilomètres environ), même une personne maigre possède suffisamment de réserves lipidiques pour tenir pendant environ 950 kilomètres. Ceci signifie qu'avec ce carburant à longue portée les graisses ne peuvent être brûlées que de manière aérobie (en présence d'oxygène). Tant que vous courez en respectant l'allure et la distance pour lesquelles vous vous êtes entraîné, vous brûlez surtout des graisses. Lorsque vous courez plus vite ou plus longtemps que ce à quoi vous êtes entraîné, vous étouffez les muscles. Ils sont poussés au-delà de leur capacité et manquent d'oxygène. Dans cette situation anaérobie, le glycogène est brûlé et d'importantes quantités d'acide lactique et de déchets se déversent dans les muscles beaucoup plus vite qu'ils peuvent être éliminés. C'est ce qui provoque la contracture et la *brûlure* des muscles et c'est ce qui vous oblige à ralentir et à « plafonner ». Une fois que les muscles sont passés à l'oxygène il est peu probable qu'ils puissent revenir aux graisses. Vous épuiserez très vite vos réserves limitées de glycogène.

L'un des principaux objectifs de l'entraînement est d'apprendre au corps à conserver le glycogène et à faire face à l'accumulation d'acide lactique. La période de base de votre entraînement améliorera la capacité de votre sang à distribuer l'oxygène et à éliminer les déchets. Le travail de vitesse et les courses de fond repoussent progressivement le point à partir duquel vous commencez à être en état d'anaérobie. Cela vous apprend également à faire face à la gêne et à l'inconfort provoqués par l'accumulation d'acide lactique, en ralentissant moins qu'auparavant. Lorsque vos muscles seront au point grâce au travail de vitesse que vous aurez effectué, vous amasserez à peu près la même quantité de déchets, mais vous ne serez pas obligé de ralentir autant, parce que vous serez alors habitué à cette sensation.

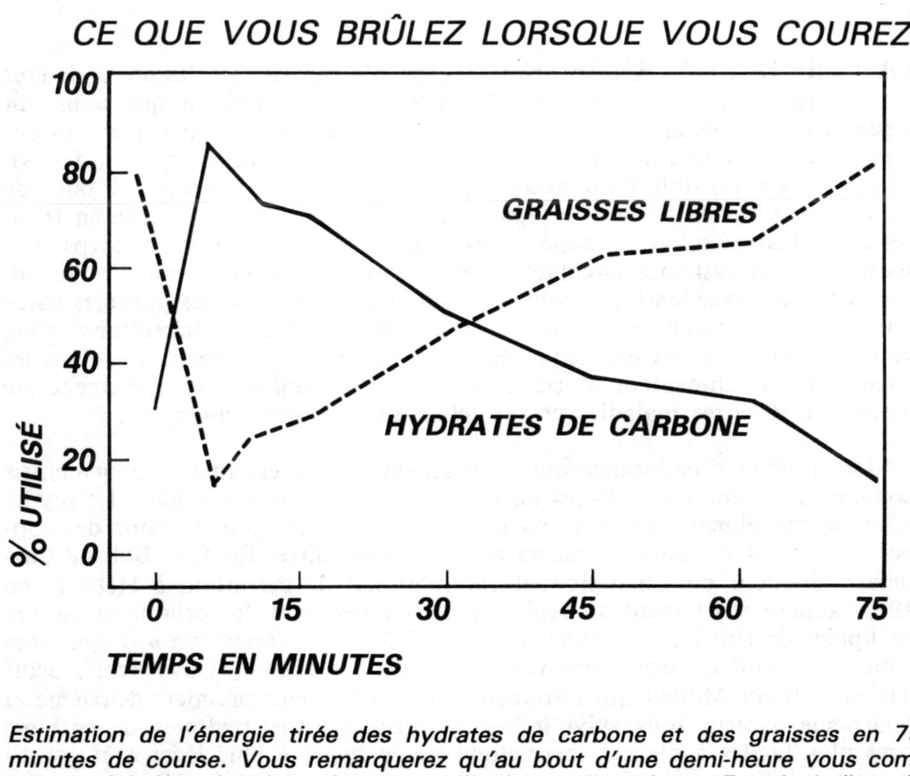

Estimation de l'énergie tirée des hydrates de carbone et des graisses en 75 minutes de course. Vous remarquerez qu'au bout d'une demi-heure vous commencez à brûler plus de graisses que d'hydrates de carbone. Extrait du livre de David L. Costill « A scientific approach to distance running » *(voir p. 271).*

En poussant trop au-delà de vos capacités habituelles, vous pouvez sérieusement endommager votre corps. Après avoir couru trop longtemps ou trop vite et avoir utilisé le glycogène comme source de carburant dans une course de fond, vous vous retrouvez dans une position difficile. Le glycogène est le seul carburant utilisé par le cerveau et les réserves de cette source d'énergie sont en quantité limitée. Lorsque l'on atteint des niveaux dangereusement bas de glycogène, les mécanismes de survie de l'organisme prennent les choses en main et gardent ce qui reste pour le cerveau. Lorsque le cerveau sent que les réserves baissent, il se protège en vous empêchant de vous concentrer sur la fin de la course — ou même en vous disant d'abandonner. Ce sont des signes avertisseurs qui devraient vous alerter.

Que peut faire un muscle qui travaille ? Il n'y a pas suffisamment d'oxygène pour brûler les graisses et les réserves en glycogène ont été épuisées. Le glycogène *peut* être fabriqué à partir des graisses et des protéines du muscle. Il s'agit là d'un processus très pénible et qui laisse beaucoup de déchets. Lorsque toutes les réserves de graisse existantes ont été utilisées et que le muscle sollicité exige formellement du glycogène, le tissu risque d'être lui-même abîmé.

Pensez à prendre soin de votre corps. Un corps blessé ne peut travailler. Des muscles abîmés, surmenés vous obligent à manquer l'entraînement et retardent votre progression. Restez dans les limites de l'entraînement que vous avez récemment effectué et poussez légèrement au-delà de ces limites une fois par semaine pour améliorer la vitesse et l'endurance.

LA CHIMIE SANGUINE. Notre corps n'a jamais été destiné à digérer de grandes quantités de graisses. Ce merveilleux instrument que nous ont légué nos lointains ancêtres a été conçu de manière à pouvoir traiter des aliments riches en hydrates de carbone complexes (céréales, légumes, fruits). Même s'il est possible pour notre organisme de venir facilement à bout de petites quantités de lipides, le régime alimentaire moderne — riche en fritures et en viande rouge — dépasse les capacités de traitement du corps. Les parois de nos systèmes circulatoires et organiques finissent par être recouvertes par ces excédents graisseux, surtout si les artères ou les passages coronariens sont naturellement étroits, pour cause de facteur héréditaire. Cela peut provoquer divers problèmes circulatoires graves, en particulier dans les vaisseaux qui alimentent le cœur en sang. Les lipides ont également été associés à d'autres maladies graves telles que le cancer du colon.

Les athlètes d'endurance qui s'entraînent régulièrement préfèrent choisir comme carburant les hydrates de carbone plutôt que les lipides. Le mythe d'un régime alimentaire riche en protéines d'origine animale pour développer la force et l'endurance est en train de disparaître. En fait, Bob de Castella, vainqueur du Championnat International de marathon à Helsinki en 1983, adhère strictement au régime riche en hydrates de carbone et pauvre en lipides de Pritikin. En 1982, lors de l'« Ironman Triathlon », l'épuisante course de fond en trois épreuves qui se tient à Hawaï, Dave Scott, Scott Tinley et Scott Molina qui terminèrent respectivement premier, deuxième et quatrième avaient tous suivi le régime Pritikin. Les hydrates de carbone sont plus faciles à digérer, permettent de se sentir « plus léger » et constituent le meilleur carburant pour les épreuves d'endurance. (Voir Le carburant, p. 202).

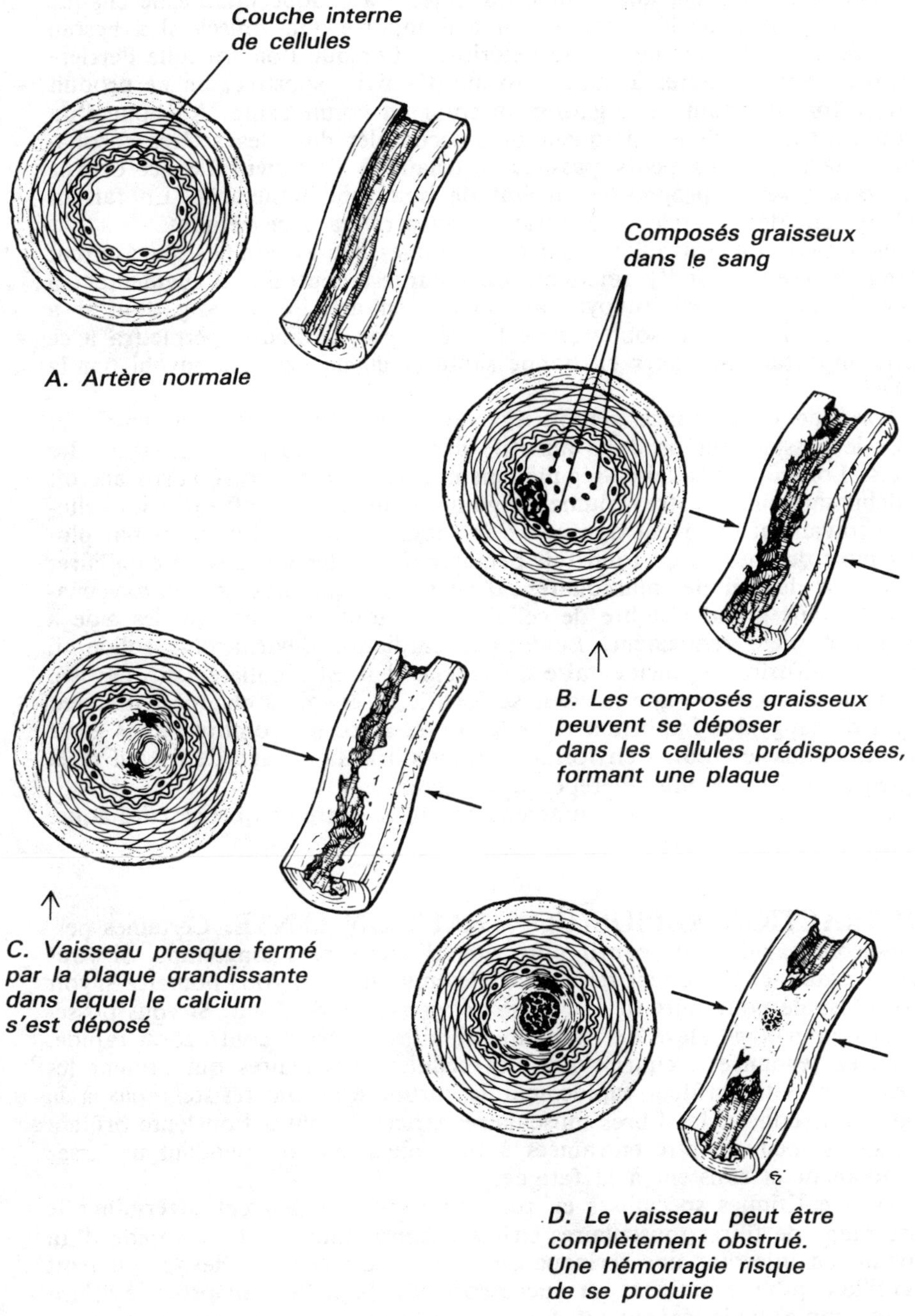

Maladie cardiaque vue de l'intérieur. Sont représentés ici une artère normale et trois stades de fermeture progressive dus à une consommation excessive de graisses.

LE CŒUR... ET SON ÉQUIPE DE SECONDS RÔLES. Le cœur est un muscle d'endurance, une pompe qui injecte à chaque minute de chaque journée du sang dans le corps. Comme n'importe quel muscle il a besoin d'exercice régulier pour ne pas se détériorer. Lorsque l'on travaille derrière un bureau, sans se livrer à aucune forme d'activité sportive, on ne produit pas un effort suffisant pour garder un cœur en bonne santé. Au bout d'un certain temps, des dépôts risquent de s'accumuler dans les artères coronariennes inactives. Les petits passages cruciaux à l'intérieur de cet organe vital doivent rester propres et en état de bon fonctionnement. En faisant régulièrement de l'exercice d'endurance, on arrivera à ce résultat.

Les muscles qui travaillent sont de véritables petites pompes qui aspirent le sang du cœur puis l'y rejettent. Le cœur est contraint d'augmenter sa vitesse de pompe pour envoyer au muscle en activité le sang dont il a besoin. L'augmentation soutenue de la fréquence cardiaque permettra à ce muscle important de rester en bonne santé et de ne pas être envahi par la graisse.

L'exercice d'endurance accroît également le nombre des capillaires et facilite le passage des produits nutritifs dans les cellules et l'évacuation des déchets. Lorsque vous faites régulièrement de l'exercice, votre corps accroît son débit sanguin et votre volume sanguin augmente, ceci afin que les cellules qui travaillent reçoivent davantage de sang. La pression imposée par plusieurs mois de courses de fond fait pénétrer de petites langues de capillaires à l'intérieur des cellules musculaires. Il en résulte une plus grande oxygénation d'un plus grand nombre de cellules dans tout le corps, qui les aide à travailler à plein rendement. Le muscle cardiaque devient plus solide, il reçoit une infusion supplémentaire d'oxygène et il est régulièrement nettoyé.

Au fur et à mesure que le cœur se fortifie, il envoie à chaque battement un flot de sang plus important dans le corps. Avec un nombre moins élevé de contractions le cœur « en forme » accomplira davantage de travail et la fréquence de votre pouls au repos diminuera.

Voir page 31 pour savoir comment contrôler votre fréquence cardiaque.

CONTRACTION RAPIDE/CONTRACTION LENTE. Certaines personnes sont capables de courir plus vite, d'autres plus longtemps. Si vous pouviez examiner l'intérieur de vos cellules musculaires, vous pourriez savoir si vous êtes né pour faire de la course de vitesse ou du fond. Si vous possédez un pourcentage élevé de fibres musculaires striées à contraction rapide, vous avez tendance à courir vite. Les cellules musculaires qui brûlent les sucres tirent vite, brûlent rapidement le carburant et ne résistent pas à la fatigue. Par contre, les fibres musculaires striées à contraction lente brûlent les graisses, peuvent être entraînées à tirer plusieurs fois pendant un assez long moment et résistent à la fatigue.

Les scientifiques spécialisés en recherche sportive peuvent déterminer le pourcentage de fibres musculaires striées à contraction lente ou rapide d'un individu, en injectant une seringue dans le muscle et en prélevant un petit échantillon qu'ils examinent au microscope. Il s'agit là d'un procédé relativement simple, mais légèrement douloureux et qui n'est généralement utilisé que pour des études scientifiques. Les coureurs chez qui les muscles à contraction lente prédominent (j'en possède 97 %) doivent abandonner l'espoir de pouvoir terminer au finish. Les coureurs rapides quant à eux peuvent entraîner leurs muscles à contraction rapide à devenir des brûleurs de graisse et à se comporter comme des muscles à contraction lente.

LES POUMONS. Lorsque vous respirez, l'air pénétre dans votre bouche et/ou dans votre nez, puis traverse votre arrière-gorge (le pharynx) et votre trachée. A son extrémité la plus basse, la trachée se ramifie pour former les bronches dont une pénètre dans chaque poumon. Ensuite celles-ci se subdivisent et finissent par aboutir à plusieurs centaines de millions de sacs alvéolaires — les alvéoles — qui effectuent l'échange des gaz : absorption d'oxygène, expulsion d'oxyde de carbone.

L'exercice physique soumet les poumons à un effort de fonctionnement plus important. Un plus grand nombre d'alvéoles sont impliquées au cours du processus d'échange gazeux et leur capacité à remplir rapidement et efficacement cette tâche est améliorée. Un tabagisme permanent et une exposition prolongée à la pollution de l'air peuvent réduire de manière significative les capacités des alvéoles à effectuer cet échange et diminuer la capacité de fonctionnement de sections entières des poumons. Heureusement l'exercice, et en particulier la course à pied, peut aider à inverser ce processus et au bout d'un certain temps peut permettre au tissu de retrouver sa capacité fonctionnelle (à moins que le tabagisme et la pollution de l'air n'aient détruit les parois des alvéoles, comme dans l'emphysème alvéolaire).

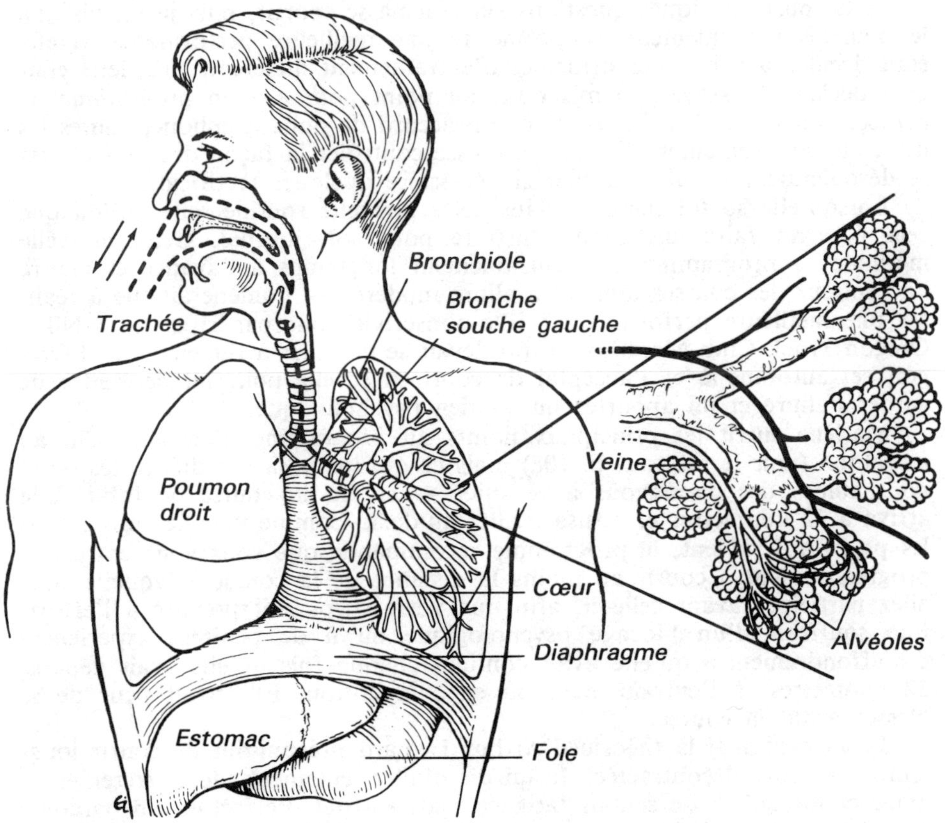

L'air est échangé par le nez et/ou par la bouche. Il pénètre dans les poumons via la trachée qui se ramifie pour former les bronches, qui à leur tour se ramifient, comme un arbre pour former des subdivisions plus petites, les bronchioles. Vous voyez ici une bronchiole terminale agrandie pour illustrer les sacs alvéolaires (alvéoles) dans lesquels se produit l'échange des gaz entre l'air et le sang.

5. LE PLAN D'ENTRAÎNEMENT

PAR OÙ COMMENCER ?

Durant l'été 1983, je reçus un coup de téléphone de Marlène Cimons, coureur et journaliste au Los Angeles Time. J'avais déjà rencontré Marlène au marathon de Boston et elle s'était intéressée à ma nouvelle méthode d'entraînement. « Pensez-vous que je pourrais améliorer mon temps au marathon qui est de 3 h 53' ? » m'avait-elle demandé.

Je lui posai quelques questions sur son passé sportif, puis je lui dis que je pourrais pratiquement lui promettre une meilleure performance si elle était décidée à suivre des principes d'entraînement différents. Marlène était bien décidée à essayer, je mis donc au point pour elle un programme de course. Nous décidâmes d'un commun accord de nous téléphoner toutes les deux ou trois semaines afin que je puisse contrôler la façon dont les choses se dérouleraient et lui conseiller si nécessaire quelques rectifications.

Lorsqu'elle se fut installée dans cette nouvelle routine, elle décida que cela pourrait faire une bonne histoire pour son journal. Cette nouvelle méthode — programmer son entraînement longtemps à l'avance et mettre l'accent sur des courses longues à allure modérée — l'amènerait-elle à réaliser une meilleure performance ? Elle s'inscrivit pour participer au « Nike-Oregon Track Club Marathon » qui devait se dérouler à Eugène dans l'Oregon cet automne-là et j'acceptai de courir avec elle pour lui permettre de garder l'allure et lui apporter un soutien psychologique.

Marlène suivit les principaux points du programme d'entraînement au marathon (voir le tableau, p. 108) mais ce qui lui posa des difficultés — et nous eûmes des discussions à ce sujet — ce fut la course de fond. Elle arriva à 32 kilomètres et refusa d'aller au-delà. Comme vous le verrez dans les pages qui suivent, le programme recommande que vous vous entraîniez progressivement à courir au moins la distance de la course à laquelle vous allez participer avant celle-ci, afin que votre corps soit préparé à l'effort. Elle souffrait d'un blocage psychologique dû à de pénibles expériences d'« effondrement » qu'elle avait connues chaque fois qu'elle avait dépassé 32 kilomètres, à l'entraînement ou en compétition. Elle avait peur de se blesser avant la course.

Je lui expliquai la théorie d'Arthur Lydiard préconisant de courir longtemps, à allure décontractée. Je lui dis d'aller lentement, de s'arrêter et de marcher lorsqu'elle se sentait fatiguée mais surtout d'effectuer un parcours *plus long* que celui de la course *avant* la course. De cette manière, elle ne risquait pas de s'effondrer comme elle le craignait tant. Je lui fis également remarquer que ce principe des courses longues et faciles n'avait pas seulement été utilisé par les champions olympiques de Lydiard mais qu'il était à présent employé par des coureurs amateurs à travers tout le pays pour courir (et terminer) des marathons.

Je finis par convaincre Marlène de poursuivre son entraînement en fond et d'essayer d'atteindre 40 kilomètres. Nous nous retrouvâmes à Eugene en septembre et Marlène courut en 3 h 44' 49" ; améliorant son précédent record de 8 1/2 minutes — bien que la journée fut humide et très chaude. Non seulement elle ne « mourut » pas à la fin, mais elle réussit à effectuer un sprint final, au cours des 200 derniers mètres. Elle était folle de joie et cela lui donna l'idée d'écrire un article relatant son expérience.

COURIR LENTEMENT POUR COURIR VITE. L'expérience de Marlène est un excellent exemple pour les coureurs de tous niveaux. Courir pendant plusieurs mois à une allure régulière et décontractée ce n'est pas seulement agréable, mais cela diminue également le nombre de blessures et cela constitue la meilleure base qui soit pour courir de manière compétitive. Courir lentement vous permettra non seulement de courir vite, mais si vous aménagez soigneusement votre course lente sous la forme d'un emploi du temps bien structuré, cela vous permettra probablement de courir plus vite qu'auparavant.

LA STRATÉGIE DE LYDIARD APPLIQUÉE AUX COUREURS DE TOUS LES JOURS

Ces douze dernières années j'ai travaillé avec des coureurs, lors de stages de course à pied et dans nos magasins, et j'ai mis au point une série d'innovations et de techniques de planning qui permettent aux coureurs de tous les jours de se brancher sur les concepts couronnés de succès développés par Lydiard. J'en suis arrivé à visualiser ce programme sous la forme d'une pyramide comprenant une solide base de course à un rythme lent, une zone de transition d'entraînement en côte, et enfin un programme de vitesse qui amène un coureur à son point culminant pour une compétition.

Ce qui est intéressant, c'est que ces mêmes principes utilisés par les coureurs de niveau international peuvent s'appliquer aux coureurs de tous niveaux. Ces concepts élémentaires d'entraînement permettent non seulement aux coureurs d'élite de remporter des records mondiaux, mais ils peuvent aussi permettre aux débutants d'acquérir une bonne condition physique en passant de bons moments, aux joggers de participer à leur premier marathon et aux coureurs expérimentés d'améliorer leur record personnel.

COMMENCER SON PROGRAMME. Votre programme d'entraînement a déjà commencé. Votre activité physique passée constitue la base sur laquelle vous allez construire votre programme à long terme. Les adultes qui ont eu une enfance active ont une longueur d'avance. Alors ne soyez pas surpris si un de vos collègues employé de bureau sédentaire se met à la course à pied et progresse plus vite que vous. Commencez par ce que vous faites actuellement pourvu que cela ne soit pas déjà trop pour vous ; ensuite ajoutez à votre programme les exercices spécifiques, les périodes de récupération et les autres modifications décrites ci-dessous.

La plupart des coureurs dont je me suis occupé ont commencé par *diminuer* la longueur de leur parcours en ajoutant des temps de récupération stratégiques. Cela leur a permis d'accroître la qualité de leur travail — les jours difficiles — et cela les a immanquablement amenés à réaliser une meilleure performance. Mais même si cela fait des années que vous exercez une activité sédentaire, il ne faut pas vous décourager ; vous pouvez probablement parvenir à des résultats dont vous ne vous seriez jamais cru capable.

DÉFINISSEZ VOS OBJECTIFS. Réfléchissez tout d'abord à vos objectifs. Pourquoi voulez-vous courir ? Pour perdre du poids, pour vous sentir bien dans votre peau, pour tonifier vos muscles, pour être en forme toute l'année ? Pour toutes ces raisons et aussi pour participer à des courses ? Ou pour devenir un compétiteur et courir fréquemment ? Réfléchissez à ce que vous attendez de la course à pied. Quels résultats souhaitez-vous dans les six et douze mois à venir ? Ces questions vous aideront à mettre au point un programme et à rendre vos efforts plus efficaces.

N'UTILISEZ AUCUN PROGRAMME AUTRE QUE LE VÔTRE

Le meilleur programme pour vous c'est celui qui répond à vos besoins particuliers. Ceci s'applique aux débutants ainsi qu'aux coureurs de niveau international. N'adoptez pas le programme qui réussit à un ami. Même s'il obtient de bons résultats, il est possible qu'il soit simplement en train de développer un talent inné « en dépit » de son programme. Nous avons tous nos forces, nos faiblesses et nos limites dont il faut tenir compte lorsqu'on remanie un programme. C'est très bien d'essayer de nouvelles idées d'entraînement, mais n'en expérimentez qu'une seule à la fois. Vous pourrez ensuite inclure celles qui marchent dans votre programme pour les harmoniser avec vos propres exigences, votre besoin de récupération et votre niveau actuel de performance.

LA PYRAMIDE D'ENTRAÎNEMENT

La pyramide d'entraînement représente normalement un cycle de quatre à six mois, dont chaque phase prépare à la phase suivante. Comme je l'ai déjà mentionné, les coureurs d'élite l'utilisent pour améliorer leur endurance et leur vitesse, mais dans les pages suivantes je vais vous montrer comment *vous* pouvez utiliser le concept de la pyramide pour réaliser vos objectifs quels qu'ils soient. Au sommet de la pyramide se trouve la course que vise le coureur. Vous pouvez utiliser les principes pour réaliser vos objectifs de course ou comme un guide général pour mettre au point un programme d'entraînement équilibré. Que vous participiez ou non à des compétitions, ces concepts vous permettront d'améliorer votre style de course, de courir de manière plus agréable, de développer vos capacités générales cardio-vasculaires et d'améliorer votre condition physique.

Vitesse : 35 %

Continuez à effectuer de longues courses
Réduisez le kilométrage total de 10 %
Une fois par semaine, remplacez les courses en côte par du travail de vitesse
Augmentez progressivement le nombre de répétitions
Reposez-vous entre les longues courses, le travail de vitesse et les compétitions.
Consacrez au maximum huit semaines au travail de vitesse.

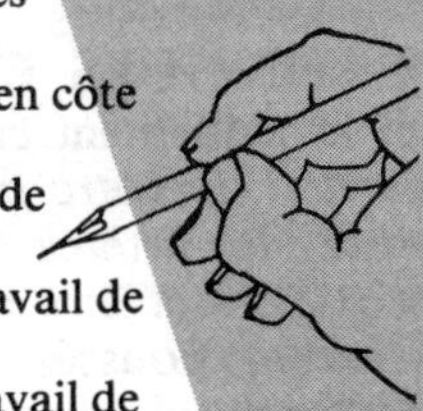

Entraînement en côte : 15 %

Identique à la période de base à l'exception des répétitions en côte.
Une fois par semaine, courses en côte (avec une inclinaison de 10 à 15 %) sur une distance 150-200 mètres
Montez la côte en courant, en fournissant un effort de 80-85 %
(Approximativement l'allure de course d'un 5 kilomètres)
Redescendez au petit trot pour récupérer
Commencez par gravir quatre côtes, puis augmentez progressivement le nombre pour arriver à le faire 8-12 fois

Entraînement de base : 50 %

Courses quotidiennes à une allure modérée, décontractée et confortable
Longues courses tous les quinze jours
Allure : Courez à une vitesse confortable ; en cas de doute, ralentissez
Travail de style : 4-8 accélérations aux cours de vos séances quotidiennes, deux fois par semaine
Compétitions : Au plus, tous les quinze jours, en alternance avec la course de fond

Départ

L'ENTRAÎNEMENT DE BASE

LES COURSES QUOTIDIENNES. Votre ultime performance est fonction de votre travail de base — entraînement aérobie. Le travail de vitesse ne peut qu'en partie vous aider à vous améliorer. C'est la période prolongée pendant laquelle vous effectuerez de longues courses régulières qui vous permettra de courir plus vite.

La base de la pyramide consiste en plusieurs mois de séances de courses régulières en aérobie. La course en aérobie développe un meilleur système circulatoire en augmentant le volume du cœur et la quantité de sang pompée à travers le système circulatoire. Ceci signifie que les nutriments et l'oxygène peuvent arriver aux cellules musculaires plus efficacement et que les déchets sont plus facilement éliminés. Vos muscles peuvent travailler davantage en faisant moins d'effort. Vous êtes en train de construire un *système de transport vital* en préparation à la phase de travail de vitesse qui en fin de compte vous aidera à courir plus vite.

LES LONGUES COURSES. Les longues courses développent au maximum le rendement cardio-vasculaire. *Elles constituent le seul élément le plus important de votre programme.* L'effort de pompage prolongé du cœur aide le cœur, les artères et les veines à transporter le sang de manière plus efficace et permet aux muscles de mieux absorber l'oxygène. Lorsque les muscles seront poussés jusqu'à leurs limites (comme pendant une course) ils répondront mieux et travailleront plus longtemps grâce à ce renforcement du système circulatoire.

PENDANT COMBIEN DE TEMPS ? Si vous souhaitez courir plus vite ou faire de la compétition — quelles que soient vos ambitions — voilà ce que vous devez faire :

Commencez en prenant la distance de la course la plus longue que vous ayiez effectuée au cours des trois dernières semaines et augmentez chaque semaine de 1,5 km jusqu'à ce que vous atteigniez 20 kilomètres. Arrivé à ce point, augmentez tous les quinze jours de 3 kilomètres. Les semaines qui viennent donneront à votre corps la chance de récupérer et de se remettre pour la prochaine course de fond. Lorsque vous arrivez à 32 kilomètres pour un marathon, 25 pour un 10 kilomètres, stabilisez-vous. Ne dépassez pas ces distances avant d'avoir commencé la phase de vitesse.

Durant la phase de vitesse de votre pyramide, vous continuerez à effectuer ces longues courses et pour réaliser une haute performance vous les étendrez à une distance supérieure à celle de la course en vue de laquelle vous vous entraînez. L'idéal serait d'arriver progressivement à couvrir une distance d'environ 25-28 kilomètres pour une course de 10 kilomètres et de 45-48 kilomètres pour le marathon.

Les autres courses à votre programme ne subiront pas beaucoup de modifications, pour peu qu'elles en subissent. *Vous augmenterez principalement la distance au moyen de la course de fond et non en faisant chaque jour davantage de kilomètres.* Vous pouvez participer à des courses pendant la période de base, mais cela n'est pas nécessaire. Si vous en faites il ne faudra pas courir à toute allure et il faudra courir les week-ends où il n'y aura aucune course de fond à votre programme.

Remarque destinée aux coureurs qui ne font pas de compétition. Les longues courses sont utilisées par les coureurs d'endurance qui font de la compétition à tous les niveaux. Cela fait maintenant des années que les coureurs de niveau international utilisent ce principe et de plus en plus de coureurs du dimanche qui participent à des courses de 10 kilomètres ou à des marathons reconnaissent qu'il permet d'améliorer la vitesse et la performance en général. Mais le principe des longues courses peut être utilisé par tous les coureurs, même ceux qui ne font que 3-4 kilomètres de course à pied par jour, trois fois par semaine. Si vous ne vous intéressez pas à la compétition, contentez-vous de stabiliser la longueur de la longue course comme cela vous est expliqué ci-dessus. Il s'agit de courir plus longtemps un jour par quinzaine. Si un jour par semaine vous faites cinq kilomètres, commencez un jour par en faire six, puis deux semaines plus tard faites en huit. Si vous sentez que huit kilomètres vous suffisent, restez en là et faites une course de huit kilomètres tous les quinze jours. Néanmoins si vous le voulez, vous pouvez continuer à ajouter 1,5 kilomètre tous les quinze jours. Faites de ce jour, un jour à part. Cela développera vos capacités d'endurance, cela vous aidera à brûler davantage de graisses et cela améliorera votre condition physique — et cela vous permettra de vous sentir mieux même si vous n'avez nullement l'intention de faire un jour de la compétition.

La longue course est étudiée en détail p. 100.

L'ALLURE. Pour les courses quotidiennes comme pour les longues courses vous devez adopter un rythme inférieur de 1 1/2-2 minutes à votre rythme de course actuel aux 10 kilomètres. Je mets 2 minutes de plus. Même si vous vous sentez à l'aise à une allure plus soutenue, ralentissez et apprenez à apprécier le fait de courir à un rythme plus lent. Cela vous apportera le temps de récupération dont vous avez besoin pour pouvoir courir plus vite en compétition.

LE TRAVAIL DE STYLE. Deux fois par semaine, les jours consacrés à la récupération, faites 4-8 accélérations pendant la course, suivies d'un temps de récupération complète. Accélérez sur 100-200 mètres, à un rythme assez soutenu mais pas excessif (à peu près votre rythme de course actuel au 1,5 kilomètre). Modérez votre allure. A ce moment-là, vous devez penser à votre style, même si le reste du temps il n'est pas nécessaire de s'en soucier lorsque l'on court.

Le style est étudié en détail, p. 126 et suivantes.

LES COMPÉTITIONS. Les courses peuvent servir d'entraînement et de tremplin pour l'importante compétition en vue de laquelle vous vous préparez — mais pas plus souvent qu'une semaine sur deux. Le mieux est de participer à une compétition par mois. Ne forcez pas, utilisez les compétitions comme des parcours un peu plus difficiles que vos parcours habituels (faites la différence entre votre temps au 1,5 kilomètre pour une course de 10 kilomètres et votre allure détendue d'entraînement et divisez le résultat obtenu par deux. Vous ne devriez pas aller plus vite).

L'ENTRAÎNEMENT EN CÔTE

La période d'entraînement de base développe votre endurance et votre rendement cardio-vasculaire. Toutefois avant de se lancer dans la vitesse, l'organisme a besoin d'une période de transition pour acquérir de la résistance. Les côtes préparent le muscle à courir plus rapidement sans tomber en état d'anaérobie.

Lydiard maintient que *les collines constituent le seul type d'entraînement de résistance qui soit bénéfique aux coureurs* et que l'entraînement en côte vous permettra de mieux courir sur tous les types de terrains. Je suis d'accord avec lui. Les côtes développent les muscles de la course pendant la course. Cela permet d'acquérir une force fonctionnelle qui est différente de la force spécifique et limitée développée par l'haltérophilie.

La course en côte développe les principaux muscles moteurs — le quadriceps, les muscles de la loge postérieure de la jambe et de la cuisse et surtout les muscles du mollet. Au fur et à mesure que les muscles du mollet se développent, vous pouvez appuyer le poids de votre corps plus en avant sur vos pieds et utiliser l'avantage mécanique de la cheville. Cela permet de courir de manière plus efficace car la cheville est un levier mécaniquement extrêmement efficace.

Alors que la période de base développe la « plomberie » intérieure, l'entraînement en côte développe la *résistance en course*. La jambe s'habitue à travailler dur sans contracter de dette d'oxygène et sans subir le dur impact, traumatisme de la vitesse.

Durant la phase de travail en côte de la pyramide, le seul véritable changement par rapport à la période de base c'est la séance d'entraînement en côte, un jour par semaine. Le reste de l'entraînement ne subit aucune modification . La plupart des coureurs effectuent leur entraînement en côte en milieu de semaine — le mardi ou le mercredi.

Choisissez une côte présentant une pente raisonnable, environ 10-15 %. Si elle est trop raide, nous ne pourrez développer un effort de propulsion et un rythme bien soutenus. Courez en fournissant un effort d'environ 85 % (légèrement plus rapide que votre allure aux 10 kilomètres) et redescendez lentement, à petites foulées pour récupérer. Si vous avez besoin d'un temps de récupération plus important entre les côtes, prenez-le. Il ne s'agit pas d'une séance d'entraînement de type anaérobie. Commencez par gravir environ quatre côtes, puis chaque semaine ajoutez en une, jusqu'à ce que vous soyez capable d'en gravir 8-12. Accordez vous au moins deux jours de repos entre les séances d'entraînement en côte et les compétitions ou les longues courses.

L'entraînement en côte dure généralement de 4-6 semaines. Les coureurs expérimentés qui font de la compétition peuvent faire deux séances d'entraînement hebdomadaire, mais soyez prudent car c'est assez pénible et cela accroît les risques de blessure.

L'ENTRAÎNEMENT A LA VITESSE

Votre *période de base* vous donne de l'endurance ce qui, avec le renforcement de l'*entraînement en côte* vous prépare à la *vitesse*. A condition de continuer les longues courses, le travail de vitesse vous permettra de courir plus vite sur toutes les distances. Chaque séance d'entraînement pousse le corps plus loin que la semaine précédente. Les muscles qui travaillent s'habituent ainsi progressivement à supporter une charge de travail plus importante. La période de récupération qui suit leur permet de se rétablir en vue de l'épreuve suivante. Les dernières séances d'entraînement dans la phase de vitesse deviendront de plus en plus difficiles jusqu'à ce qu'elles simulent les conditions de la compétition.

Au début de ce siècle, le travail de vitesse était constitué de courses de temps d'essais et de compétitions. Les athlètes participaient à des compétitions sans aucun entraînement intermédiaire. Entre les compétitions, les plus ambitieux faisaient des essais de temps dans leur catégorie. Avec ce type d'entraînement, ils amélioraient rarement leur vitesse.

L'interval-training et le *fartlek* (« jeu de vitesse » voir p. 72 à 75) furent introduits en Europe vers les années 1920. Ces méthodes divisaient la distance à parcourir en plusieurs parties. Les coureurs couraient à une allure plus rapide que celle de la compétition, ce pour une distance donnée, et répétaient plusieurs fois le processus. Le nombre et le rythme des répétitions augmentaient chaque semaine jusqu'à simuler les conditions d'endurance de la compétition. En faisant alterner les segments difficiles et les périodes de récupération, l'effort total de chaque séance d'entraînement n'était pas aussi substantiel que celui demandé par la compétition. Alors qu'un effort pénible soutenu déchire verticalement les muscles par un épuisement progressif, les intervalles de repos ménagés entre les accélérations de vitesse évitent la fatigue excessive des muscles.

La règle des 8 semaines : Après environ 8 semaines d'entraînement à la vitesse, votre performance atteindra son point culminant. Si après cela vous poursuivez cet entraînement intensif, vous courrez des risques de blessure, de maladie ou de fatigue.

Pas pour les débutants : Le travail de vitesse ce n'est pas pour tout le monde. Si vous n'avez aucun objectif de temps, vous n'en avez pas besoin. Cela exige de votre corps un effort considérable et cela accroît le risque de blessure. L'entraînement à la vitesse est potentiellement beaucoup plus préjudiciable que les longues courses. Néanmoins, un de ses aspects positifs est qu'il peut entraîner des jambes fatiguées à courir plus vite et plus longtemps. Durant votre première ou vos deux premières années de course à pied, vous devrez vous en tenir à la période de base. Au cours de cette période, une séance de vitesse occasionnelle consistera seulement à entrecouper votre parcours d'accélérations à un rythme un peu plus rapide que votre rythme habituel.

Le travail de vitesse est étudié de manière plus détaillée aux p. 70 à 78.

APRÈS LA PYRAMIDE

Une fois que vous avez terminé la phase de vitesse d'une pyramide et que vous avez participé à votre « grande » course, il est temps de vous recycler et d'attaquer la partie de base d'une nouvelle pyramide. Revenir à une nouvelle période de base est un soulagement après une dure période de vitesse et de compétitions. L'usure et les déchirures contractées lors de votre période culminante se répareront, les fibres musculaires se reconstitueront et vous aborderez votre prochaine compétition mieux préparé et doté d'une capacité cardio-vasculaire plus importante.

Comme pour une pyramide de sable sur la plage, plus la base est large, plus le point culminant est élevé. Commencez par construire une base solide, reposez vous bien et vous améliorerez votre condition physique et vos performances. Une pyramide peut servir de base à la pyramide suivante, si tel est votre plan. Par exemple, une pyramide d'entraînement au 10 kilomètres commencée au printemps vous apportera le travail de vitesse dont vous aurez besoin pour la pyramide d'entraînement au marathon que vous commencerez l'automne suivant — qui vous permettra de développer les capacités d'endurance nécessaires pour les 10 kilomètres du printemps suivant etc. Une succession de séances d'entraînement de plus en plus difficiles vous fera passer d'un stade à un autre et vous permettra d'atteindre vos objectifs.

J'ai fait dans ce chapitre une description générale du plan d'entraînement, de ses objectifs et des éléments de base de cette nouvelle façon d'aborder la course à pied. Les chapitres de ce livre relatifs à *la compétition* étudient tous les aspects d'un tel plan de manière beaucoup plus détaillée.

6. VOTRE CARNET DE COURSE

Faut-il tenir un carnet de course ? Pas nécessairement. Il paraît que certaines personnes progressent énormément en utilisant un plan de course très sommaire ou aucun plan du tout, mais en ayant beaucoup de chance. Il n'est pas indispensable d'avoir un plan pour courir ou même pour progresser. En fait, certaines de vos expériences les plus enrichissantes seront celles que vous n'aviez pas planifiées : la spontanéité de la promenade quotidienne, une belle journée en forêt, la rencontre d'un coucher de soleil inattendu, etc. Mais, l'organisation c'est ce qui fait la différence entre le coureur et le jogger. Les coureurs font davantage de progrès car ils se mettent à programmer leur course en fonction de leur futur succès et des moyens d'éviter les blessures alors que les joggers vont seulement courir lorsqu'ils en ont le temps.

De nombreux coureurs courent pendant des mois ou des années sans tenir de carnet de course. Cela leur semble trop fastidieux, trop tatillon, ou inutile. Néanmoins il est possible qu'à l'occasion d'une blessure, ou pour suivre l'exemple d'amis, ils se mettent éventuellement à tenir un carnet ; ils se demandent alors comment ils ont pu jusque-là courir sans l'aide d'un tel objet.

Le carnet vous aide à analyser vos erreurs ainsi que vos succès passés. Ce n'est qu'en notant par écrit certains détails que vous pouvez faire un retour en arrière et voir ce qui vous a amené à votre état actuel. Vous finirez alors par mettre au point votre propre programme d'entraînement. Pour ce faire le plus efficace est de noter par écrit le travail que vous effectuez chaque jour, d'en analyser les résultats et de remanier votre programme. Le carnet peut non seulement être utilisé comme un moyen de consigner le passé, mais il peut également servir à programmer votre entraînement futur et vos compétitions futures.

ÉTABLISSEZ UN PLAN EN FONCTION DE VOTRE OBJECTIF.

Pour faire le maximum de progrès en direction du but que vous souhaitez atteindre, il vous faut un plan. Étant donné qu'un des objectifs les plus courants est de courir « affranchi de toute blessure » nous devons organiser notre activité de manière à éviter de trop en faire. Les objectifs de temps en particulier nécessitent un plan. Un plan est un outil, un guide pour l'inspiration. Grâce à un plan, un débutant peut se tracer un chemin plus facile, éviter la blessure et arriver à ne plus pouvoir se passer de la course à pied. Un vétéran peut faire un plan pour varier son entraînement, pour se lancer un défi et pour s'améliorer.

Un plan efficace échafaudera une succession de petits succès, à partir de votre programme d'entraînement actuel. Chaque pas s'alimente de la confiance acquise au pas précédent. Dans tout plan il doit y avoir la dose correcte d'effort et de repos dont *vous* avez besoin.

Un plan doit également être souple. Les choses changent tous les jours. A chaque pas vous devriez réévaluer vos progrès et adapter le carnet afin qu'il reflète votre condition physique et vos possibilités actuelles, ainsi que d'autres facteurs de votre vie. Les plans qui réussissent sont souvent ceux que l'on modifie en cours de route avant d'atteindre son objectif.

La tenue d'un carnet permet d'obtenir une amélioration plus rapide et procure un sentiment de continuité tout au long du parcours. Étant donné qu'un carnet contient non seulement votre plan pour le futur mais aussi un enregistrement de vos progrès passés, cela vous aide à vous remonter lorsque vous avez le cafard : un carnet peut en outre vous dire avec précision les raisons pour lesquelles vous avez contracté une blessure ce qui vous permettra d'éviter de renouveler les mêmes erreurs la prochaine fois.

LES COMPOSANTES DE VOTRE CARNET. Votre carnet cela peut être un simple carnet de note, un agenda ou un simple calendrier mural. Vous y inscrirez :

• *Les longues courses.* Ce ne sont pas des défis trop sévères. Vous n'êtes peut-être pas capable de courir chaque année plus vite, mais vous pouvez courir plus longtemps. Cela vous donnera un sentiment permanent de progrès et d'accomplissement. Les longues courses permettent d'apprendre à bien se connaître soi-même.

• *Les courses difficiles* vous aident à améliorer votre vitesse. Les compétiteurs programment une course difficile une fois par semaine pendant leur phase de vitesse. La plupart des coureurs devraient programmer un travail de transition, en général il s'agit de courses en côtes, avant de se lancer dans le travail de vitesse.

• *Les courses « entre amis »* vous donnent l'occasion de bavarder en courant ou de courir en silence avec un bon copain. Les journées longues et pénibles et les journées de récupération devraient s'équilibrer et les courses entre amis peuvent remplacer l'atmosphère détendue des réunions dominicales entre amis.

• *Le travail de style.* Quelques accélérations deux fois par semaine pendant toute l'année vous apprennent à améliorer votre façon de courir.

• *Les parcours touristiques* vous permettent d'aller courir dans de jolis coins, pas trop loin de chez vous. Si vous effectuez chaque jour le même trajet, les parcours touristiques peuvent vous sortir de la routine pour vous faire apprécier des terrains et des paysages différents.

• *Les courses* ne vous permettent pas seulement d'expérimenter la compétition, mais sont un moyen d'évaluer vos progrès. Le fait d'attendre le jour de la course donne beaucoup plus de signification à vos parcours quotidiens et vous permet de rester motivé. Il est très motivant de voir des centaines de personnes tendre vers un même but et s'aider les unes les autres le long du chemin.

• *Les voyages* apportent la diversité et les sensations fortes. Vous pouvez courir dans différentes parties du pays à l'occasion de voyages d'affaires ou pendant vos vacances, ou programmer des excursions exclusivement centrées sur la course à pied dans des régions touristiques. La course à pied pratiquée dans des endroits inconnus vous permet souvent de vous faire immédiatement de nouveaux amis. Il est possible que vous ayez davantage de points communs avec des coureurs rencontrés dans une autre ville qu'avec vos voisins qui ne courent pas.

• *Les récompenses.* Le renforcement positif vous aide à rester sur le bon chemin. Trop souvent les coureurs s'améliorent progressivement et ne réalisent pas l'étendue de leurs progrès. Les récompenses sont aussi diverses que les individus qui les apprécient : sorties au restaurant, vêtements, chaussures, etc. De petites choses pour récompenser de petits progrès à l'entraînement, de plus grosses récompenses pour la réalisation d'objectifs de temps ou de distances plus significatifs.

• *Les courses de récupération.* Les autres courses (et toutes celles mentionnées ci-dessus à l'exception de la vitesse, des compétitions et du travail de style) seront effectuées à un rythme facile et confortable.

COMMENT REMPLIR LE CARNET. Vous venez de voir les composantes de votre programme d'entraînement. Une fois que vous saurez ce que vous allez faire, vous pourrez poursuivre votre plan avec davantage d'enthousiasme.

FAITES LE PLAN DE VOTRE « PYRAMIDE ». Choisissez le moment où vous aimeriez « culminer » et faites le compte à rebours. Un coureur de 10 kilomètres, pour un programme de six mois comptera huit semaines de vitesse. Un marathonien devrait en compter au moins douze. Cela devrait être précédé d'une période de quatre semaines d'entraînement en côte et avant cela de la période de base. Pour un marathon, il faudra compter au total une période de 32 semaines.

Inscrivez au crayon les longues courses, les courses difficiles et celles qui vous permettront d'atteindre votre but. Consultez les principes de kilométrage quotidien et hebdomadaire au chapitre suivant pour vous aider à établir votre programme, et voyez les tableaux, p. 92 à 97 et de la p. 106 à 113. Relisez l'ensemble de votre plan et apportez-y les modifications nécessaires.

LE MATIN CONTRÔLEZ VOTRE POULS ET VOTRE POIDS. Un des éléments clés de votre journal est votre taux de pulsations au repos, pris chaque matin au réveil. A ce moment-là, votre corps est moins affecté par les pressions extérieures comme par exemple les repas. Dès votre réveil, prenez votre pouls et notez le dans votre carnet. Au bout de quinze jours vous devriez obtenir une base, une moyenne. Lorsque le pouls du matin dépasse de plus de 10 % la moyenne, cela signifie que vous avez fait un effort trop important et que vous avez besoin d'une ou de plusieurs journées d'activité réduite. En vous ayant ainsi vous-même à l'œil, vous mettrez au point des modèles d'entraînement et vous serez capable d'ajouter à votre programme des jours de repos lorsque vous en aurez besoin.

Ne négligez pas non plus les pertes de poids quotidiennes. Il faut courir pendant environ 40 kilomètres pour perdre 500 grammes de graisse. Si vous n'avez pas effectué une distance équivalente le jour précédent, c'est la déshydratation : la perte d'eau. Dès que vous vous levez, pesez-vous et notez votre poids dans le carnet. Lorsque vous perdez plus de 2 % du poids de votre corps en un jour, allez y très doucement le jour suivant. Lorsque vous perdez 3 % ou davantage, prenez une journée de repos. Si cela se produit, veillez à absorber une grande quantité de liquides pour vous réhydrater.

7. PROGRAMMES KILOMÉTRIQUES QUOTIDIENS ET HEBDOMADAIRES

En 1972 Kenny Moore termina quatrième du marathon olympique. Il dit qu'il ne serait jamais parvenu à ce résultat, s'il n'avait pas découvert l'importance du repos. Du temps où il courait pour son lycée, Kenny ne gagna jamais aucune course. Après un an et demi d'entraînement dans l'équipe d'athlétisme de l'université d'Oregon, il commença à s'améliorer. Il commença à « battre » quelques uns des meilleurs coureurs de l'Oregon — tout au moins à l'entraînement.

Excité à l'idée d'être un jour vainqueur, Kenny décida de s'entraîner plus sévèrement en vue d'une prochaine rencontre sur piste en salle contre l'université de Stanford et il ajouta en douce à son programme quelques séances d'entraînement supplémentaires pour mieux se préparer. Sur la ligne de départ il était confiant, car il savait qu'aucun de ses adversaires n'avait travaillé aussi durement que lui pour ce 2 mile. Dès que le départ fut donné, il se mit avec les leaders, mais au point de passage intermédiaire, il manqua de carburant. Il termina la course mais fit un de ses plus mauvais temps, 9':48''.

Alors qu'il était assis dans les vestiaires, effondré, il vit son entraîneur Bill Bowerman se diriger vers lui. « Chouette » pensa-t-il « Bill va me remonter le moral avec un de ses discours encourageants. » Mais, le mentor mondialement respecté posa une main sur l'épaule de Kenny et se mit à le sermonner. Bowerman s'était aperçu que Moore faisait des séances d'entraînement supplémentaires. Il lui dit rapidement ce qu'il avait à dire : pendant deux semaines, Moore ne devrait pas effectuer plus de cinq kilomètres sans forcer ou il serait renvoyé de l'équipe. Kenny se sentit insulté. Il avait travaillé plus dur que quiconque et à présent on lui en faisait le reproche. Il *savait* qu'avec un tel programme il perdrait sa condition physique — et des courses. Bien décidé à prouver que son entraîneur avait tort, il suivit ses instructions à la lettre. Deux semaines plus tard lorsqu'il se mit en ligne pour courir contre l'équipe de l'état de Washington, il était persuadé qu'il allait être médiocre par manque d'entraînement et qu'il allait en remontrer au « vieux ». Ce coup-ci, il baissa les bras dès le départ, attendant que l'« ours » mal fichu lui saute sur le dos. Mais au contraire, il se retrouva en tête au passage du mile et il y resta, gagnant la course. Son temps : 8':48'' !

Bien que fortement exhalté d'avoir réalisé son temps le plus rapide, il remercia son entraîneur avec humilité. Bowerman savait que Moore avait trop forcé sans prendre de repos et qu'il réussirait s'il se ménageait. Le vieux sage savait aussi que Kenny Moore était comme la majorité d'entre nous et ne se reposerait que s'il était confronté à la Colère Divine.

DEVENIR PLUS SOLIDE

Il est impossible de s'améliorer si l'on ne peut pas courir. *La seule condition indispensable pour s'améliorer, c'est d'éviter la blessure.* Si vous êtes comme la plupart des coureurs, vous poussez jusqu'à la limite et alors mère nature s'en mêle, vous obligeant à vous reposer. Ceci ralentit votre progression, car vous devez vous reconstruire après chaque période de « baisse ». *Mais si vous intégrez le repos à votre programme d'entraînement,* vous pourrez éviter les blessures et les interruptions dans votre progression.

Un adage commun et rabâché dans le monde de la course à pied, dit qu'en « écoutant son corps on évite la blessure ». Si cela marchait cela serait fantastique, mais souvent soit les signaux ne sont pas assez forts, soit vous n'êtes pas assez attentif. Un objectif ambitieux vous amènera à pousser trop loin l'entraînement, à perdre contact avec vos muscles et à ignorer leur réel état de fatigue. Il est également possible que vous ne fassiez pas suffisamment attention aux signaux avertisseurs.

Lorsque vos muscles sont surmenés, votre corps essaie de masquer la fatigue. Pendant un moment, le corps tel un esclave obéit aux ordres que lui donne le cerveau. Lorsqu'il est épuisé, le corps puise dans ses réserves ; mais ces réserves sont limitées et une fois qu'elles sont épuisées, vous arrivez au point de rupture. Ceci peut aboutir à trois résultats : la *blessure,* la *maladie* ou l'*effondrement.*

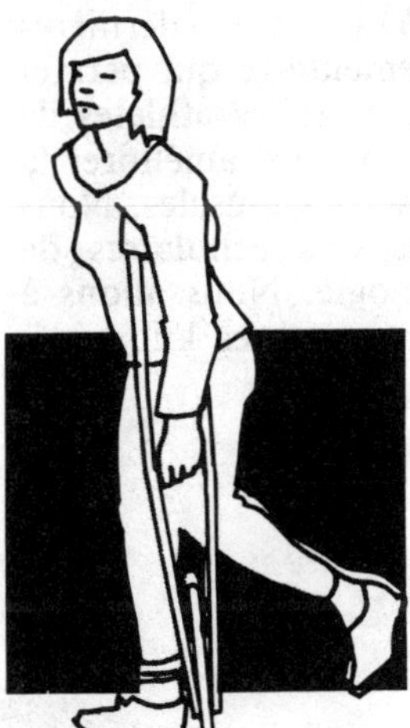

Blessé

Malade

Effondré

La blessure. Les réserves épuisées, les muscles sont tellement exténués qu'ils ne peuvent plus fonctionner normalement. Des muscles plus faibles essaient de faire le travail, mais ils sont généralement dépassés. Par exemple, le triceps sural est conçu de manière à vous fournir la plupart de votre puissance de course. Lorsqu'il se fatigue, il peut passer une partie du fardeau aux faibles muscles de la face interne de la jambe. Les déchirures du mollet et les autres problèmes qui affectent le mollet résultent souvent d'un effort trop soutenu, surtout si vous êtes un pronateur (si la partie antérieure de votre pied tourne de manière excessive vers l'intérieur). Dans ce cas, le fait de trop forcer ne tardera pas à vous montrer vos points les plus faibles.

La maladie. Lorsque le corps est soumis à un effort prolongé, ses capacités de résistance à la maladie diminuent de façon dramatique. Si quelques puissants germes infectieux passent par là, ils ont beaucoup plus de chances de trouver un habitat confortable — à vos dépens et pour votre plus grand malheur.

L'effondrement. Si vous avez suffisamment de chance pour éviter la blessure ou la maladie, il reste l'effondrement qui peut vous attendre à la fin de votre épuisant voyage. Une fois que vous avez touché le fond, il n'y a plus moyen de rebrousser chemin. Vos muscles ne répondront plus même si vous rassemblez suffisamment de volonté pour les faire fonctionner. Vous allez vous sentir fatigué, sans énergie et passablement déprimé jusqu'à ce que vous renouveliez vos réserves. Cela peut prendre des semaines ou des mois.

Comment éviter les trois états indésirables décrits ci-dessus ? La réponse au problème, c'est le *repos.* Puisque le fait d'« écouter votre corps » ne semble pas toujours marcher, vous devez inclure le repos à votre programme — avant que cela ne devienne le seul choix possible et que vous ne soyiez obligé de prendre de longues vacances forcées.

EFFORT + REPOS

R x POUR UNE AMÉLIORATION MAXIMALE. Ces dernières années on a fini par admettre un principe simple et élémentaire qui permet de devenir plus résistant. Les entraîneurs, les physiologues et les athlètes de haut niveau s'accordent tous sur le fait que la meilleure façon d'améliorer la force et l'endurance c'est de forcer, puis de laisser reposer les muscles. Nous avons déjà évoqué dans leurs grandes lignes, les aspects cellulaires de l'effort et du repos dans le chapitre relatif à la physiologie. Nous allons à présent étendre l'application de cette équation à vos programmes kilométriques quotidiens et hebdomadaires.

Prescription :
Effort
+ Repos
———————
Endurance
et vitesse

Dans cette formule, le repos est au moins aussi important que l'effort. Après avoir été soumis à un effort intense, les muscles se réparent et deviennent plus résistants, mais seulement si on leur laisse suffisamment de temps pour récupérer. Le problème avec la plupart des coureurs, et la cause de la plupart des blessures, c'est que l'on néglige la deuxième partie de la formule. Vous vous surmenez — avec le travail de vitesse, les courses, les longues courses ou l'augmentation des distances parcourues chaque semaine. Ensuite, en ne vous reposant pas comme il faudrait, vous vous retrouvez sur la ligne de touche, avec une blessure.

Les cellules musculaires individuelles feront le travail pour lequel elles ont été préparées. Lorsque vous soumettez vos muscles à un effort plus important que précédemment, il est possible qu'ils soient débordés. Ils deviennent incapables de transformer efficacement l'oxygène et le carburant et ils accumulent de grandes quantités de déchets, principalement de l'acide lactique. Les mitochondries feront de leur mieux pour produire l'énergie nécessaire, mais elles en sont simplement incapables. Le système circulatoire est surchargé, les parois cellulaires sont physiquement « passées à tabac », elles enflent et même par endroits elles cassent. Vous souffrez d'une blessure qui peut ne pas être suffisamment étendue pour provoquer des problèmes sérieux.

Si l'on réduit son activité pendant 48 heures, on devrait remédier à la plupart de ces problèmes. Les parois des cellules, les artères et les vaisseaux sanguins se réparent et deviennent plus solides. Les mitochondries se rechargent et peuvent produire davantage d'énergie. Les capillaires travaillent pour éliminer les déchets et livrer les nutriments. La plupart des coureurs ont besoin de deux jours de repos après deux jours de travail intensif pour que la réparation s'effectue.

CHANGEMENTS A L'INTÉRIEUR DES CELLULES MUSCULAIRES		
	Effets d'une course difficile	*Effets après repos*
MITOCHONDRIES	Enflées Réserves d'énergie épuisées	Rechargées
PAROIS CELLULAIRES	Déchirées	Déchirures guéries
DÉCHETS	Accumulation d'acide lactique	Élimination des déchets remplacés par des nutriments

LE PROGRAMME KILOMÉTRIQUE QUOTIDIEN

Beaucoup de coureurs savent qu'il faut courir sans forcer après une journée d'effort intense. Ce concept est attribué à Bill Bowerman. Cela paraît aujourd'hui évident, mais cela ne l'était pas en 1966 lorsque je rencontrai Geoff Hollister, le coureur de steeple-chase de l'Orégon. J'étais fier de mes propres progrès dus à un système où je travaillais dur chaque jour. A cette époque mes théories personnelles sur la course à pied en étaient encore à l'âge des ténèbres et il me semblait que chaque fois que je relâchais mon effort, mes adversaires avançaient d'un cran. Je fus stupéfait d'apprendre de Geoff que les champions nationaux, les recordmen et les coureurs mondialement classés de son université n'arrêtaient pas de remporter des victoires malgré un programme qui les laissait « fainéanter » un jour sur deux. Nous autres, coureurs de la côte est des États-Unis croyions encore qu'il fallait courir chaque jour plus dur pour s'améliorer — et nous souffrions presque toujours de blessures.

LA RÈGLE DE LA JOURNÉE RÉPARATRICE. Pour la plupart des coureurs une journée de récupération signifiera moins de kilomètres effectués à un rythme plus lent plutôt que d'arrêter totalement de courir. Cela fait doucement circuler le sang, l'oxygène et les nutriments ce qui accélère le processus de récupération (et de consolidation). A la fin de sa carrière de coureur, le Dr George Sheehan se mit à courir un jour sur deux. Après plusieurs années à ce régime, il courut son marathon le plus rapide (2:56) à l'âge de 62 ans. Le néo-zélandais Jack Foster qui courut un marathon en 2:11 à l'âge de 41 ans avait également adopté ce programme et ne courait pas plus de 3 ou 4 jours par semaine, car sinon il « finissait toujours par contracter une blessure au bout d'une dizaine de jours ». Après avoir suivi ce programme pendant à peu près deux ans, il courut un marathon en 2:20, à l'âge de 50 ans. L'un des jours de la semaine où il ne court pas Jack fait également du cyclisme.

C'est à chaque coureur de trouver son propre modèle de périodes de récupération quotidiennes. Kenny Moore découvrit qu'après les journées d'effort intense, il lui fallait deux journées de récupération. Après une journée d'effort intense, il court 3-5 km sans forcer, puis le lendemain il fait 13-16 km toujours sans forcer. C'est à chacun de trouver la combinaison qui lui convient le mieux.

Chacun d'entre nous réagit différemment à un effort intense ou à de longues courses. Certains se sentent très fatigués le soir même, d'autres le lendemain. Certains se sentiront peut-être en forme le lendemain, puis se réveilleront épuisés le surlendemain. Une séance d'entraînement fatigante peut en outre avoir sur certaines personnes des effets prolongés alors que chez d'autres elle produira seulement des douleurs et une légère fatigue. Même si vous ne vous sentez pas fatigué, il est préférable de vous octroyer une ou deux journées de récupération après une journée difficile.

COMBIEN DE JOURS PAR SEMAINE ? Des recherches ont montré qu'il fallait courir au moins trois jours par semaine pour arriver à une amélioration durable. Un jour ou deux ne vous apportent relativement pas grand chose. Arrivé à trois jours, la courbe d'amélioration grimpe de manière saisissante. L'amélioration se poursuit pour chacun des jours suivants, mais à un taux décroissant.

Lorsque l'on prend en considération les risques beaucoup plus importants de blessure après six ou sept jours de course à pied, il semble que cinq jours constituent le meilleur compromis possible. Vos journées de récupération devraient être assez régulièrement espacées au cours de la semaine. Si vous voulez faire de l'exercice les jours où vous ne courez pas, vous pouvez améliorer votre force et votre endurance en faisant du cyclisme, de la natation, de l'aviron ou d'autres activités qui n'ébranlent pas tout l'organisme.

Seuls les coureurs de haut niveau peuvent courir sept jours sur sept, mais, comme les autres coureurs, eux peuvent aussi tirer profit — sur le plan physique et psychologique — d'une ou deux journées de repos (voir le tableau page de droite).

QUEL TEMPS DE RÉCUPÉRATION OBSERVER APRÈS DES COMPÉTITIONS ? Jack Foster pense qu'il faut une journée de récupération pour chaque mile parcouru lors d'une course. La perte d'énergie prolongée provoquée par une course demande réparation. Vous ne devriez pas participer à une nouvelle course ou faire de la vitesse avant d'avoir « fait votre temps » selon la « Règle de Foster ». Vous pouvez faire une séance d'entraînement de vitesse sans forcer trois ou quatre jours après avoir disputé une course de 10 kilomètres ; mais après un marathon il faudra attendre deux ou trois semaines avant de faire un effort pénible. On ne devrait participer à aucune course (excepté un 5 km ou une course d'une distance inférieure) le week-end qui suit une course de plus de six kilomètres. J'ai découvert que la plupart des coureurs ne devaient pas faire plus de 20 kilomètres de compétition par mois. Ceci signifie que vous pouvez participer chaque mois à deux courses de 10 kilomètres ou à 1/2 marathon.

COMBIEN DE JOURS PAR SEMAINE DEVRAIT-ON COURIR ?

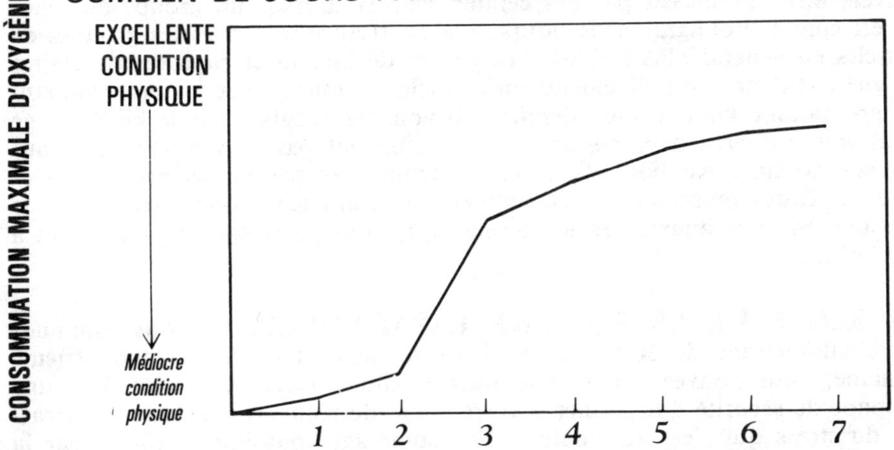

Notez la saisissante amélioration de la condition physique résultant de trois jours d'entraînement par semaine (au lieu de deux). En s'entraînant 4-5 jours par semaine, on gagne plus de 95 % de capacité aérobie. Au-delà de cette limite, le taux de blessures orthopédiques augmente dans des proportions très sévères.

APRÈS UN MARATHON. Vous courez un sérieux risque de blessure si vous vous remettez trop tôt à courir à un rythme intensif. De nombreux coureurs croient être complètement remis d'une course de fond lorsqu'ils commencent à se sentir reposés et que leurs douleurs ont disparu. Mais en fait il existe une *fatigue profonde et durable.* Ne vous laissez pas tromper par un sentiment de rétablissement survenant peu de temps après le marathon. De nombreux coureurs se sont sentis si bien qu'ils ont établi des records personnels à peine une semaine après avoir disputé un marathon mais seulement pour se blesser peu après car ils avaient forcé trop prématurément. Je pense qu'après un marathon, il faut attendre deux mois avant de disputer une nouvelle course.

QUEL EST LE TEMPS DE RÉCUPÉRATION NÉCESSAIRE APRÈS LA VITESSE ? Lorsque vous faites du travail de vitesse — qu'il s'agisse d'interval-training ou de fartlek (voir p. 72 à 75) vous vous reposez après chaque effort intense. Cela ne ressemble pas à l'effort ininterrompu d'une compétition, vous n'avez donc pas besoin d'un temps de récupération aussi important. La plupart des coureurs ne devraient faire qu'une séance de vitesse hebdomadaire. Ainsi l'organisme ne serait pas surmené (voir chapitre 8, p. 70, tous les détails concernant le travail de vitesse).

LE PROGRAMME KILOMÉTRIQUE HEBDOMADAIRE

Prendre chaque semaine des journées de récupération ne suffit pas. Un programme kilométrique régulier, à quelque niveau que ce soit laisse une fatigue résiduelle qui s'accumule et finit par produire une blessure. Après un effort soutenu vous avez besoin non seulement de journées de récupération, mais aussi de semaines de récupération régulièrement programmées avec un kilométrage réduit pour permettre à l'organisme de se reconstruire.

Au fur et à mesure que vous intensifiez votre effort ou que vous le maintenez constant, les cellules musculaires fatiguées tombent en panne et doivent être remplacées par des cellules neuves. Lorsqu'un groupe de cellules est épuisé, l'obligation de poursuivre est transmise à d'autres groupes de muscles en général plus faibles. Les petites déchirures et ruptures tissulaires ne guérissent pas complètement après quelques jours de repos entrecoupant un programme kilométrique régulier. Si vous ne réduisez pas le kilométrage total vous puiserez dans des réserves qui finiront par s'épuiser ce qui vous laissera exténué. Au bout d'un certain temps, les petites déchirures isolées dans les fibres musculaires s'accumulent suffisamment pour provoquer une blessure. Si vous augmentez le kilométrage, vous serez encore plus enclin à la blessure.

LA RÈGLE DE LA SEMAINE RÉPARATRICE. Si vous diminuez votre kilométrage de 30 % la deuxième semaine et de 50 % la quatrième semaine, vous pouvez éviter cette fatigue kilométrique. Ceci constitue une soupape de sécurité qui permet à votre corps de récupérer et de se débarrasser du stress qui s'est accumulé et des dommages physiques infligés par la course.

Certains coureurs ont besoin de plus de repos que d'autres. Soyez modéré et essayez de trouver le schéma qui vous convient le mieux. N'ayez pas peur de perdre votre condition physique. Des études ont montré que les athlètes pouvaient réduire leur entraînement de 50 % pendant 10 semaines sans perte significative de leur condition physique. En fait, en réduisant vous gagnerez au lieu de perdre, parce que lorsque vous reprendrez vous serez reposé et donc moins enclin à la blessure.

LES ULTRAS DU KILOMÉTRAGE RÉDUIT. Steve Boyer un de mes anciens camarades de lycée est un médecin qui a dû réguler son accoutumance à la course à pied et à la compétition. Il a participé à plusieurs marathons (son meilleur temps est de 2:42) pour lesquels il s'entraînait chaque semaine à courir une distance variant entre 32 et 62 kilomètres.

En 1983 lorsqu'il entreprit sa préparation pour les 40 miles de Mont Hood dans l'Oregon, il décida de tester à fond ma théorie du kilométrage réduit et des longues courses. L'altitude et le parcours tourmenté de la course (3 000 mètres de montées et de descentes) compliquaient la situation. Pour cette course difficile Steve décida de consacrer son temps limité d'entraînement de la manière la plus spécifique possible.

Il porta progressivement la distance de ses longues courses à 48 kilomètres avec 600 mètres de gain vertical ou effectua des séries de répétitions en côtes avec 2 250 mètres de gain vertical. Deux semaines avant la course il effectua tout le parcours à très faible allure. Le lendemain de chaque longue course il ne courait pas et ensuite il se remettait progressivement à courir (5-6 kilomètres, 10-11 kilomètres, etc.). La dernière semaine avant la course il ne courut que 32 kilomètres. Dans l'ensemble il courut moins de 80 kilomètres par semaine.

Les résultats devraient intéresser les partisans d'un kilométrage élevé. Face à des adversaires de taille, Steve termina second. Il était à six minutes du vainqueur et plus tard il me dit qu'il aurait pu gagner si son « moi » ne l'avait poussé à aller trop vite (il était resté 10 minutes en tête au passage des 15 miles dans la montée de la première longue colline).

UN MOINDRE KILOMÉTRAGE POUR UN 10 KILOMÈTRES PLUS RAPIDE. Un kilométrage plus faible peut également améliorer votre temps de course pour les distances intermédiaires. John Perkins découvrit cela après trois années et 2 800 miles de course. Ces temps de course au marathon et au 10 kilomètres restaient stables malgré les 80-110 kilomètres qu'il parcourait chaque semaine et un entraînement qui comportait de longues courses et du travail de vitesse. Après un résultat décevant dans le marathon de New York de 1981, il décida d'abandonner la compétition et l'entraînement intensif et d'effectuer beaucoup moins de kilomètres.

Les dix-huit mois de « vacances » de John ne lui firent pas perdre l'instinct de la compétition. Lorsqu'il apprit qu'un certain nombre de coureurs amélioraient leurs performances en suivant un programme basé sur un kilométrage réduit, une allure décontractée lors des courses quotidiennes d'entraînement et du travail de vitesse hebdomadaire, John décida de tester les nouvelles théories.

Pendant neuf mois environ, John courut en moyenne 62 kilomètres par semaine. Il fit une séance hebdomadaire d'entraînement de vitesse, effectuant 8-10 fois 400 mètres en 82 secondes et augmenta progressivement pour arriver à faire 18 fois 400 mètres. Il redescendit ensuite à 10 400 mètres courus en un temps de 74 secondes. Ce programme l'aida à abaisser de manière significative son temps de course dans le 10 kilomètres et le 5 kilomètres.

John dit qu'il se sent maintenant beaucoup plus solide, du départ jusqu'à l'arrivée, alors qu'auparavant il se sentait léthargique, fatigué et mou. Il ne craint pas de défier d'autres coureurs ou d'augmenter légèrement l'allure après le premier mile. Avant il était fatigué pendant toute la durée de chaque course et commençait à penser à la ligne d'arrivée après le premier mile.

Vous trouverez ci-dessous une comparaison entre le précédent programme de John — kilométrage hebdomadaire, allure et compétitions — et son nouveau programme.

Programme précédent

- 80-112 km par semaine.
- Une course de 24 km par semaine à un rythme soutenu.
- Allure des courses quotidiennes: 6:40-6 :50.
- Participait presque chaque semaine à des compétitions.
- Meilleurs temps de course :
  10 km-37:27
  5 km-18:20

Nouveau programme

- 48-80 km par semaine.
- Une course de récupération de 20-24 km tous les quinze jours.
- Allure des courses quotidiennes : 7:45-8 :00.
- Compétitions tous les quinze jours.
- Meilleurs temps de course :
  10 km-36:34
  5 km-17:36

COURIR PAR TEMPS FROID

En général lorsqu'il fait froid, on a moins de difficultés à courir. Étant donné qu'il y a une accumulation de chaleur moins importante, il se produit une perte de liquide moindre et la température fraîche rend la course plus revigorante. Néanmoins, lorsque le thermomètre descend en dessous de 10° C, il faut envisager des mesures de protection.

La tête et les mains : Protégez-les : portez un bonnet et des gants. La course provoque un facteur de chaud et froid et s'il y a du vent, il fera plus froid que ne l'indique le thermomètre. La laine ou le polypropylène sont les meilleurs textiles.

Les poumons : Rien ne permet de prouver que l'on peut se geler les poumons en courant. Il existe des barrières protectrices et des zones tampons qui protègent ces organes vitaux. Même s'il peut être gênant d'aspirer de l'air froid, je ne connais non plus aucun cas de « coureur ayant eu la gorge gelée ». Vous pouvez atténuer ce désagrément en respirant à travers un masque de ski ou un foulard.

Parties nobles : Messieurs, s'il vous plaît portez autre chose qu'un short en nylon si vous tenez un jour à fonder une famille. Les gelures du pénis ce ne sont pas des histoires. Cela vient de manière si progressive qu'il est possible que vous ne vous en aperceviez même pas. Lorsque le membre blessé se réchauffe, c'est extrêmement douloureux. En portant un slip bien ajusté ou un suspensoir et plusieurs épaisseurs (short, caleçon-long, pantalon d'entraînement) vous éviterez cela.

Le look « à étages » : Une veste chaude et un épais pull-over peuvent être très confortables pour commencer, mais il y a de fortes chances pour que vous transpiriez et perdiez trop de liquide organique, alors ne vous couvrez pas trop. Plusieurs vêtements fins superposés ne gêneront pas vos mouvements, vous pourrez en ajouter ou en ôter un pour rester à l'aise.

La pure laine ou le polypropylène sont les meilleurs textiles à utiliser directement sur la peau. Ils tiennent chaud mais laissent échapper l'excès de chaleur au fur et à mesure qu'elle s'accumule. La transpiration est « drainée » vers l'extérieur et loin de votre peau. La sueur ne doit pas rester sur votre peau car s'il fait froid elle peut geler.

Combinaisons protectrices contre la pluie ou le vent : Les combinaisons en nylon sont en général traitées pour être imperméables et empêchent l'eau de pénétrer pendant un moment mais finissent toujours par la laisser pénétrer. Les combinaisons légères en goretex ou celles recouvertes d'une pellicule de P.T.F.E. agissent comme la peau — elles empêchent l'eau de passer mais laissent pénétrer l'air et la chaleur. Pour être parfaitement imperméables, les coutures doivent être traitées. Le goretex est le meilleur textile que je connaisse pour protéger le corps contre l'humidité et le froid.

Dans le vent : Ne partez pas *avec* le vent. Si vous « surchauffez » vous vous apercevrez que votre transpiration se glacera lorsque vous ferez demi tour pour revenir en courant. Commencez d'abord par courir *contre* le vent.

Les suppléments en vitamine C permettent de guérir les gerçures au nez dont souffrent les coureurs lorsqu'il fait froid et, d'après ma propre expérience cela semble être le meilleur moyen d'éviter les rhumes.

COURIR PAR TEMPS CHAUD

Tout le monde déteste courir par forte chaleur, mais certaines personnes le supportent mieux que d'autres. Vous pouvez vous faciliter les choses en vous entraînant à courir lorsqu'il fait chaud.

LA PHYSIOLOGIE DE LA COURSE PAR TEMPS CHAUD. Par temps chaud, le sang afflue à la surface de la peau et se répand en milliers de minuscules capillaires pour laisser échapper la chaleur. De petits réservoirs d'eau dans les glandes sudoripares sont projetés à la surface de la peau par de minuscules « muscles sudoripares » pour refroidir la peau et le corps par évaporation. *Cette sudation et action capillaire détourne le sang nécessaire aux muscles qui travaillent, réduisant leur capacité de travail.* Il y a également moins de sang pour amener l'oxygène aux cellules et éliminer les déchets. Bien qu'il soit possible de s'adapter à la chaleur grâce à l'entraînement, même le coureur le plus résistant à la chaleur éprouvera une sensation de gêne et courra moins vite lorsque le thermomètre montera au-dessus de 12° C.

S'ENTRAÎNER A SUPPORTER LA CHALEUR. Les minuscules muscles sudoripares peuvent être développés comme n'importe quels autres muscles. Au fur et à mesure que vous poursuivez votre entraînement dans la chaleur, ils se développent et deviennent plus efficaces, secrétant suffisamment d'eau à la surface de la peau pour vous refroidir — mais pas en quantitéé excessive. Ce n'est qu'en courant lorsqu'il fait chaud que vous pouvez conditionner ces muscles à acquérir une efficacité de refroidissement maximum. Il faut souvent attendre des mois avant de constater une amélioration.

Bien entendu il est préférable de s'entraîner à supporter la chaleur *lorsqu'il* fait chaud. Mais s'il fait froid, vous pouvez porter des vêtements supplémentaires pour simuler des températures de 27° C. Pour commencer, courez seulement pendant quelques minutes, puis augmentez progressivement la longueur de vos courses d'entraînement jusqu'à ce que vous arriviez à couvrir la distance totale de la course en vue de laquelle vous vous entraînez. *Courez lentement.* Deux ou trois séances hebdomadaires suffisent pour arriver à cette adaptation. La nuit, buvez de l'eau chaque fois que vous vous réveillez.

COMMENT S'HABILLER LORSQU'IL FAIT CHAUD. Bien entendu le but est de rester aussi frais que possible, afin que les capillaires à la surface de la peau aient besoin de moins de sang et que celui-ci en échange aille aux muscles qui travaillent. Des vêtements légers et amples contribueront à cela, surtout s'il pleut ou si le temps est humide. Il est préférable de porter des vêtements plutôt qu'aucun vêtement, car cela protège en partie votre peau du soleil. Le coton retiendra l'eau avec laquelle vous vous aspergerez, la laissant s'évaporer lentement. Le nylon et les autres synthétiques n'absorbent pas l'humidité. Une maille légère à larges trous offre une bonne combinaison de fraîcheur et d'absorption. Je préfère un mélange de 50 % polyester/50 % coton. Pour éviter les écorchures, ne portez pas de vêtements serrés ou comportant une épaisseur trop importante de tissu aux aisselles ou entre les jambes.

L'EAU ET LA CHALEUR. Lorsqu'il fait très chaud vous avez besoin d'absorber une énorme quantité de liquide. L'eau froide est absorbée plus rapidement. Lorsque l'on s'entraîne par forte chaleur il faut régulièrement consommer des liquides et des aliments qui contiennent des électrolytes (les sels de magnésium, le potassium et le calcium). Il est recommandé de boire chaque jour dix verres d'environ 20 cl chacun, répartis tout au long de la journée. Rappelez vous que le café et l'alcool sont diurétiques et vous feront perdre plus d'eau qu'ils ne vous en apporteront. Le problème le plus important que pose la chaleur, c'est la déshydratation. Buvez tout au long de la journée et durant toute la course — en particulier lorsqu'il s'agit de longues courses. Au besoin, cachez de l'eau dans les fourrés tout au long du parcours.

3

La compétition

8. La vitesse
9. Savoir évaluer l'allure
10. L'art de la compétition
11. Courir le marathon
12. Le compétiteur avancé

8. LA VITESSE

LE SOMMET DE LA PYRAMIDE

VOUS POUVEZ COURIR PLUS VITE ! J'ai vu des milliers de coureurs s'améliorer en procédant à de simples changements tels que :

- Réorganiser leur programme.
- Y ajouter des périodes de récupération.
- Faire du travail de vitesse.

La première règle est que vos objectifs doivent être réalistes. Se fixer un objectif trop ambitieux n'aboutira qu'à un sentiment de déception et de frustration. Mais si vous prévoyez une série d'objectif à la portée de vos possibilités, vous accroîtrez vos capacités et votre confiance.

JUSQU'A QUEL POINT POUVEZ-VOUS ESPÉRER VOUS AMÉLIORER ?

Meilleure performance au cours des six derniers mois :	Amélioration possible après une pyramide de six mois :
50 mn 10 km ; 4:30 marathon	3-5 mn 10 km ; 30 mn marathon
42-50 mn 10 km ; 3:30-4:30 marathon	2-3 mn 10 km ; 15-20 mn marathon
38-42 mn 10 km ; 3:05-3:30 marathon	1-2 mn 10 km ; 8-15 mn marathon
35-38 mn 10 km ; 2:40-3:05 marathon	40 s-1mn. 10 km ; 5-10 mn marathon
32-35 mn 10 km ; 2:30-2:40 marathon	20-40 s 10 km ; 2-5 mn marathon

Remarque : Il y a bien entendu une limite à vos capacités d'amélioration. Vous atteindrez des plateaux et votre performance se stabilisera ou parfois même diminuera. Un plateau peut durer un mois ou presque un mois, ou même une année. Au fur et à mesure que vous approcherez de votre objectif définitif, les plateaux auront tendance à apparaître plus souvent et dureront plus longtemps.

CONSTRUIRE UNE BASE AVANT DE COMMENCER LA VITESSE. Avant d'entreprendre n'importe quelle forme de travail de vitesse, vous devez avoir construit une base solide constituée de :

- Une année de course à pied.
- Au moins deux mois (de préférence trois) de course aérobie.
- 4-6 semaines d'entraînement en côte.

VOUS ÊTES AU SOMMET DE LA PYRAMIDE

La période de base prépare votre système cardio-vasculaire à répondre aux exigences futures de la vitesse. Que vous ayez déjà suivi un entraînement en vitesse ou non, la période de base améliorera votre rendement cardio-vasculaire. Les vétérans constatent que l'entraînement de base permet également d'éliminer les déchets laissés par un récent programme de vitesse.

L'entraînement en côte développe les muscles clés de la course qui se trouvent dans vos jambes, ce qui vous permet de porter votre poids un peu plus en avant sur vos pieds et d'utiliser vos chevilles comme un avantage mécanique efficace — gagnant ainsi une force de propulsion plus importante. A présent, vous êtes prêt à affronter la vitesse !

Le premier avantage du travail de vitesse est d'apprendre au corps à courir selon un processus anaérobie — à courir rapidement lorsque les muscles ne disposent pas de suffisamment d'oxygène. Pour courir plus vite que vous ne l'avez jamais fait, vous devez aller au-delà de vos capacités. Les séances d'entraînement à la vitesse vous emmènent au-delà par une succession régulière de petites extensions. A la fin de la session de vitesse, vous devriez avoir simulé les exigences anaérobies de la course elle-même.

Chaque semaine vos efforts dépassent ceux accomplis la semaine précédente. L'acide lactique qui se déverse dans les muscles au cours des dernières phases d'une séance d'entraînement doit être distribué ou le muscle ralentira. Au fur et à mesure que le corps reconstruit les cellules musculaires et recharge les mitochondries (voir p. 61), il est capable d'aller plus vite et plus loin avant de produire de l'acide lactique.

En devant faire face à cette dose hebdomadaire de déchets, les cellules musculaires apprennent à en venir à bout. Dans certains cas, les muscles apprennent à les traiter et à les éliminer du système avec plus d'efficacité ; dans d'autres cas, ils dirigent les déchets dans toutes les fentes disponibles. Le cerveau apprend que le corps peut aller au moins un peu plus loin même si cela est de plus en plus pénible.

Le travail de vitesse vous amène à un niveau culminant de performance et vous prépare à la compétition. Lorsque vous aurez achevé chacune des séries de séances d'entraînement de vitesse, vous serez prêt à prendre le départ, du moins sur le plan psychologique. Bien entendu, il vous restera encore à vous élancer au signal du pistolet et à courir. Néanmoins le fait de vous être préparé vous donnera une certaine confiance en vous.

PRIORITÉ A L'ENDURANCE. Avant de pouvoir courir un 10 kilomètres rapidement, il faut d'abord être capable de courir un 10 kilomètres sans s'arrêter. La première composante d'un programme de vitesse c'est une longue course dont on augmentera tous les quinze jours la distance jusqu'à ce que sa longueur dépasse d'au moins 20 % celle de la course. En partant de la longueur de la course la plus longue que vous ayez effectuée au cours des deux semaines précédentes, ajoutez 1,5-3 kilomètres une fois par semaine jusqu'à ce que vous atteigniez 18-20 kilomètres. Ajoutez ensuite 3-5 kilomètres à chacune de vos longues courses d'entraînement et effectuez en une tous les quinze jours. Vous aurez besoin de ce temps de récupération supplémentaire entre les longues courses.

Course envisagée	Distance minimale	Pour une haute performance
10 kms	13 km	24-27
1/2 marathon	24 km	32-35
Marathon	42 km	45-48

Pour éviter une période de récupération prolongée, effectuez votre longue course à une allure lente, environ 1 1/2-2 minutes plus lente que votre allure de course actuelle au 10 kilomètres. Vous pouvez inclure des temps de marche de 3-5 minutes toutes les 30-45 minutes pour aider votre organisme à s'adapter plus facilement : ces courses ne développent que l'endurance et ne sont pas conçues pour améliorer la vitesse (les coureurs avancés ne devraient pas marcher).

UN BREF HISTORIQUE DU TRAVAIL DE VITESSE. Les coureurs de fond du début du siècle croyaient que pour courir plus vite il fallait effectuer des simulations répétées de la course envisagée : des courses à pleine vitesse entrecoupées de périodes de repos. Au milieu des années 1920, les athlètes découvrirent qu'ils pouvaient s'améliorer davantage en divisant la distance de la course en de nombreux courts segments courus chacun à une allure plus rapide que celle de la course envisagée, et en glissant *au milieu des périodes de récupération.* C'est ainsi qu'émergèrent deux formes de travail de vitesse : *le fartlek* et *l'interval-training.*

LE FARTLEK

Le mot fartlek est un mot suédois qui signifie « jeu de vitesse ». C'est une forme simple et naturelle d'entraînement à la vitesse que l'on peut intégrer à n'importe quelle course quotidienne. Au cours d'un parcours d'une longueur donnée, vous accélérez — jusqu'au prochain poteau télégraphique, jusqu'au bout du pâté de maison, jusqu'à n'importe quel point de repère. Lorsque vous aurez couru aussi longtemps et aussi vite que vous le vouliez (ou le pouviez) vous trottinerez pour récupérer. Puis, lorsque vous en aurez envie, vous pourrez à nouveau vous élancer.

Le fartlek est un entraînement à la vitesse à votre propre rythme. Il s'agit d'un entraînement intuitif, de style libre, sans prescription de distance ou de vitesse. Vous pouvez courir en fonction de votre forme du jour ou du moment. Le fartlek c'est un exercice de vitesse, mais qui peut être gai et créatif.

LES VARIANTES DU FARTLEK. Deux variantes populaires du fartlek sont *le fartlek en côte* et *les fractionnés chronométrés.* Le fartlek en côte débute à une allure normale, pas fatigante (inférieure d'environ une minute par mile à votre allure au 10 kilomètres). Lorsque vous arrivez à une côte accélérez jusqu'au sommet — puis trottinez pour récupérer. Une fois que vous avez récupéré, reprenez votre allure de départ jusqu'à la prochaine côte.

Dans le fartlek fractionné chronométré vous courez pendant une, deux, trois minutes etc., à une allure légèrement plus rapide que votre allure de compétition. On effectue d'abord un léger échauffement de 10-20 minutes de course sans forcer, puis 4-8 accélérations pour le style (voir pp. 132-133) précédant le premier segment. Reposez-vous suffisamment entre les segments pour bien récupérer. C'est à vous de décider du nombre total de segments.

DÉBUTANTS S'ABSTENIR. Le fartlek ne donne pas au débutant suffisamment de structure ou de « feedback » pour acquérir un sens du rythme. Par contre, de nombreux vétérans qui possèdent déjà la « science du rythme » peuvent tirer profit d'une séance de fartlek. Alors que l'interval-training donne au débutant un feedback précis, il confine le vétéran. Le fartlek vous permet de jouer avec vos limitations de vitesse, de fatigue et d'endurance, sans vous arrêter à la fin de l'étape. Vous apprenez ainsi à faire face à l'inconfort que l'on éprouve en compétition et à l'angoisse de ne pas savoir combien de temps vous pourrez tenir avant de ralentir. Les débutants courent un risque élevé de blessure lors de l'entraînement par le fartlek, tandis que les vétérans plus sensibles à la fatigue devraient savoir quand s'arrêter.

Une semaine avant le Championat National sur piste en 1973, j'essayai d'effectuer ma première séance d'entraînement sur piste de l'année. Le fartlek était la seule forme d'entraînement pénible à laquelle je m'étais livré cette saison là, et j'avais besoin de la confirmation du chronomètre pour me donner confiance en moi. Après seulement quelques tours de piste, je m'aperçus que les choses ne marchaient pas très bien et je décidai de rentrer. Mais il faisait un temps splendide, alors au lieu de me diriger vers les douches, je me retrouvai en train de courir sur une de mes routes de campagne favorites.

Sans m'en rendre compte, j'augmentai l'allure, accélérant pendant un moment, ralentissant un peu, puis accélérant à nouveau. Ce jour-là, je ne me sentais pas particulièrement en forme, mais mon allure était régulière, je la laissai donc jaillir. Curieusement la séance d'entraînement se déroulait sans problème bien que je ne me sentisse pas en forme et que je dusse me forcer à continuer.

Je sais maintenant qu'il s'agissait d'une des meilleures séances d'entraînement de ma vie et qu'elle me prépara à ma meilleure compétition. Une semaine plus tard,dans le 6 miles du « National A.A.U. » à Bakersfield, en Californie, je me retrouvai dans le même état qu'au départ de cette séance d'entraînement sur piste : complètement mou. Pendant quatre miles, j'arrivai tout juste à conserver ma douzième place et ne cessai d'envisager l'abandon. Puis, je me retrouvai dans le même état d'esprit que lors de ma course sur les routes ; je passai en quatrième position au mile suivant, puis je pris la tête. Bien que battu à l'arrivée, je fis mon meilleur temps, 27:21.

Lorsque vous aurez acquis un « bon sens du rythme », le fartlek vous préparera mieux à des courses rigoureuses ; le fartlek aide votre esprit à passer les vitesses. Le fartlek peut vous apprendre à utiliser vos pouvoirs souvent cachés de concentration mentale pour dépasser les barrières de l'inconfort et de l'angoisse.

INTERVAL-TRAINING

QU'EST-CE QUE C'EST ? L'interval-training divise la longueur de la course en segments que l'on appelle répétitions. Vous courez chaque répétition à une allure légèrement plus rapide que l'allure de la compétition envisagée, puis, pendant l'intervalle de repos, vous trottinez ou vous marchez pour récupérer. On augmente progressivement le nombre des répétitions, au cours d'une série de séances d'entraînement hebdomadaires.

Pour une préparation à un 10 kilomètres ou à une course moins longue, le total définitif avoisinera la distance de la course. Mais la distance totale du travail de vitesse effectué pour un marathon ne constituera qu'environ la moitié de la distance de la course.

La répétition de ces segments peut parfois être ennuyeuse, mais la méthode vous donne une leçon inestimable pour apprendre à évaluer l'allure. L'un des points les plus importants en course de fond est d'être capable d'apprécier si l'on court trop vite ou trop lentement.

L'interval-training est précis et offre plusieurs avantages par rapport au fartlek :

- Avec un parcours mesuré, vous savez exactement ce que vous faites.
- En contrôlant l'allure de chaque répétition, vous apprendrez à courir à une allure régulière.
- La première fois que vous faites de la vitesse, vous êtes souvent perdu lorsque vous essayez le fartlek parce que vous ne pouvez qu'essayer de deviner la distance parcourue, la vitesse et la somme totale de travail effectué.

LES PRINCIPES DE BASE DE L'INTERVAL-TRAINING

- *Choisissez la longueur de vos répétitions :* 400 m, 800 m ou 1 mile (1,6 km). En général, on utilise 400 m pour un 10 km, 1 mile pour un marathon.
- *Courez chaque répétition à une allure légèrement plus rapide (5-7 s par 400 m) que l'allure que vous souhaitez atteindre.* Cela fait paraître l'allure de course plus facile.
- *Retenez vous un peu.* Vous avez besoin d'une séance d'entraînement fatigante, mais il ne faut vous « épuiser totalement ». Vous devez terminer la journée de vitesse fatigué, mais être encore capable de courir.
- *Trottez très lentement entre les répétitions pour récupérer.* Pour le travail de vitesse d'un 10 km, il vaut mieux trottiner que marcher et il est préférable de ne pas se reposer trop longtemps. Néanmoins, lorsque vous commencez chaque programme de vitesse, commencez par une longue période de repos — parcourir en trottant une distance équivalente ou supérieure à celle de la répétition. Si vous récupérez facilement, vous pouvez alors réduire la durée de l'intervalle de récupération. Pour le travail de vitesse au marathon il est conseillé de marcher.
- *Commencez par quelques répétitions et augmentez en le nombre à chaque séance d'entraînement hebdomadaire.* (Consultez les tableaux p. 92-97 pour un 10 km et p. 106-113 pour un marathon.) A la fin d'un entraînement de vitesse au 10 km, vous ferez 20 répétitions de 400 m entrecoupées chacune d'une période de récupération. A la fin d'un entraînement de vitesse au marathon, vous ferez 11-13 répétitions d'environ 1 mile chacune entrecoupées de périodes de récupération.

• *Beaucoup de récupération.* Octroyez-vous au moins deux journées de course de récupération après chaque session de vitesse. Si le travail de vitesse vous laisse une sensation de fatigue, reposez-vous encore davantage pour éviter la blessure.

• *Durée du programme de vitesse.* Les programmes de vitesse pour le 10 km ou pour des épreuves plus courtes demandent un effort intense et ne devraient pas durer plus de 10 semaines. La période de vitesse pour le marathon dure de 12-14 semaines.

L'ÉCHAUFFEMENT POUR LE TRAVAIL DE VITESSE. Il est indispensable de s'échauffer correctement. Se lancer dans une session de vitesse avec des muscles froids soumet n'importe laquelle de vos faibles jointures à une tension considérable et provoque la blessure.

• Marchez 5-10 minutes s'il fait froid ou si vous vous sentez ankylosé.
• Faites 10-20 mn de course à petites foulées lentes.
• Étirez-vous *doucement* si vous avez l'habitude de vous étirer avant de courir.
• Faire quelques accélérations (5-8 × 100-200 m). Augmentez progressivement la vitesse afin d'atteindre une allure équivalente ou légèrement supérieure à celle de la compétition, puis ralentissez. Reposez vous bien entre chaque accélération.
• Courez 3-5 minutes à petites foulées.
• Commencez l'entraînement.

LE RETOUR AU CALME APRÈS LE TRAVAIL DE VITESSE. Le retour au calme a autant d'importance que l'échauffement. Si vous vous arrêtez brusquement, l'acide lactique contenu dans le sang s'agglomère et le lendemain vous vous sentirez tout courbaturé. Même si vous vous sentez très fatigué, continuez à bouger.

• Trottinez lentement pendant 10 minutes après votre dernière répétition. (Parfois j'arrive à peine à mettre un pied devant l'autre.)
• Ralentissez et faites 5-10 mn de marche à bon pas.
• Puis mettez vous à marcher lentement pendant 10 mn.

Il faut laisser le corps se détendre doucement : n'arrêtez pas brusquement !

QUELQUES DÉFINITIONS DE L'ALLURE

Allure prévue : La vitesse qui vous permettra d'atteindre l'objectif de temps que vous vous êtes fixé.

Exemple : un objectif de 44 mn pour un 10 km = 4:24 par kilomètre ou 1:45 par 400 m.

Allure en vitesse : Votre allure pendant les séances d'entraînement de vitesse.

Exemple : pour un 10 km, 400 répétitions courues à une allure supérieure de 5-7 s à l'allure prévue.

A QUELLE VITESSE ET PENDANT COMBIEN DE TEMPS ? Plus les répétitions sont longues, plus l'allure sera lente.

- 400 m. 5-7 s de moins que l'allure prévue.
- 800 m. 10 s de moins que l'allure prévue.
- 1 mile. 15-20 s de moins que l'allure prévue dans un entraînement de vitesse à un 10 km.

Il y a évidemment là un problème. Les segments les plus longs simulent beaucoup mieux les conditions de la course, mais il est beaucoup plus difficile de garder « le rythme ». Ils nécessitent également une période de récupération plus longue.

OÙ ? Il est très important de s'entraîner sur une distance exacte. Une piste de 400 m est évidemment un bon choix en ce qui concerne la précision, mais vous pouvez courir sur n'importe quelles routes ou sur n'importe quels chemins ou terrains de sport pourvu que vos mesures soient exactes. Il est bien connu que le compteur kilométrique d'une voiture ou même les bornes kilométriques qui se trouvent sur les autoroutes sont assez inexacts.

COMBATTRE L'ENNUI. Au fur et à mesure que le nombre de segments augmente, les séances d'entraînement de vitesse deviennent plus difficiles et souvent ennuyeuses. Cela peut aider de courir en petit groupe ou avec un autre coureur. Certains clubs de course à pied consacrent une journée par semaine au travail de vitesse en groupe, offrant un choix de plusieurs distances. La présence d'un partenaire d'entraînement rendra ces séances difficiles plus faciles et plus intéressantes. Choisissez quelqu'un qui coure à votre rythme et qui n'ait pas besoin de « gagner » à chaque tour. Lorsque vous vous entraînez à plusieurs, chaque coureur devrait successivement prendre la tête à chaque tour après la période de récupération, un autre coureur pendra la tête.

TOUS LES COMBIEN ? Vous devriez faire une séance d'entraînement de vitesse hebdomadaire pour le 10 km, et une séance d'entraînement tous les quinze jours pour le marathon.

LES ALTERNATIVES AU TRAVAIL DE VITESSE

LE RETOUR A LA PISTE. Joe Henderson, l'un des premiers coureurs écrivains est venu à la course à pied avec un passé de compétiteur sur piste. Dans les années 1970, il a amené des milliers de coureurs à courir pour le plaisir par l'intermédiaire de ses éditoriaux consacrés aux longues courses à allure modérée. Le travail sur piste a presque fini par disparaître de son vocabulaire.

Depuis ces quelques dernières années, Joe est revenu à la piste — mais pas pour les 15 épuisantes sessions de 400 mètres de sa jeunesse. Il pense qu'il suffit de courir 400 m à une allure égale ou légèrement supérieure à son allure de course au mile pour améliorer la vitesse sans risque excessif de blessure. Il s'agit de faire une séance d'entraînement hebdomadaire. On peut se reposer autant que l'on veut entre les répétitions.

Exemple :

- Allure de course actuelle au mile : 5:20.
- 400 mètres moyen : 80 s.
- Entraînement : 4 × 400 m entrecoupés de 400 m ou plus de course lente.
- Échauffement et retour au calme : 10-20 mn de course lente.
- Il s'agit là d'une séance d'entraînement demandant un effort modéré qui devrait améliorer votre vitesse si vous n'effectuez pas un travail de vitesse régulier. Les progrès réalisés grâce à ce programme sont néanmoins limités parce que les séances de vitesse plus courtes ne développent pas l'endurance. En augmentant la longueur de la longue course que vous effectuez tous les quinze jours (jusqu'à 20-25 km pour un 10 km par exemple) vous obtiendrez de meilleurs résultats de ces séances de vitesse peu fatigantes.

ACCÉLÉRER LE DIMANCHE. Pendant des années, Monica Leerman essaya de battre 50 minutes dans le 10 km. Elle augmenta son kilométrage, elle participa à davantage de compétitions et elle suivit un entraînement régulier en vitesse, mais rien ne lui permit de descendre en dessous du seuil des 50 minutes.

Puis un hiver, Monica changea de tactique. Le dimanche, au lieu de courir longtemps, elle se mit à courir vite. Pendant une période de cinq semaines, elle effectua un rapide 3 miles (à une allure moyenne de 7:15) avec de soudaines accélérations de fartlek. Elle déplaça sa longue course hebdomadaire de 22-25 km et la plaça en milieu de semaine.

Cette nouvelle routine s'avéra payante. Au printemps, dans un 15 km, Monica courut les dix premiers kilomètre en 47:48 et parvint à conserver cette allure jusqu'à la fin de la course. Elle pourrait probablement courir plus vite si elle affinait un peu son programme en y ajoutant deux fois par semaine 4-8 accélérations pour le style et 4-6 répétitions de 400 mètres à une allure légérement supérieure à son allure de compétition (7-10 s de moins).

LES CAUSES LES PLUS FRÉQUENTES DE BLESSURES DUES A LA VITESSE

D'après une enquête réalisée en 1980 par la George Washington University Sports Medicine Clinic qui a étudié 4 000 cas de blessures dues à la course à pied, la vitesse constitue la deuxième cause la plus fréquente de blessure. (La première c'est l'augmentation du kilomètrage hebdomadaire.) En comprenant comment elles se produisent, on peut éviter la plupart des blessures.

Voici les principales causes de blessures occasionnées par la vitesse :

- *Un échauffement ou un retour au calme insuffisants.* Veillez à suivre une méthode d'échauffement approfondie comme celle décrite page 75. En activant progressivement les muscles, vous pouvez éviter le choc subi lorsque des muscles froids sont soumis à des efforts maximum. De même, il est indispensable de se détendre progressivement par un retour au calme approfondi.

• *Courir en trop forçant les jours de récupération.* La vitesse et les longues courses vous permettront d'atteindre votre but. Vous devez vous octroyer des journées de récupération entre ces journées d'effort pour vous remettre. Si vous courez à une allure trop rapide les jours de récupération, vous accumulerez progressivement une tension et une fatigue qui pourront aboutir à la blessure. Il est de règle d'ajouter 1 1/2-2 mn par mile (1,6 km) à votre allure de course au 10 km pour obtenir l'allure à adopter lors d'une journée de récupération.

• *Les sprints.* Ne courez jamais à votre vitesse maximum, même pour vous amuser, car cela constitue un risque important de blessure. Même les accélérations de style sont conçues de manière à atteindre une vitesse maximale seulement équivalente à l'allure de course observée au mile.

• *Un nombre trop important de semaines de vitesse.* Pour des courses égales ou inférieures à 10 kilomètres, l'entraînement à la vitesse ne devrait pas durer plus de 10 semaines. Passé ce délai, vous courez un sérieux risque de blessure en continuant. Un programme de vitesse pour le marathon ne devrait pas dépasser 12-14 semaines.

• *Trop de journées difficiles.* Si vous inscrivez un trop grand nombre de séances de vitesse, de longues courses et de compétitions dans une période de temps limitée, vous cherchez les ennuis. En effectuant les longues courses à un rythme lent et en faisant alterner les compétitions et les courses de récupération le week-end, vous réduirez le stress. Il vaut mieux effectuer des séances d'entraînement à la vitesse de qualité et des longues courses et réduire au maximum les compétitions.

• *Une transition insuffisante.* Certains coureurs essaient de prendre un « raccourci » pour atteindre le sommet de la pyramide en réduisant au minimum ou en supprimant le travail en côte et/ou les toutes premières séances. Cela oblige le corps à passer trop brutalement des longues courses à faible allure à un travail de vitesse intensif. Le fait de bousculer ainsi les muscles les déchire et rend leur réparation plus longue et plus difficile. Chaque côte et chaque séance de vitesse font partie d'un programme progressif et doivent être utilisées comme une série de tremplins qui vous permettent de faire un effort de plus en plus important puis de récupérer.

• *Les mauvais jours.* Si vous ne vous sentez pas capable de faire une séance d'interval-training, laissez tomber. Recommencez le lendemain ou le surlendemain. Si vous ne vous sentez toujours pas à la hauteur, essayez une séance de fartlek ou une séance d'entraînement en côte pour simuler l'intensité et la durée du travail par l'intervalle. Si vous pensez être beaucoup trop fatigué, octroyez vous une semaine à faible kilométrage pour récupérer, puis essayez à nouveau.

PARTIR DU MAUVAIS PIED. Une échappée de vitesse prématurée ne signifie pas grand chose à moins que vous ne soyez en train de participer à un 100 mètres. Un voleur de chaussures en puissance découvrit cela dans notre magasin d'Atlanta, il y a environ quatre ans. Le jeune homme entra dans le magasin, examina plusieurs articles, puis se saisit d'une paire de chaussures et s'enfuit à toute vitesse du magasin. Il ignorait qu'il se trouvait dans un magasin dont les employés étaient tous des professionnels de la course à pied. Les membres du personnel — compétiteurs lancés après un homme seul — tirèrent à la courte paille pour choisir celui qui aurait la chance de le poursuivre. Le voleur prit de l'avance dans les premiers 200 mètres mais notre vendeur le rattrapa au bout de 600 mètres et récupéra les chaussures que lui tendit sa proie trop fatiguée pour résister.

9. SAVOIR ÉVALUER L'ALLURE

Il est toujours difficile de dire à quelle vitesse l'on court. De légères modifications physiologiques, la fatigue, les conditions atmosphériques sont des éléments qui affectent votre vitesse de course. Il existe cependant des tests qui permettent de deviner de manière assez précise votre vitesse.

Le travail de vitesse en tant que test. Lorsque vous suivez les indications d'un programme de vitesse tel que les tableaux d'entraînement au 10 km ou au marathon, vous vous préparez en fonction d'un objectif particulier. C'est également un moyen d'évaluer votre condition physique. Si vous êtes capable de terminer l'entraînement environ dix jours avant la compétition et dans les temps impartis, vous êtes prêt à courir à l'allure prévue. Si vous avez terminé le programme d'entraînement facilement ou plus rapidement que prévu, vous pouvez vous attendre à courir à une allure légèrement plus rapide que celle que vous vous étiez fixée. Si vous avez eu des difficultés ou si vous n'avez pas réussi à terminer le programme attendez-vous à une performance plus lente en compétition.

Les courses d'essais. Si vous inscrivez à votre programme des courses d'essai, un week-end sur deux jusqu'au jour J, vous acquerrez une précieuse expérience de la compétition. Après deux ou trois courses d'essai de ce type, vous devriez pouvoir calculer approximativement votre allure de course.

L'ALLURE DE COURSE. Lorsque j'étais en terminale au lycée, je m'entraînai au mile sans rencontrer aucun problème. Lorsque je me mis en ligne pour me mesurer aux meilleurs spécialistes du mile des états du sud dans les Relais de Floride, je savais que j'étais dans un bon jour. Au premier tour je n'eus pas à forcer pour dépasser les soixante compétiteurs sauf un et j'effectuai le deuxième tour en 59 secondes (au lieu des 67 secondes prévues). Le fait d'avoir effectué le premier tour de piste le plus rapide de ma carrière ne m'acheva pas. Je me sentais en pleine forme et je courais sans problème. Au sortir de la dernière boucle et à l'entrée de la ligne droite, j'accélérai et je parvins presque à toucher le leader. Tout à coup un gigantesque « ours » de 800 kilos me sauta sur le dos — enfin, c'est l'effet que cela me fit. Une énorme vague d'acide lactique changea mes muscles en béton. Hébété, je titubai jusqu'à la ligne d'arrivée oubliant presque le flot de coureurs qui passaient devant moi. Il aurait suffi que je mette seulement 2 à 3 secondes de plus au premier tour pour avoir la force nécessaire pour aller jusqu'à l'arrivée.

Partez lentement. Tout le monde sait que l'on peut tirer plus de profit d'un réservoir d'essence en roulant à une vitesse régulière. En appuyant sur le champignon, puis en descendant une côte le moteur débrayé, on gaspille l'économie de carburant réalisée. Il existe un vieil adage selon lequel pour chaque seconde gagnée par mile pendant la première partie d'une course vous terminerez la course avec 2 secondes de plus. Et qui plus est, le problème s'aggrave si vous courez les 2-3 premiers miles à une allure trop rapide ; *chaque seconde gagnée par mile dans les 2 ou 3 premiers miles de la course risquent de vous faire perdre jusqu'à 10 secondes à l'arrivée.*

Au fur et à mesure que votre corps s'échauffe, il devient plus performant. Les muscles, les tendons et les articulations fonctionnent mieux après 10-20 minutes d'activité. Si vous instaurez dès le début une situation inefficace, cela durera pendant tout le reste de la course.

J'ai récemment entendu un coureur déclarer à un ami qu'il avait l'intention de courir le premier mile du marathon en 8 mn 30. (Il envisageait une allure de course de 7 mn 30). Son ami plus expérimenté se contenta de rire et lui dit : « Tu ne pourrais courir le premier mile aussi lentement si tu portais trois personnes sur ton dos ! » Néanmoins, malgré l'adrénaline, la surexcitation et les fanatiques de la vitesse dès le départ de la course, essayez de vous retenir. Vous ne le regretterez pas plus tard.

Courez en fournissant un effort régulier. Si le parcours est parfaitement plat et qu'il n'y a pas de vent, vous pouvez courir à une allure constante pendant toute la durée de la course. Mais, étant donné que la plupart des parcours comportent des côtes et que la plupart du temps le vent souffle, il faut être réaliste. On devrait fournir le même effort dans les kilomètres en côte que dans les kilomètres en terrain plat. Les segments en côte seront donc effectués à une allure plus lente que « l'allure moyenne » et les segments en descente à une allure plus rapide. Le même principe de « régularité de l'effort » s'applique à la course contre le vent, mais il n'est pas entièrement possible de rattraper le temps perdu par vent contraire.

Tenez compte de la chaleur. La plupart des coureurs commencent à ralentir à 12,5° et commencent à souffrir à partir de 18°. Bien entendu, l'organisme peut s'adapter à la contrainte de la chaleur et repousser le seuil un peu plus loin, mais lorsqu'il fait 24° vous ne pouvez jamais courir aussi vite que lorsqu'il en fait 7. Un taux d'humidité élevé pose également un problème très important. L'humidité joue le rôle d'une couverture mouillée ; elle ne permet pas une forte évaporation de la transpiration et il en résulte une élévation de la température de votre corps.

Si vous essayez de courir trop vite par temps chaud ou humide vous plafonnerez plus vite que prévu. Essayer de maintenir l'allure de course que l'on s'était fixé par forte chaleur, cela équivaut à démarrer trop vite. En général, la température augmente heure par heure, il est donc nécessaire de régler son allure en fonction de la température prévue en fin de compétition.

AJUSTER L'ALLURE DE COURSE EN FONCTION DE LA CHALEUR

Température prévue à l'arrivée	*Taux de réduction par rapport à l'allure envisagée*	*8 mn/mile deviennent*
12°5 - 15°5	1 %	8:05
15°5-18°	3 %	8:15
18°-21°	5 %	8:25
21°-24°	7 %	8:35
24°-26°5	12 %	8:58
26°5-29°5	20 %	9:35
au delà de 29°5	N'y pensez plus ! ... Courez pour le plaisir	

Remarque : Ce tableau est basé sur mon expérience personnelle de la course à pied par forte chaleur et sur mes conversations avec d'autres coureurs. Il n'a aucune valeur scientifique mais je pense que vous en saisirez le sens général.

Attention aux descentes. Le parcours du marathon de Boston descend fortement pendant la presque totalité du premier mile. Par temps frais même les coureurs expérimentés se laissent prendre par la course et oublient de ralentir lorsque le terrain redevient plat. Les résultats sont souvent des temps très rapides pour les 10 premiers miles et des résultats décevants à l'arrivée.

Pensez à vérifier votre rythme et votre allure après une colline. Chronométrez vous soigneusement après le premier ou les deux premiers miles suivants et assurez-vous que vous n'allez pas trop vite sans vous en rendre compte.

Les brusques accélérations en milieu de parcours. Abandonner son allure de course régulière peut être désastreux à n'importe quel stade de la course. Les compétiteurs utilisent parfois de brusques accélérations pour se donner un avantage psychologique. Ces accélérations ont pour but de permettre à un coureur de se placer devant un adversaire ou le forcer à dépenser de l'énergie pour ne pas être distancé (en général ou accélère sur 30-150 mètres). Mais le coureur qui agit de la sorte prétend posséder une condition physique supérieure à celle de son adversaire ou pouvoir le démoraliser et prendre la tête par bluff. Les brusques accélérations sont une utilisation inefficace de réserves d'énergie limitées et je ne conseille pas au coureur moyen de les utiliser.

Que faire lorsque l'on s'aperçoit que l'on a couru trop vite ? Ne ralentissez pas de manière trop importante en dessous de votre allure pour compenser le fait d'être parti trop vite. Si vous vous sentez déjà trop fatigué ou si vous avez trop chaud ralentissez un peu en dessous de l'allure prévue (5-10 s par mile) pendant 2-3 miles. Ne descendez jamais trop en dessous de votre allure prévue car cela ne vous aidera pas plus à vous reposer que d'enlever 5-10 secondes par mile. Ne pensez pas que tout est fichu. Vous possédez probablement encore les ressources nécessaires pour atteindre votre objectif. Essayez seulement de maintenir votre allure de course pendant tout le reste de la course.

10. L'ART DE LA COMPÉTITION

DU 10 KM AU SEMI-MARATHON

Nous possédons presque tous un instinct de compétition. Les courses peuvent être un moyen d'exprimer cette tendance et elles donnent à la course à pied un piquant particulier — qu'il s'agisse de gagner ou tout simplement de figurer à l'arrivée. Les jours où la motivation est au plus bas, la pensée d'une compétition toute proche peut souvent vous décider à sortir de chez vous pour aller courir sur les routes. Vous attendez avec impatience la fièvre que provoque la compétition — c'est comme un point de ponctuation à la fin d'une phrase.

Les compétitions peuvent en effet constituer des récompenses après un entraînement sévère. Il y règne une atmosphère positive et une énergie contagieuse. Inscrire une date de compétition à votre calendrier vous fournira un objectif qui vous permettra de structurer un programme de course.

Méfiez vous néanmoins car la surexcitation et la stimulation que provoquent les compétitions peuvent vous amener à pousser votre corps trop loin et provoquer des blessures. La compétition demande un effort intense.

Il est possible que vous surviviez à la course, mais oubliez ensuite de vous reposer — et contractiez une blessure. La vive émotion que procurent le fait de participer et le sens de l'effort accompli entraîne souvent les coureurs dans la « zone de déclin » que se partagent à la fois la blessure et le succès. Si tout va bien et si la chance est avec vous il est possible que vous effectuiez le meilleur temps de course de votre carrière. Mais malheureusement il se produit souvent un déséquilibre et si l'on force trop, la course peut aboutir à un surmenage de certaines parties du corps.

L'euphorie de la course peut vous donner une illusion de force et d'invincibilité. L'esprit se remet rapidement après une course difficile mais le corps met plus longtemps à récupérer. Pour votre ego, la compétition c'est vraiment la meilleure part du gâteau. Le temps que vous avez réalisé « sous les projecteurs » donnera peut-être davantage de sens à votre séance de course à pied quotidienne mais vous devriez y attacher moins d'importance qu'à votre condition physique générale. Rappelez-vous que les vrais bienfaits de la course à pied proviennent de la paix et de la force physique et mentale que vous apporte votre parcours quotidien et non pas d'une amélioration de 20 secondes de votre temps de course.

Se fixer des objectifs de course. Pour se fixer des objectifs réalisables, il faut avant tout être réaliste. Un coureur qui court le 10 km en 49 minutes ne peut raisonnablement projeter de courir un 10 km en 35 minutes avant la fin de la saison de compétitions. Pour une durée de temps aussi limitée, il est même trop ambitieux d'espérer y arriver en 40 minutes.

Fixez-vous des objectifs que vous ayez une chance de réaliser. Nous devons tous affronter l'échec de temps en temps, mais pourquoi se mettre volontairement en position d'échec ? Choisissez une série d'objectifs de difficulté croissante, menant chacun à l'objectif suivant. Le fait de connaître succès après succès donne de la confiance. Si ensuite vous vous surprenez et faites mieux que prévu, vous éprouverez une émotion tout à fait inattendue (consultez le tableau page 70).

La plupart des informations contenues dans ce chapitre ont trait aux courses de 10 km. Une grande partie d'entre elles peuvent également convenir aux 1/2 marathons ou aux courses inférieures à 10 kilomètres, mais la course de référence c'est le 10 km.

ATTEINDRE SON NIVEAU DE RENDEMENT MAXIMUM

Cela signifie qu'il s'agit par une programmation bien étudiée de séances clés d'entraînement placées à la fin de la phase de vitesse de vous permettre d'atteindre votre niveau potentiel de performance le plus élevé. Le travail de vitesse et les courses de fond qui sont inscrits à votre programme sont destinés à donner aux muscles de la course leur efficacité maximale.

Les programmes d'entraînement au marathon vous amènent à un rendement maximum pour un marathon. Néanmoins, ces types de programmes sont habituellement conçus pour des courses qui demandent un effort plus intense : 10 km et en-dessous. Vous devez effectuer un travail de qualité soigneusement programmé suffisant pour vous amener et vous maintenir à votre niveau de rendement maximum.

Pour une course de 10 kilomètres, vous devez prévoir d'atteindre votre niveau de rendement maximum environ quinze jours avant la course à laquelle vous avez prévu de participer. Cela vous permettra d'effectuer une « course d'essai » pour évaluer votre condition physique, faire des réajustements si nécessaire et corriger n'importe quel défaut de dernière minute dans le système.

LES PRINCIPES PERMETTANT D'ATTEINDRE UN RENDEMENT MAXIMUM POUR LE SEMI-MARATHON ET POUR DES COURSES DE DISTANCE INFÉRIEURE

• Continuez à effectuer de longues courses tous les quinze jours, en alternance avec le travail de vitesse ou les compétitions le week-end. Les longues courses entretiennent l'endurance et permettent d'éliminer les déchets laissés par le travail de vitesse ou la participation à des compétitions.

• Faites votre dernière séance d'entraînement intensif à la vitesse (par exemple 20 × 400 mètres pour un 10 km) environ 10 jours avant votre première course d'essai au 10 km.

• Après cela, réduisez de moitié votre kilométrage pendant le reste de la période de rendement maximum.

• Quatre jours avant la course, procédez à des essais de temps — à l'allure de compétition — sur 8 fois 400 mètres pour un 10 km.

FORMULE POUR ATTEINDRE UN RENDEMENT MAXIMUM DANS LES COURSES DE 10 KM ET POUR DES COURSES DE DISTANCE SUPÉRIEURE

	Mardi	Samedi	Dimanche
1re semaine	20 × 400	Course de 5 km	Course de fond
2e semaine	7-8 × 400		Course de 10 km
3e semaine	7-8 × 400	Course de 5 km	Course de fond
4e semaine	7-8 × 400		Course envisagée

SE MAINTENIR A UN NIVEAU DE RENDEMENT MAXIMUM. Comme un surfer sur la crête d'une vague, vous pouvez vous maintenir à un niveau de rendement maximum pendant une période de temps prolongée — pendant environ la moitié de la durée de votre période de base. Une fois arrivé à la fin de votre programme de vitesse, utilisez la formule ci-dessus. Pour continuer après la quatrième semaine, répétez les 1re, 2e, 3e et 4e semaines ci-dessus, mais en substituant au travail de vitesse du premier mardi 7-8 × 400 mètres. Pour ce faire, il est nécessaire d'affiner votre programme d'entraînement — en réduisant de moitié votre kilométrage total et ordonnant vos parcours en séquences appropriées. Il est possible de se maintenir à un niveau de rendement maximum encore plus longtemps si la période de base aérobie a été substantielle. Certains de mes amis sont restés en Europe de mai à septembre et ont participé presque chaque semaine à des compétitions sans constater une baisse significative de leur niveau de performance. Mais ces mêmes copains s'étaient entraînés à courir selon un processus anaérobie de septembre à février l'année précédente.

LA VEILLE DE LA COURSE. Je me suis toujours senti mieux en effectuant quelques kilomètres de course le jour précédant une compétition plutôt qu'en ne courant pas du tout. Cette courte distance parcourue ne m'épuise pas et entretient mes muscles et ma circulation sanguine. Cela me permet d'aborder la compétition frais et dispos.

QUE BOIRE ET QUE MANGER AVANT LA COURSE ? Un régime équilibré est le meilleur moyen de se garantir contre le coup de pompe. Ne modifiez pas votre régime alimentaire juste avant une compétition, utilisez celui qui vous satisfait le mieux dans votre vie quotidienne. Au fur et à mesure que la date de la course approche ne mangez pas d'aliments lourds à digérer tels que des fritures ou des produits gras, du fromage, du lait ou d'importantes quantités de protéines. Évitez une consommation excessive de matières inassimilables.

Ce que vous absorberez au cours des 12 à 18 heures qui précèdent la compétition ne sera pas transformé à temps pour vous être utile. Par contre, vous serez obligé de le transporter avec vous. Étant donné que vous ne voulez pas vous « décharger en hydrates de carbone » pendant la course, évitez pour commencer cet excès de bagage. Le repas de midi que vous ferez la veille de la compétition devra être votre dernier repas composé d'aliments solides. Pendant les 12-18 dernières heures, supprimez les aliments solides et réduisez la ration alimentaire totale. Il est essentiel d'absorber des liquides. Buvez 20-30 cl d'eau ou d'une boisson électrolyte toutes les heures, en particulier la veille de la course. Cela signifie qu'il faut boire environ 3-4 litres par jour — prudence est mère de sûreté.

Les électrolytes sont les minéraux que votre organisme perd pendant l'effort, en particulier le potassium et le magnésium. Le jus d'orange et la boisson d'effort E.R.G. constituent une bonne source de ces éléments. Le calcium joue également un rôle important dans le maintien du rythme cardiaque, la contraction musculaire et la guérison. (Pour plus de détails concernant l'alimentation et la boisson avant une compétition, voir *Le carburant* page 202).

L'ÉCHAUFFEMENT QUI PRÉCÈDE LA COURSE. Les compétitions vous font passer en moins d'une heure d'un état d'inactivité à un niveau de rendement maximum. Un bon échauffement devrait commencer doucement et mettre progressivement tout le corps en mouvement. La course à allure modérée réchauffe les muscles, les tendons et le reste de la mécanique en même temps que les organes internes — et déclenche le fonctionnement de tout le système, comme un moteur.

Avant une compétition il est nécessaire de procéder à un échauffement physique mais aussi psychologique. Mettez au point une routine qui devienne automatique. Vous commencerez doucement, puis vous augmenterez votre effort afin de simuler les conditions de la course, ensuite vous vous reposerez et emmagasinerez de l'énergie de manière à être prêt à partir. Cela vous donnera de la confiance et dissipera l'anxiété que l'on ressent avant le départ.

Les séances d'entraînement de vitesse vous permettent de tester vos échauffements avant la course. (Voir Échauffements de vitesse). Essayez diverses méthodes avant la course et développez le programme qui vous convient le mieux. Lorsque la date de la course arrivera, vous le connaîtrez par cœur.

LA RELAXATION FAIT PARTIE DE L'ÉCHAUFFEMENT. Lorsque je commençai à m'échauffer pour les épreuves de sélection du 10 km olympique en 1972, je me mis à ressentir l'habituelle vague d'anxiété nerveuse qui précède le départ d'une course ; ceci était dû au fait que je courais avec deux formidables vétérans, Frank Shorter et Jack Bacheler. Durant la course d'échauffement, j'essayai nerveusement de plaisanter avec mes partenaires de course, mais je ne reçus que des réactions négatives. Je finis par abandonner et nous parcourûmes un mile en silence jusqu'à ce que Frank émette un brusque commentaire sur le temps : « Pas mal de vent, hé ! » Jack répliqua rapidement, « Ouais, comme pour les Relais du Texas. »

Un silence tendu s'ensuivit. Je me souvins qu'un peu plus tôt cette année là, à Austin, sur une piste balayée par le vent, Frank avait connu l'une des rares mauvaises journée de son année et que Jack avait remporté le 10 km. Leur rivalité refaisait surface. Je réalisai qu'ils étaient tous deux aussi nerveux et tendus que moi — peut-être même davantage — et je me détendis brusquement.

Je commençai à attendre avec impatience le départ de la course. En examinant les autres coureurs sur la ligne de départ — la plupart d'entre eux m'avaient battu dans chacune des courses que nous avions disputées ensemble — je vis des visages effrayés et des yeux fixés droit devant. J'étais prêt à courir !

Le coup de pistolet retentit et nous nous élançâmes. Je ne m'attendais pas à un bon résultat et je m'installai en queue du peloton afin d'observer les leaders livrer bataille. De plus, il faisait 35° — beaucoup trop chaud pour réaliser un temps rapide. J'étouffai donc un petit rire alors que mon coéquipier Frank Shorter faisait accomplir au peloton un premier mile suicidaire en 4 : 21.

Plus tard, au passage de ce premier mile, je dépassai un concurrent et quittai la dernière place. Au bout de deux miles, j'avais dépassé deux autres coureurs qui avaient été « brûlés » par la chaleur et par l'allure de Shorter. A mi-parcours, je me trouvai au milieu du peloton et je me mis à me réjouir méchamment à l'idée de faire mieux que prévu.

Et puis quelque chose se produisit. Alors que je dépassais deux autres coureurs, je réalisai que tout le monde s'écroulait alors que j'étais en pleine forme. Au bout de quatre miles, je pris la quatrième place et je commençai à m'inquiéter pensant avoir commis une erreur que j'allais ensuite devoir payer chèrement.

Mais je ne rencontrai aucun problème. Alors qu'il ne restait guère plus d'un mile à courir, je pris la troisième place, puis la seconde derrière Shorter et je me qualifiai pour les Jeux Olympiques de Munich. Je ne me rappelle pas avoir senti la piste sous mes pieds durant le dernier mile. Je venais d'apprendre un puissant secret.

ÉVALUER SON ALLURE DE COURSE. Au coup de pistolet, partez en même temps que le flot d'énergie et d'adrénaline. Vous pouvez accélérer sans aucun problème pendant les 100-200 premiers mètres, pourvu que vous adoptiez ensuite un rythme de course plus modéré. Une accélération précoce vous permettra de laisser la foule derrière vous et vous donnera un champ de manœuvre. Bien entendu, les grandes courses attirent une telle foule qu'il ne vous reste comme seule solution que de les courir comme des courses de détente.

Acclimatez-vous. Ne laissez pas l'énergie de la foule vous amener à dépasser votre allure de course pendant plus de quelques centaines de mètres. Les répétitions du travail de vitesse en intervalle vous auront donné un sens du rythme. En fait, vous devriez courir le premier mile d'un marathon ou d'un 10 km à une allure supérieure de 10 secondes à votre allure de course, pour bien vous échauffer. Adoptez ensuite votre allure de course et conservez-la sinon vous manquerez votre objectif. Rappelez vous que pour chaque seconde gagnée par mile dans la première partie de la course, vous courrez en mettant 5-10 secondes de plus à la fin.

En général je cours le premier mile d'un marathon à une allure supérieure de 15-20 secondes à l'allure que j'ai prévue. Cela ne permet de me détendre. Au bout de 2-3 miles j'ai adopté mon allure de course et je n'ai jamais éprouvé aucune difficulté à rattraper ces quelques secondes de retard au cours des dernières miles.

Courez à allure constante. La stratégie la plus efficace consiste à courir à une allure constante. Quel que soit votre niveau de condition physique, vous effectuerez un temps rapide si vous maintenez une allure constante.

Cela permet une utilisation plus efficace de l'énergie et de l'oxygène et de maintenir l'accumulation de la chaleur à un niveau minimum.

Triomphez de la chaleur. Une autre raison pour laquelle il faut démarrer lentement et faire la course à votre propre allure régulière durant la première moitié du parcours, c'est que vous ne voulez pas avoir trop chaud. Lorsque l'on a trop chaud, on ralentit sérieusement, il faut donc faire attention lorsqu'il fait 15° ou plus. Plus la température de votre corps s'élève, plus le sang afflue à la surface de la peau pour réduire la chaleur et plus vous transpirez. Ces deux facteurs réduisent l'apport sanguin fourni aux muscles qui à leur tour déterminent l'approvisionnement en oxygène et l'élimination des déchets. Lorsque les capillaires à la surface de la peau se dilatent pour vous rafraîchir, ils utilisent une quantité substantielle de sang. La perte, sous forme de transpiration, finit par épuiser la provision de sang. Si vous maintenez une allure régulière (et raisonnable) dans la première partie, vous pourrez en fait accélérer légèrement durant la seconde partie : au fur et à mesure que vous courez, la mécanique de votre corps fonctionne avec de plus en plus d'efficacité.

LA DÉSHYDRATATION ET LE REFROIDISSEMENT. Il est vital d'absorber suffisamment d'eau — en particulier pendant une compétition. J'ai fini par découvrir que de nombreux aspects indésirables de la compétition — performance médiocre, souffrance musculaire et même blessure — pouvaient en partie ou en totalité être attribués à la déshydratation. Lorsque vous transpirez, l'eau est tirée du courant sanguin. Si vous n'avez pas absorbé une quantité suffisante d'eau, les muscles et les cellules manqueront de ce liquide vital. Le glycogène ne sera pas converti en carburant d'une manière aussi efficace, les déchets ne seront pas correctement éliminés et l'oxygène ne pourra être rapidement distribué. La déshydratation multiplie toutes les exigences contraignantes de la compétition. Pour combattre cela :

• *Buvez au moins un plein verre à chaque poste de ravitaillement*, surtout en début de course, même si vous n'avez pas soif (vous vous déshydratez avant même de vous apercevoir que vous avez besoin d'eau).

• *Versez de l'eau sur votre tête*. Cela rafraîchit le corps et abaisse votre température intérieure. Je crois également, bien que cela n'ait jamais été vérifié de manière scientifique, que lorsque vous rafraîchissez votre peau, le sang a moins tendance à y affluer. Cela permet aux autres fonctions vitales du corps de disposer d'un apport sanguin plus important. Là encore, faites cela même si vous n'avez pas chaud en début de course.

• *Gardez l'allure*. Faites vous une fierté d'arriver aux différents points de contrôle en ayant à peu près respecté l'allure projetée. En faisant cela, vous serez étonné du nombre de coureurs que vous dépasserez par la suite. A la fin lorsque l'on est fatigué, il est encourageant et stimulant de dépasser un flot de coureurs.

LA DOULEUR. Si vous avez l'intention de courir de manière compétitive (plutôt que « juste pour le plaisir ») il vous faudra apprendre à venir à bout de la gêne occasionnée par un effort épuisant. Vous devrez aussi être capable de faire la distinction entre le sentiment qui accompagne l'effort intense fourni pour accomplir une haute performance et la douleur signe de blessure. Les athlètes expérimentés ont appris à très bien évoluer sur cette corde raide ; pensez aux photographies d'Alberto Salazar accomplissant une performance en fournissant un effort maximum ou au vaillant Geoff Smith qui termina second derrière Rod Dixon dans le marathon de New York de 1983, les yeux révulsés. Bien entendu, vous n'irez pas jusque là, mais pour tous ceux qui s'intéressent à la compétition il est utile de savoir pourquoi il est douloureux d'effectuer une performance maximum, et d'éprouver ces sensations à petites doses avant la grande course.

Lorsque vous demandez à vos muscles de fournir un effort plus important que d'habitude, ils ne peuvent trouver suffisamment d'oxygène pour fonctionner sans fatigue. Le glucose qui les alimente en quelque sorte « fermente » et produit davantage de déchets que votre corps ne peut en supporter. Le rôle du travail de vitesse — et vous comprenez pourquoi il est important de s'y mettre progressivement est d'augmenter la capacité du muscle à utiliser un apport limité d'oxygène et de continuer à fonctionner en présence de déchets. Chaque séance de vitesse correctement effectuée vous permettra de fournir un effort plus important et d'aller un peu plus loin. Les mitochondries enfleront légèrement, les parois des cellules se déchireront un peu et il se produira une accumulation d'acide lactique (voir p. 61). Vous souffrirez. Mais grâce à un repos adéquat tout se reconstruira plus solidement, et la fois suivante, le seuil se situera à un niveau plus élevé.

En vous entraînant vous apprendrez à vivre avec cette sensation. A l'entraînement vous vous habituerez à l'éprouver à petites doses afin de ne pas être submergé le jour de la course et vous pourrez évaluer vos capacités de tolérance. Même si vers la fin de la course il est possible que vous vous disiez que vous ne recommencerez *jamais* cela, au bout d'une demi-heure (ou de quelques jours) vous ne penserez plus qu'à la prochaine course.

Remarque :

Il faut bien sûr être prudent. Les personnes souffrant de problèmes cardiaques doivent consulter leur médecin. Même les athlètes aguerris doivent savoir faire la distinction entre d'une part la gêne due à l'effort et d'autre part les véritables signes indiquant un épuisement musculaire et qu'ils ont atteint le réel degré limite d'endurance.

SE DISTRAIRE PENDANT LA COURSE. La distraction est un allié puissant. Lorsque vous commencez à être fatigué, essayez de vous en sortir en bluffant et en ayant des pensées positives. Lorsque celles-ci n'ont plus aucun effet, essayez de vous distraire : dépasser le prochain coureur, tenir jusqu'au prochain poteau télégraphique ou simplement garder la même allure pendant encore cinq foulées. A ce stade, il est possible que vous dériviez vers un état de « croisière » et la situation commencera à s'améliorer. Trouvez-vous des distractions créatives.

ALIMENTEZ LA SOURCE Si vous pouvez de temps en temps surmonter la fatigue et accélérer là où normalement vous ralentiriez, vous découvrirez une importante source d'énergie et de puissance. Une fois que vous aurez intégré cette source à la course à pied, vous pourrez en faire autant dans d'autres domaines de votre vie en cas de difficultés. Vous pouvez trouver cette force par une suite de petites excursions dans la « zone de déclin ». Au début, vous apprenez à reconnaître le moment où vous l'atteignez. Et puis, vous y faites de petites incursions suivies d'incursions plus importantes. Certains jours vous surestimerez vos capacités et échouerez. Mais avec de la patience et de la persévérance il vous sera possible d'apprendre à utiliser régulièrement cette force.

LE COMPTE A REBOURS

UNE SEMAINE AVANT LA COURSE. Votre entraînement est terminé. A présent, ne forcez pas trop sinon vous serez trop fatigué pour courir. Faites de courtes et faciles séances d'entraînement, pas plus de 1,5-5 km les trois derniers jours. Laissez vos muscles se reposer et se reconstruire. Mangez normalement et buvez 15-20 cl d'eau toutes les heures.

DEUX NUITS AVANT LA COURSE. Dormez bien.

LA NUIT PRÉCÉDANT LA COURSE

- Préparez votre sac de sport.
- Faites un repas très léger ou pas de repas du tout. Je ne suis pas partisan d'une suralimentation en hydrates de carbone la nuit précédant la course, même lorsqu'il s'agit de marathons.
- Buvez 15-20 cl d'eau chaque fois que vous vous réveillez.
- Essayez de vous détendre afin de pouvoir dormir. Mais si vous ne pouvez trouver le sommeil, la course n'est pas pour autant perdue. J'ai couru quelques-unes de mes meilleures courses après des nuits blanches.

VÉRIFIEZ LA LISTE DES CHOSES A EMPORTER

- Chaussures, chaussettes, chemise, short, sweat-shirts ou survêtement.
- Gants, bonnet, pull à col roulé, etc. s'il fait froid.
- Eau (environ 1 litre).
- Bandes et vaseline.
- 100-200 francs pour l'inscription, l'essence, le repas après la course etc.
- Dossard si on vous l'a envoyé par la poste, 4 petites épingles à nourrice.
- Une copie des instructions à appliquer le *matin de la course*. (Voir cidessous.)

LE MATIN DE LA COURSE

Il est difficile de se rappeler toutes ces choses à la dernière minute. Recopiez ces lignes et mettez les dans votre sac de sport la veille au soir.

- Au réveil, buvez 15-20 cl d'eau toutes les demi-heures.
- Buvez votre dernier verre d'eau une demi-heure avant le départ de la course.

• Ne mangez pas, la nourriture ne serait pas assimilée à temps pour vous être profitable.

• 30-40 minutes avant la course, commencez à vous échauffer.

AVANT DE « POSER LE PIED SUR LA LIGNE DE DÉPART »

• Marchez 5-10 mn pour activer doucement les muscles de la course et préparer votre corps à l'effort.

• Courez à petites foulées pendant 10-20 mn. Commencez *très* lentement, puis accélérez progressivement jusqu'à ce que vous atteigniez une allure d'échauffement décontractée.

• Étirez-vous doucement si vous avez l'habitude de vous étirer avant de courir.

• Faites à nouveau 3-5 mn de marche pour vous détendre.

• Environ 10-15 mn avant le départ, faites quelques accélérations pour préparer votre corps aux conditions de la course. Faites 5-10 accélérations de 150-300 mètres. Commencez lentement, puis accélérez progressivement de manière à atteindre votre allure de course ; ensuite remettez vous à courir à petites foulées lentes.

• Faites à nouveau 3-5 mn de marche.

• Environ 5-10 mn avant le départ, détendez-vous, asseyez-vous, promenez-vous un peu — tout ce qui peut vous ôter votre nervosité. Certains coureurs mettent leur jambes au-dessus de leur tête, d'autres méditent pendant 5 mn.

• Lorsque vous vous placez sur la ligne de départ, pensez à autre chose. Des muscles tendus ne fonctionnent pas bien. Plaisantez et appréciez l'ambiance de fête, l'énergie et l'enthousiasme ambiants. Cela a pour effet de détendre tous les muscles du corps et de les préparer à la course.

APRÈS LE COUP DE PISTOLET

• Rappelez-vous — vous devez partir doucement, trouver votre rythme et le maintenir.

• S'il fait chaud, versez de l'eau sur votre tête et mouillez vos vêtements 10 mn avant le départ de la course. Buvez à chaque poste de ravitaillement.

• Détendez-vous pendant la course — appréciez l'expérience.

IMMÉDIATEMENT APRÈS LA COURSE

• Continuez à marcher. Tout de suite après la course essayez de marcher pendant 1,5 km.

• Buvez 20 cl d'eau ou de toute autre boisson diluée toutes les 20 mns pendant 3 heures.

• Marchez ou faites alterner marche/course à petites foulées pendant 30-40 mn environ, un peu plus tard dans la journée. Cela vous aidera à récupérer.

LE LENDEMAIN MATIN

• Faites 30-40 mn de marche ou de course à petites foulées pour effacer les courbatures.

• Continuez à boire 15-20 cl d'eau chaque fois que vous vous réveillez.
• Attendez au moins une semaine avant (a) de programmer votre prochaine compétition ou (b) de jurer de ne plus jamais participer à aucune compétition.

programme d'entraînement au 10 km

Les six pages suivantes sont des tableaux d'entraînement au 10 km, basés sur six objectifs de temps différents. Pour comprendre les concepts de base derrière les éléments de kilométrage et d'entraînement cités, il faut bien connaître les chapitres de ce livre relatifs à l'entraînement et à la compétition.

L'ENTRAÎNEMENT DE BASE

• Il vous permet de construire une base aérobie pour les stades suivants.
• Courez à allure lente et confortable.
• Pour plus de détails, voir l'*entraînement de base* p. 50.

L'ENTRAÎNEMENT EN CÔTE

• Il vous permet de commencer à développer la force de vos jambes pour la phase de vitesse.
• Il y a dans ces tableaux un plus grand nombre de semaines de travail en côte que dans les tableaux d'entraînement au marathon. C'est parce que dans un 10 km, vous utilisez davantage les muscles moteurs de la jambe développés par l'entraînement en côte que dans un marathon.
• Pour plus de détails, voir *l'entraînement en côte* p. 52.

L'ENTRAÎNEMENT A LA VITESSE

• Le travail de vitesse vous entraîne à courir plus vite.
• 16 × 400 en 72 signifie 16 intervalles de 400 mètres courus en 72 secondes entrecoupés chacun d'une période de récupération.
• Pour plus de détails, voir *la vitesse* p. 70 à 78.

Le style. Le travail a lieu chaque mardi et jeudi pendant toute la durée du programme. Il consiste en 4-8 accélérations pendant vos vourses quotidiennes. Les mardis pendant les phases de côtes et de vitesse, faites vos accélérations comme un échauffement (après 10 minutes de course lente à petites foulées). Pour plus de détails, reportez-vous aux pages 126 et suivantes.

OBJECTIF 10 KM EN 50 MN

L'ENTRAINEMENT DE BASE développe l'endurance

N° de la semaine	Lun.	Mar. (style)	Mer.	Jeu. (style)	Ven.	Sam.	Dim (courses de fond)
1–10	0–2 mi.	3–4	0–2	3–4	0–2	0	En partant de la course la plus longue que vous ayiez effectuée ces 2 dernières semaines, augmentez d'1 mile par semaine jusqu'à ce que vous atteigniez 12 miles.
10–19	0–2	4–5	0–2	4–5	0–2	0	

L'ENTRAINEMENT EN CÔTE développe la force des jambes

N° de la semaine	Lun.	Mar. (style)	Mer.	Jeu. (style)	Ven.	Sam.	Dim
20	0–2 mi.	4 (côtes)	0–2	4–5	0–2	0	12
21	0–2	5 (côtes)	0–2	2–3	0–2	0	6 sans forcer
22	0–2	6 (côtes)	0–2	4–5	0–2	0	12
23	0–2	7–8 (côtes)	0–2	4–5	0–2	0	6

LE TRAVAIL DE VITESSE vous entraîne à courir plus vite

N° de la semaine	Lun.	Mar. (style)	Mer.	Jeu. (style)	Ven.	Sam.	Dim
24 sans forcer	0–2 mi.	6×440 @1:52	0–2	2–3	0–2	0	6
25	0–2	8×440 @1:52	0–2	4–5	0–2	0	12
26	0–2	10×440 @1:50	0–2	4–5	0	course d'essai de 10 km	2–5
27	0–2	6×440 @1:50	0–2	4–5	0	course de 5 km	10
28	0–2	6×440 @1:50	0–2	2–3	1–2	0	course de 10 km

* 440 = 440 yards = 400 mètres

OBJECTIF 10 KM EN 45 MN

L'ENTRAINEMENT DE BASE développe l'endurance

N° de la semaine	Lun.	Mar. (style)	Mer.	Jeu. (style)	Ven.	Sam.	Dim (courses de fond)
1–14	0–2 mi.	5–6	0–2	5–6	0–2	0	En partant de la course la plus longue que vous ayiez effectuée ces 2 dernières semaines, augmentez d'1 mile par semaine jusqu'à ce que vous atteigniez 12 miles.

L'ENTRAINEMENT EN CÔTE développe la force des jambes

N° de la semaine	Lun.	Mar. (style)	Mer.	Jeu. (style)	Ven.	Sam.	Dim
15	0–2 mi.	5 (côtes)	0–4	5–6	0–2	0	12
16 sans forcer	0–2	6 (côtes)	0–2	5–6	0–2	0	6
17	0–2	7–8 (côtes)	0–4	5–6	0–2	0	12
18	0–2	8–10 (côtes)	0–4	5–6	0–2	0	6
19	0–2	5–6 (côtes)	0–4	4–6	0–2	0	13
20 sans forcer	0–2	4 (côtes)	0–2	4–6	0–2	0	6
21	0–2	5–6 (côtes)	0–4	4–6	0–2	0	14
22	0–2	5–6 (côtes)	0–4	6–7	0–2	0	6–7

LE TRAVAIL DE VITESSE vous entraîne à courir plus vite

N° de la semaine	Lun.	Mar. (style)	Mer.	Jeu. (style)	Ven.	Sam.	Dim
23	0–2 mi.	8×440 @1:42	0–4	4–6	0–2	0	15
24 sans forcer	0–2	10×440 @1:42	0–2	4–6	0	5k	6–8
25	0–2	12×440 @1:42	0–4	5–7	0–2	0	15
26	0–2	14×440 @1:42	0–4	6–7	0	course de 10 km	6–8
27	0–2	16×440 @1:42	0–4	5	0–2	0	15
28 sans forcer	0–2	18×440 @1:42	0–2	4–6	0–2	0	6–8
29	0–2	20×440 @1:42	0–4	5–6	0	course de 5 km	15
30	0–2	6–8×440 @1:40	0–4	4–6	0	course d'essai de 10 km	6–8
31	0–2	7×440 @1:40	0–2	4–6	0	course de 5 km	12–14
32	0–2	7×440 @1:40	0–2	4–6	0	course de 10 km envisagée	

OBJECTIF 10 KM EN 40 MN

L'ENTRAINEMENT DE BASE développe l'endurance

N° de la semaine	Lun.	Mar. (style)	Mer.	Jeu. (style)	Ven.	Sam.	Dim (courses de fond)
1–14	0–2 mi.	6–8	0–2	6–8	2–4	0	En partant de la course la plus longue que vous ayiez effectuée ces 2 dernières semaines, augmentez d'1 mile par semaine jusqu'à ce que vous atteigniez 12 miles.

L'ENTRAINEMENT EN CÔTE développe la force des jambes

N° de la semaine	Lun.	Mar. (style)	Mer.	Jeu. (style)	Ven.	Sam.	Dim.
15	0–2 mi.	5–6 (côtes)	0–2	6–7	2–4	0	12
16	0–2	6–8 (côtes)	0–2	4–6	2–4	0	6
17	0–2	8–10 (côtes)	0–2	6–7	2–4	0	14
18	0–2	10–12 (côtes)	0–2	6–7	2–4	0	7
19	0–2	6–8 (côtes)	0–4	7–8	2–4	0	16
20 sans forcer	0–2	6–8 (côtes)	0–2	4–6	2–4	0	8
21	0–2	6–8 (côtes)	0–4	7–8	2–4	0	17
22	0–2	6–8 (côtes)	0–4	7–8	2–4	0	8

LE TRAVAIL DE VITESSE vous entraîne à courir plus vite

N° de la semaine	Lun.	Mar. (style)	Mer.	Jeu. (style)	Ven.	Sam.	Dim.
23	0–2 mi.	8×440 @90	0–4	7–8	2–4	0	17
24 sans forcer	0–2	10×440 @90	0–2	4–6	0	course de 5 km	8
25	0–2	12×440 @90	0–4	7–8	2–4	0	17
26	0–2	14×440 @90	0–4	7–8	0	course de 10 km	8
27	0–2	16×440 @90	0–4	5	2–4	0	17
28 sans forcer	0–2	18×440 @90	0–2	4–6	0	0	8
29	0–2	20×440 @90	0–4	4–6	0	course de 5 km	17
30	0–2	6–8×440 @90	0–4	6–7	0	course d'essai de 10 km	8
31	0–2	7×440 @90	0–4	5–6	0	course de 5 km	17
32	0–2	7×440 @90	0–2	5–6	0	course de 10 km envisagée	8

OBJECTIF 10 KM EN 38 MN

L'ENTRAINEMENT DE BASE développe l'endurance

N° de la semaine	Lun.	Mar. (style)	Mer.	Jeu. (style)	Ven.	Sam.	Dim (courses de fond)
1-16	0-2 mi.	8-10	2-4	8-10	2-4	0	En partant de la course la plus longue que vous ayiez effectuée ces 2 dernières semaines, augmentez d'1 mile par semaine jusqu'à ce que vous atteigniez 12 miles.

L'ENTRAINEMENT EN CÔTE développe la force des jambes

N° de la semaine	Lun.	Mar. (style)	Mer.	Jeu. (style)	Ven.	Sam.	Dim
17	0-2	8-10 (côtes)	2-4	8-10	2-4	0	14
18	0-2	10 (côtes)	2-4	8-10	2-4	0	7
19	0-2	8-10 (côtes)	2-4	8-10	2-4	0	16
20 sans forcer	0-2	8-10 (côtes)	2-4	4-6	2-4	0	8
21	0-2	8-10 (côtes)	2-4	8-10	2-4	0	18
22	0-2	8-10 (côtes)	2-4	8-10	2-4	0	8

LE TRAVAIL DE VITESSE vous entraîne à courir plus vite

N° de la semaine	Lun.	Mar. (style)	Mer.	Jeu. (style)	Ven.	Sam.	Dim
23	0-2 mi.	8×440 @85	2-4	8-10	2-4	0	18
24 sans forcer	0-2	10×440 @85	2-4	4-6	0	course de 5 km	6-8
25	0-2	12×440 @85	2-4	8-10	2-4	0	18
26	0-2	14×440 @85	2-4	8-10	0	course de 10 km	8
27	0-2	16×440 @85	2-4	6	2-4	course de 5 km	18
28 sans forcer	0-2	18×440 @85	2-4	4-6	2-4	0	8
29	0-2	20×440 @85	2-4	4-6	0	course de 5 km	18
30	0-2	6-8×440 @83	2-4	6-8	0	course d'essai de 10 km	8
31	0-2	7×440 @83	2-4	4-6	0	course de 5 km	18
32	0-2	7×440 @83	2-4	4-6	0	course de 10 km envisagée	

OBJECTIF 10 KM EN 35 MN

L'ENTRAINEMENT DE BASE développe l'endurance

N° de la semaine	Lun.	Mar. (style)	Mer.	Jeu. (style)	Ven.	Sam.	Dim (courses de fond)
1–15	2–5 mi.	10–12	4–5	10–12	4–5	0–3	En partant de la course la plus longue que vous ayiez effectuée ces 2 dernières semaines, augmentez d'1 mile par semaine jusqu'à ce que vous atteigniez 12 miles.

L'ENTRAINEMENT EN CÔTE développe la force des jambes

N° de la semaine	Lun.	Mar. (style)	Mer.	Jeu. (style)	Ven.	Sam.	Dim.
16	2–5	5 (côtes)	2–4	6–8	2–3	0	6
17	2–5	6 (côtes)	2–4	10–12	4–5	0–3	14
18	2–5	7 (côtes)	2–4	10–12	4–5	0–3	7
19	2–5	8 (côtes)	4–5	12	3–5	0–3	16
20 sans forcer	2	9 (côtes)	2–3	6–8	3–5	0–3	8
21	2–5	10 (côtes)	4–5	12	3–5	0–3	18
22	2–5	12 (côtes)	4–5	12	3–5	0–3	8

LE TRAVAIL DE VITESSE vous entraîne à courir plus vite

N° de la semaine	Lun.	Mar. (style)	Mer.	Jeu. (style)	Ven.	Sam.	Dim.
23	2–5 mi.	8×440 @78	4–5	12	3–5	0–3	18
24 sans forcer	2	10×440 @78	2–3	6–8	0	course de 5 km	8
25	2–5	12×440 @78	4–5	12	3–5	0	18
26	2–5	14×440 @78	4–5	10	0	course de 10 km	8
27	2–5	16×440 @78	4–5	7	0	course de 5 km	18
28 sans forcer	2	18×440 @78	2–3	6–8	3–5	0	8
29	2–4	20×440 @78	4–5	7	0	course de 5 km	18
30	2–3	7–8×440 @76	2–3	8	0	course d'essai de 10 km	8
31	2–3	7×440 @76	2–3	8	0	course de 5 km	18
32	2	7×440 @76	2–3	6–8	0	course de 10 km envisagée	

OBJECTIF 10 KM EN 32 MN

L'ENTRAINEMENT DE BASE développe l'endurance

N° de la semaine	Lun.	Mar. (style)	Mer.	Jeu. (style)	Ven.	Sam.	Dim (courses de fond)
1–15	2–5 mi.	12	4–5	12	4–5	0–3	En partant de la course la plus longue que vous ayiez effectuée ces 2 dernières semaines, augmentez d'1 mile par semaine jusqu'à ce que vous atteigniez 12 miles.

L'ENTRAINEMENT EN CÔTE développe la force des jambes

N° de la semaine	Lun.	Mar. (style)	Mer.	Jeu. (style)	Ven.	Sam.	Dim.
16	2–5	5 (côtes)	2–4	6–8	5	0–3	6
17	2–5	6 (côtes)	2–4	12	5	0–3	14
18	2–5	7 (côtes)	2–4	12	5	0–3	7
19	2–5	8 (côtes)	4–6	12	4–6	0–3	16
20 sans forcer	2–5	9 (côtes)	3	6–8	4–6	0–3	8
21	2–5	10 (côtes)	4–6	12	4–6	0–3	18
22	2–5	12 (côtes)	4–6	12	4–6	0–3	8

LE TRAVAIL DE VITESSE vous entraîne à courir plus vite

N° de la semaine	Lun.	Mar. (style)	Mer.	Jeu. (style)	Ven.	Sam.	Dim.
23	2–5 mi.	8×440 @72	4–6	12	4–6	0–3	18
24 sans forcer	2–5	10×440 @72	3	6	4–6	0–3	8
25	2–5	12×440 @72	4–6	12	4–6	0–3	18
26	2–5	14×440 @72	4–6	12	0	course de 5 km	8
27	2–5	16×440 @72	4–6	8	4–6	0	18
28 sans forcer	2–5	18×440 @72	3	6	0	course de 10 km	8
29	2–5	20×440 @72	4	8	0	course de 5 km	18
30	2–5	7–8×440 @70	4	8	0	course d'essai de 10 km	8
31	2–3	7×440 @69	4	8	0	course de 5 km	18
32	2–5	7×440 @69	3	6	0	course de 10 km envisagée	

LA CIRCULATION AUTOMOBILE

Rappelez-vous : soyez toujours prêt à vous ranger rapidement sur le bas-côté. Évitez les confrontations. Cela ne sert à rien d'avoir « raison » une fois que l'on a été renversé. C'est une question de survie.

• *Courez si possible sur le trottoir.* Essayez de trouver des zones pavillonnaires ou des parcs tranquilles.

• *Courez face à la circulation* si vous êtes obligé de courir sur la route. Choisissez de préférence une route équipée d'un bas-côté, d'une bordure de trottoir etc. d'un endroit où vous réfugier en cas de nécessité. Faites attention à la circulation derrière vous. De nombreux coureurs ont été tués par des automobilistes ivres ou par des véhicules venant derrière eux alors qu'ils couraient « face à la circulation ».

• *La nuit, portez un équipement réfléchissant la lumière.* Utilisez des morceaux de bande réfléchissante, des lacets ou des tricots réfléchissants.

• *Essayez de comprendre la mentalité de l'automobiliste.* Peut-être est-il pressé ? Peut-être est-il ivre ? Peut-être est-il obèse et vous déteste-t-il parce que vous êtes mince et en bonne santé ? Ne vous attendez pas à ce que les conducteurs se conduisent de manière rationnelle.

LES CHIENS

Il s'agit généralement d'une question de territoire. Votre problème est de déterminer les limites territoriales du chien. Si vous vous trouvez sur son territoire, laissez-le aboyer pour exprimer son agressivité, puis ralentissez et sortez prudemment de son territoire. S'il continue à avancer vers vous, penchez-vous et ramassez une pierre ou un bâton ; en général cela suffira à le faire fuir.

S'il se montre particulièrement agressif, envoyez-lui la pierre ou le bâton puis baissez-vous pour en prendre un autre. Dans les coins fréquentés par des chiens dangereux munissez-vous d'un bâton, et si un chien vous attaque, donnez-lui en un coup sur le nez. Vous pouvez également transporter une bombe lacrymogène contre les chiens. Certains facteurs utilisent un mélange de poivre fort qui fait fuir les chiens, mais ne leur laisse aucune séquelle.

11. COURIR LE MARATHON

EN NE FAISANT PAS PLUS DE 5 KM PAR JOUR

Il y a quelques années je donnai une conférence sur l'entraînement au marathon. Pendant le temps consacré aux questions et aux réponses, quelqu'un me demanda de donner mon avis sur l'entraînement au marathon basé sur les programmes habituellement recommandés : porter progressivement le kilométrage hebdomadaire à 100-110 kilomètres et effectuer chaque semaine une course de 32 kilomètres pendant le mois qui précède le marathon.

Une personne qui n'avait pas « l'allure d'un marathonien » se leva et me demanda si je pensais qu'il était possible de s'entraîner pour un marathon en courant 5 km par jour et en faisant une course de fond pour atteindre progressivement 40 km. Cela me paraissait insuffisant et je le lui dis.

Il n'avait pas l'intention de me mettre dans l'embarras mais il me répliqua qu'il avait utilisé ce programme pour terminer cinq marathons sans blessure et sans s'effondrer. J'avalai ma fierté et mes 225 km hebdomadaires et je commençai à *lui* poser des questions.

Ses réponses étaient logiques. Je regrettai de ne pas avoir discuté avec ce coureur du coin avant mon premier marathon. En 1963, à l'âge de 18 ans, je participai au marathon d'Atlanta, ma préparation ayant été constituée par 50 km de course hebdomadaire et une longue course de 25 km. Même à cette époque, mon kilométrage hebdomadaire me paraissait insuffisant, mais je me consolai faussement avec l'idée que les autres étaient encore plus mal préparés.

Pendant les 16 premiers kilomètres je me sentis en pleine forme. Néanmoins au bout de 24 km je commençai à fatiguer. Au bout de 25 km je descendis une côte à toute allure et après 34 km j'étais si fatigué que je ne me rendis pas compte qu'il était temps d'abandonner. J'effectuai la presque totalité des derniers 8 km en marchant, propulsé uniquement par l'instinct et protégé de la blessure par l'élasticité de l'adolescence.

A présent, avec l'avantage que me donnent deux décades supplémentaires de course à pied, quelques 50 marathons et le savoir acquis en entraînant des centaines de marathoniens, je sais où j'avais commis une erreur. Une seule addition à mon programme — comme me l'expliqua ce coureur dans la salle — m'aurait permis de débuter beaucoup plus efficacement dans le marathon : *la longue course à allure modérée.*

UNE NOUVELLE MANIÈRE D'ENVISAGER « L'EFFONDREMENT »

Mes 48 km hebdomadaires auraient pu suffire à me préparer pour Atlanta si j'avais augmenté la distance de ma course la plus longue. J'ai appris depuis que le corps ne peut faire que ce qu'il a déjà fait au cours des semaines précédentes. Ma course la plus longue était de 24 km et c'est à cette distance précise que je m'effondrai.

Pour courir un marathon, vous devez courir pendant 42 km consécutifs. Le meilleur moyen de préparer le corps à faire cela, c'est de porter progressivement la distance de la longue course à 42 km, et au-delà de préférence. On entend souvent des coureurs déclarer : « Le marathon se divise en deux courses — les premiers 32 km et les derniers 10 km. » Ils s'effondrent au bout de 32 km parce qu'ils ne sont jamais allés au-delà à l'entraînement. Si votre corps n'a jamais parcouru cette distance auparavant, il ne saura pas faire face à l'effort.

Une compétition est le plus mauvais moment qui soit pour courir votre plus longue distance. En effectuant la distance de la course (ou davantage) avant une compétition, vous avertissez votre corps (et votre esprit) qu'ils devront aller aussi loin. Donc si vous portez la distance de votre longue course à 42 km ou au-delà et faites la course à l'allure pour laquelle vous vous êtes entraîné vous pouvez éviter d'être menacé et surtout de rencontrer l'« effondrement ». Cela ne sert à rien de diviser la distance de la course en deux courses, une le matin et une le soir, car vous avez besoin de faire un effort soutenu qui ne soit pas interrompu par des périodes de repos prolongées.

LA PRINCIPALE CAUSE DE BLESSURE. L'augmentation du kilométrage hebdomadaire total n'est pas seulement une manière inefficace d'accroître l'endurance, c'est également la principale cause de blessure chez les coureurs. On conseille à la plupart des marathoniens de commencer leur programme en faisant 48 ou 64 km par semaine, puis de passer progressivement à 80, 96 et 112 km par semaine pendant une période d'entraînement au marathon de trois ou quatre mois. En conséquence, un grand nombre d'entre eux s'effondrent victimes d'une fatigue de plus en plus grande. Par exemple, environ 2 000 des 16 000 coureurs engagés en 1983 dans le marathon de New York durent abandonner pour cause de blessure.

LA LONGUE COURSE

Ce programme qui met l'accent sur la longue course et qui dans de nombreux cas réduit jour après jour le kilométrage, qui comporte de nombreuses périodes de récupération est destiné à des coureurs de tous niveaux. Il peut être utilisé pour *terminer* un marathon — en quatre heures ou plus. Il peut aussi être utilisé par des coureurs aux objectifs les plus divers, depuis ceux qui souhaitent réaliser un temps de 3 h30' jusqu'à ceux qui veulent faire une performance égale ou inférieure à 2 h45'. (Bien entendu, 48 km hebdomadaire est une distance trop courte pour un marathonien courant en dessous de 3 heures.) C'est un programme qui a donné d'excellents résultats. Il a été suivi par des milliers de coureurs de toutes capacités, et la quasi-totalité de ceux qui sont allés jusqu'au bout et ne s'en sont pas écartés ont terminé la course et ont atteint leurs objectifs. Là encore, comme pour la pyramide d'entraînement, les principes permettant de courir en évitant la blessure s'appliquent à toutes les catégories de coureurs.

Les principales composantes de ce programme d'entraînement au marathon sont les suivantes :

- N'augmentez pas votre kilométrage quotidien. (Certains coureurs peuvent même le réduire.)
- Tous les quinze jours, ajoutez 1,5-3 km à votre longue course. Ceci s'applique à tous les coureurs quelles que soient leurs capacités.
- Vous devez atteindre 42-45 km avant de tenter le marathon. Faites cette dernière longue course 2-3 semaines avant le marathon.
- Courez lentement, alternez course/marche ; chaque course doit être un plaisir.
- **CONCEPT CLÉ.** Vous augmentez votre kilométrage total en allongeant la distance de votre longue course, et non par une accumulation d'augmentations quotidiennes.

LA RÈGLE DE LA SEMAINE RÉPARATRICE. Si vous effectuez chaque semaine de longues distances, vous finissez par accumuler une fatigue résiduelle. Une fois que votre longue course atteint 20 km, supprimez la une semaine sur deux. La semaine de récupération, courez seulement la moitié de la distance de votre dernière longue course.

ÉVALUER L'ALLURE DE LA LONGUE COURSE. Courez à une allure confortable et *si vous avez un doute, allez plus lentement.* La plupart des coureurs devraient courir à une allure supérieure d'environ 1/2-2 mn par mile à leur allure de course actuelle au 10 km.

MARCHEZ. Les coureurs de grand fond m'ont appris que l'on peut marcher pendant 5 minutes, toutes les 25-30 mn et développer l'endurance en faisant moins d'effort. Le sang circule mieux ce qui élimine certains déchets et vous permet de courir plus facilement pendant plus longtemps. L'objectif est de tenir sur ses jambes pendant toute la distance prévue. Lorsque vous aurez terminé quelques marathons et que vous vous serez fixé un objectif de temps égal ou inférieur à 3 h20' pour le marathon suivant, supprimez les temps de marche.

PRÉPAREZ-VOUS A LA LONGUE COURSE. Abordez ces longues courses reposé et prêt à partir. Ne courez pas de longues distances après une compétition, une séance de travail de vitesse ou une séance d'entraînement pénible. Arrangez-vous pour courir les week-ends où vous ne faites pas de courses de fond. Le défi de la longue course ajoute du piquant à votre programme d'entraînement, mais trop de stress donnera au piquant un goût amer.

DIMINUEZ DE PLUS EN PLUS LE KILOMÉTRAGE JUSQU'AU MARATHON. Environ quinze jours avant le marathon, réduisez votre kilométrage de 30-50 %. La dernière semaine avant la course, vous ne devriez pas dépasser 30 % de votre kilométrage normal. Les 2-3 derniers jours, courez seulement 3-5 km. Vous ne pouvez espérer améliorer votre condition physique durant les deux dernières semaines et certainement pas durant la dernière semaine. Mais vous pouvez vous épuiser en courant trop. Réduisez les kilomètres et reposez-vous bien.

COURIR EN LIBERTÉ. Un de mes amis qui approche de la cinquantaine s'est mis récemment à utiliser mon programme d'entraînement au marathon. Bien qu'il ait maintenant déjà participé à un marathon et qu'il dise qu'il envisage d'en disputer un ou deux par an, la compétition n'est pas son but principal d'entraînement. « J'adore ces longues courses. Je passe 2-3 heures sur ces collines, tout seul, au calme, avec juste une paire de chaussures et un short, pas de quincaillerie, pas de voitures. » Il trouve de la joie dans l'effort, la solitude et dans la fatigue une fois qu'elle s'est dissipée. Il dit qu'il continuerait à suivre ce programme, même s'il n'avait pas le marathon pour le motiver.

J'aimerais que tous les coureurs adoptent cete attitude vis-à-vis de la course de fond. Que la course représente un objectif fixe ou un vague rêve mal défini, la longue course doit être amusante, facile, détendue et pas trop rapide. Cela sera évidemment bien plus agréable si vous avez la possibilité de courir dans les collines, dans les bois ou dans les parcs plutôt que de vous traîner lourdement et avec monotonie autour des mêmes pâtés de maison de votre ville. Mais, où que vous couriez, essayez d'aborder la longue course comme une expérience agréable. Ce n'est pas non plus un hasard si la détente et l'amusement améliorent votre condition physique et votre future performance beaucoup plus que n'importe quel autre aspect de votre programme d'entraînement.

AMÉLIORER SA PERFORMANCE DANS LE MARATHON

Lorsque vous aurez atteint un niveau tel que vous voudrez non seulement terminer le marathon mais que vous aurez également un objectif de temps, vous devrez ajouter divers éléments à votre programme d'entraînement. Pour améliorer *l'endurance,* vous augmenterez la distance de la longue course et ferez votre dernière longue course quelques semaines avant la course de 45-48 km. Pour la *vitesse,* vous ferez plusieurs courses de 1 mile à une allure de 20 à 30 secondes plus rapide que votre allure de compétition, pour vous habituer au dur effort prolongé que demande le marathon.

Vous commencerez par courir 5 fois 1 mile (en marchant pendant quelques centaines de mètres entre chaque mile), puis à chaque séance vous ajouterez 1-2 miles jusqu'à ce que vous arriviez à 13 fois 1 mile lors de votre dernière séance d'entraînement à la vitesse, quinze jours avant la course.

Ces séances d'entraînement sont pénibles et devraient avoir lieu tous les quinze jours. Cela vous donnera six jours de course de récupération entre chaque journée d'entraînement intensif.

C'est la longue course qui développe l'endurance et la répétition des courses de 1 mile qui développe la vitesse, les longues courses devront donc être effectuées à allure lente. Les autres jours, votre but sera de récupérer de l'effort fourni ces jours-là. Les courses de détente, les courses de récupération, les courses touristiques pourront être programmées pour ces séances intermédiaires.

LE STYLE. Les coureurs de tous niveaux peuvent tirer profit des exercices de style — accélérations non fatigantes — deux fois par semaine. (Ceci est étudié en détail dans le chapitre sur le style).

PENDANT LA COURSE

• *L'allure.* Pour votre premier marathon, ne vous occupez pas du chronomètre. Courez pour terminer la course. Rester sur ses jambes pendant 42 km constitue déjà un exploit en soi. Ensuite, après un ou deux marathons, vous aurez une petite idée de vos possibilités et il est possible que vous vouliez courir pour réaliser un bon temps.

Lorsque vous avez un objectif de temps, courez la course à une allure régulière. Pendant les 24 premiers kilomètres ne dépassez pas l'allure moyenne que vous souhaitez maintenir pendant toute la course. Si après 24 km les choses se passent bien vous pouvez augmenter votre allure de 5 secondes par mile.

• *Faites votre propre course.* Le marathon est une compétition entre votre volonté et vos ressources. Essayez de ne pas vous laisser emporter par l'esprit de compétition, surtout en début de course. Rappelez-vous que la plupart des objectifs de temps ne sont pas tenus à cause d'un démarrage trop rapide.

• *L'eau.* Buvez à chaque poste de ravitaillement en eau — au moins un verre par temps frais et deux verres lorsqu'il fait chaud. Forcez-vous à boire dès les premiers postes de ravitaillement, même si vous n'avez pas soif ; les coureurs souffrent fréquemment de déshydratation avant même de sentir leur soif.

• *Les crampes.* Si vous commencez à éprouvez des crampes dans les jambes en fin de course, *ne vous arrêtez pas* aux points d'eau — ou sous n'importe quel autre prétexte. Buvez plutôt votre eau à petites gorgées en courant lentement, très lentement. Cela permet aux muscles de continuer à fonctionner harmonieusement. Lorsque vous vous arrêtez complètement, le sang s'accumule, la circulation se ralentit et les crampes et la raideur musculaire risquent de devenir plus importantes.

RÉCUPÉRER APRÈS LE MARATHON

• Immédiatement après la course : marchez pendant 1,5 km.
• Plus tard dans l'après-midi : marchez pendant 5-8 km.
• Rappelez-vous la règle de Foster : une course de 42 km nécessite 42 jours de récupération.
• Jusqu'à ce que les jours de récupération se soient écoulés : marchez/courez à petites foulées pendant un nombre de minutes identique à celui pendant lequel vous avez l'habitude de courir les jours normaux (avant d'avoir commencé la phase de vitesse de votre programme d'entraînement au marathon).
• Les longues courses : 18-22 km une dizaine de jours après le marathon ; 32 km et plus 21 jours environ après la course.

Le premier marathon fut couru aux Jeux Olympiques de 1896 depuis le village de Marathon jusqu'à Athènes, ce qui représentait une distance d'environ 40 km. Lors des Jeux Olympiques suivants, la distance resta à peu près la même, variant légèrement d'année en année. Lors des Jeux Olympiques de Londres de 1908, la princesse de Galles, devait donner le départ de la course et il fut décidé que la course partirait de la pelouse du château de Windsor, afin que les petits enfants royaux puissent voir le départ. La distance jusqu'à la ligne d'arrivée au Shepherd's Bush Stadium ? Vous l'avez devinée et elle n'a pas changé jusqu'à ce jour.

programme d'entraînement au marathon

Les huit pages suivantes sont des tableaux d'entraînement au marathon. Il s'agit de suggestions de programmes d'entraînement établis en fonction de divers objectifs de temps. Il est nécessaire de connaître les concepts de base avancés dans les chapitres relatifs à l'*entraînement* et à la *compétition* pour pouvoir adapter ces tableaux à votre expérience et à vos capacités.

L'ENTRAÎNEMENT DE BASE

• Il s'agit de construire une base aérobie pour les phases suivantes.

• Les courses quotidiennes ainsi que la longue course devraient être effectuées à allure lente et détendue. Courez à une allure confortable et en cas de doute, ralentissez.

• Votre période de base peut aller au-delà des quinze semaines indiquées ; il s'agit d'une question de choix personnel.

• Pour plus de détails, voir l'*entraînement de base* p. 50.

L'ENTRAÎNEMENT EN CÔTE

• Vous commencez à développer la force de vos jambes en vue de la phase de vitesse.

• La seule différence entre l'entraînement en côte et l'entraînement de base, c'est la séance d'entraînement en côte qui a lieu un jour par semaine.

• Pour plus de détails, voir l'*entraînement en côte* p. 52.

L'ENTRAÎNEMENT A LA VITESSE

• Le travail de vitesse vous entraîne à courir plus vite.

• 6 × 1 à 7 $^1/_2$ signifie six répétitions de 1 mile en 7 minutes 30 secondes suivies chacune d'un temps de récupération.

• Pour plus de détails, voir *la vitesse* p. 70 à 78.

LE TRAVAIL DE STYLE a lieu deux fois par semaine, pendant toute l'année. Placez 4-8 accélérations au milieu de vos courses du mardi et du jeudi, en vous concentrant sur le style. Tous les détails se trouvent p. 126 et suivantes.

OBJECTIF TERMINER LE MARATHON

N° de la semaine	Lun.	Mar. (style)	Mer.	Jeu. (style)	Ven.	Sam.	Dim. (courses de fond)
1	0–2 m.	2	0–2	2	0–2	0	2
2	0–2	2	0–2	2	0–2	0	3
3	0–2	2	0–2	3	0–2	0	4
4 sans forcer	0	3	0	2	0	0	4
5	3	0–2	4	0–2	3	0	5
6	0–2	3	0–2	4	0–2	0	6
7	4	0–2	3	0–2	4	0	7
8 sans forcer	0	4	0	3	0	0	8
9	4	0–2	3	0–2	4	0	9
10	0–2	4	0–2	4	0–2	0	10
11	4	0–2	4	0–2	4	0	11
12 sans forcer	0	4	0	4	0	0	6
13	4	0–2	4	0–2	4	0	12
14	0–2	4	0–2	4	0–2	0	6
15	4	0–2	4	0–2	4	0	14
16 sans forcer	0	4	0	4	0	0	7
17	4	0–2	4	0–2	4	0	16
18	0–2	4	0–2	4	0–2	0	8
19	4	0–2	4	0–2	4	0	18
20 sans forcer	0	4	0	4	0	0	9
21	4	0–2	4	0–2	4	0	20
22	0–2	4	0–2	4	0–2	0	10
23	4	0–2	4	0–2	4	0	22
24 sans forcer	0	4	0	4	0	0	11
25	4	0–2	4	0–2	4	0	24
26	0–2	4	0–2	4	2	0	12
27	4	0–2	4	0–2	2	0	26
28 sans forcer	0	4	0	4	0	0	13
29	4	0–2	4	0–2	4	0	12 sans forcer ou course de 5 km
30	0	4	0	2	1	0	Marathon !

Ce programme n'est pas conçu en fonction de la vitesse, mais pour terminer un marathon confortablement et avec un risque de blessure réduit. Votre programme d'entraînement ne comportera donc aucun travail en côte ou de vitesse. Des milliers de coureurs ont suivi ce programme et ont terminé avec succès des marathons. Comme vous pouvez le constater, il est assez différent des autres tableaux d'entraînement au marathon ; ses caractéristiques sont le faible kilométrage quotidien et la longue course une semaine sur deux. Il s'agit là d'un programme d'une durée de 30 semaines. On suppose que votre longue course actuelle est de 2 miles. Si elle est plus longue que cela, commencez par la semaine dont le chiffre correspond à la longueur de votre longue course actuelle.

* m = mile = 1 609 mètres

OBJECTIF LE MARATHON EN 4 HEURES

L'ENTRAINEMENT DE BASE développe l'endurance

N° de la semaine	Lun.	Mar. (style)	Mer.	Jeu. (style)	Ven.	Sam.	Dim. (courses de fond)
1–15	0–2 mi.	4	0–2	4	1–2	0	En partant de la course la plus longue que vous ayiez effectuée ces 2 dernières semaines, augmentez d'1 mile par semaine jusqu'à ce que vous atteigniez 12 miles.

L'ENTRAINEMENT EN CÔTE développe la force des jambes

N° de la semaine	Lun.	Mar. (style)	Mer.	Jeu. (style)	Ven.	Sam.	Dim.
16	0–2 mi.	4–5	0–2	4–5	1–2	0	4 (côtes)
17	0–2	4–5	0–2	4–5	1–2	0	14
18	0	3	0	4	1	0	6 (côtes)

LE TRAVAIL DE VITESSE vous entraîne à courir plus vite

N° de la semaine	Lun.	Mar. (style)	Mer.	Jeu. (style)	Ven.	Sam.	Dim.
19	1–2 mi.	2–3	1–3	4–5	1–2	0	16
20 sans forcer	0	2–3	0–2	3–6	1–2	0	2×1 mile @8½ min.
21	1–3	4–5	0–2	4–5	1–2	0	18
22	0–2	2–3	1–3	4–6	1–2	0	4×1 @8½
23	1–3	4–5	0–2	4–5	1–2	0	20
24 sans forcer	0	2–3	0–2	3–6	1–2	0	6×1 @8½
25	1–3	3–6	1–3	4–6	1–3	0	22
26	1–3	3–6	1–3	4–6	1–3	0	10k course de 50–54 min.
27	1–3	4–6	1–3	4–6	1–3	0	24
28 sans forcer	0	2–3	0–2	3–6	1–2	0	10k course de 48–52 min.
29	1–3	4–6	1–3	4–6	1–3	0	26
30	1–3	4–6	1–3	4–6	1–3	0	10k course de 46–50 min.
31	0–2	2–3	0–2	3–6	1–2	0	12 sans forcer
32	0	2–3	0	3–6	1–2	0	Marathon !

OBJECTIF LE MARATHON EN 3 HEURES 30 MIN.

L'ENTRAINEMENT DE BASE développe l'endurance

N° de la semaine	Lun.	Mar. (style)	Mer.	Jeu. (style)	Ven.	Sam.	Dim. (courses de fond)
1–15	1–3 mi.	4–5	0–3	4–5	1–2	0	En partant de la course la plus longue que vous ayiez effectuée ces 2 dernières semaines, augmentez d'1 mile par semaine jusqu'à ce que vous atteigniez 12 miles.

L'ENTRAINEMENT EN CÔTE développe la force des jambes

N° de la semaine	Lun.	Mar. (style)	Mer.	Jeu. (style)	Ven.	Sam.	Dim.
16	1–3 mi.	4–5	0–3	4–5	1–3	0	7
17	1–3	4–5	0–3	4–5	1–3	0	14
18	0	4–5	0	4	1–2	0	8

LE TRAVAIL DE VITESSE vous entraîne à courir plus vite

N° de la semaine	Lun.	Mar. (style)	Mer.	Jeu. (style)	Ven.	Sam.	Dim.
19	3 mi.	5	0–4	5	1–3	0	16
20 sans forcer	0	5	0–3	4	1–3	0	2×1 @7½ min.
21	3	5	0–4	5	1–3	0	18
22	3	5	0–4	5	1–3	0	4×1 @7½ min.
23	3	5	0–4	5	1–3	0	20
24 sans forcer	0	5	0–3	4	1–3	0	6×1 @7½ min.
25	3	5	0–4	5	1–3	0	22–23
26	3	5	0–4	5	1–3	0	8×1 @7½ min.
27	3	5	0–4	5	1–3	0	24–25
28 sans forcer	0	5	0–3	4	1–3	0	10×1 @7½ min.
29	3	5	0–4	5	1–3	0	26–28
30	3	5	0–4	5	1–3	0	11×1 @7½ min.
31	0–3	4	0–4	5	1–3	0	8-12 sans forcer ou 5 km
32	0	4	0	1–2	1–3	0	Marathon !

OBJECTIF LE MARATHON EN 3 HEURES 20 MIN.

L'ENTRAÎNEMENT DE BASE développe l'endurance

N° de la semaine	Lun.	Mar. (style)	Mer.	Jeu. (style)	Ven.	Sam.	Dim. (courses de fond)
1–15	1–3 mi.	4–5	0–3	4–5	1–2	0	En partant de la course la plus longue que vous ayiez effectuée ces 2 dernières semaines, augmentez d'1 mile par semaine jusqu'à ce que vous atteigniez 12 miles.

L'ENTRAINEMENT DE BASE développe l'endurance

N° de la semaine	Lun.	Mar. (style)	Mer.	Jeu. (style)	Ven.	Sam.	Dim.
16	1–3 mi.	4–5	0–3	4–5	1–3	0	7
17	1–3	4–5	0–3	4–5	1–3	0	14
18	0	4–5	0–1	4–5	1–2	0	8

L'ENTRAÎNEMENT EN CÔTE développe la force des jambes

N° de la semaine	Lun.	Mar. (style)	Mer.	Jeu. (style)	Ven.	Sam.	Dim.
19	3 miles	6	1–4	5	2–4	0	16
20 sans forcer	0	5	0–4	5	1–3	0	2×1 @7:10 min.
21	3	6	1–4	5	2–4	0	18
22	3	6	1–4	5	2–4	0	4×1 @7:10 min.
23	3	6	1–4	5	2–4	0	20
24 sans forcer	0	5	0–4	5	1–3	0	6×1 @7:10 min.
25	3	6	1–4	5	2–4	0	22–23
26	3	6	1–4	5	2–4	0	8×1 @7:10 min.
27	3	6	1–4	5	2–4	0	24–26
28 sans forcer	0	5	0–4	5	1–3	0	10×1 @7:10 min.
29	3	5–7	1–4	5	2–4	0	26–28
30	3	5–7	1–4	5	2–4	0	12×1 @7:10 min.
31	0	4–5	0–4	5	2–4	0	8-12 sans forcer ou 5 km
32	0	4–5	0	1–2	1–5	0	Marathon !

OBJECTIF LE MARATHON EN 3 HEURES 10 MIN.

L'ENTRAINEMENT DE BASE développe l'endurance

N° de la semaine	Lun.	Mar. (style)	Mer.	Jeu. (style)	Ven.	Sam.	Dim. (courses de fond)
1–15	2–4 mi.	7	0–4	7	2–4	0	En partant de la course la plus longue que vous ayiez effectuée ces 2 dernières semaines, augmentez d'1 mile par semaine jusqu'à ce que vous atteigniez 12 miles.

L'ENTRAINEMENT EN CÔTE développe la force des jambes

N° de la semaine	Lun.	Mar. (style)	Mer.	Jeu. (style)	Ven.	Sam.	Dim.
16	2–4 mi.	7	0–4	8–9	2–4	0	8 ou 5 km de course
17	2–4	7	0–4	8–9	2–4	0	14–16
18	0–2	5–6	0–3	5–6	1–3	0	8

LE TRAVAIL DE VITESSE vous entraîne à courir plus vite

N° de la semaine	Lun.	Mar. (style)	Mer.	Jeu. (style)	Ven.	Sam.	Dim.
19	3 miles	7	2–4	7	2–5	0	16
20 sans forcer	0	6	0–2	6	1–3	0	2×1 @6:45 min.
21	4	7	2–4	8	2–5	0	18–20
22	3	7	2–4	8	2–5	0	4×1 @6:45 min.
23	4	7	2–4	8	2–5	0	21–23
24 sans forcer	0	6	0–2	6	1–3	0	6×1 @6:45 min.
25	4	8	2–4	7	2–5	0	22
26	3	7	2–4	8	2–5	0	8×1 @6:45 min.
27	3	8	2–4	7	2–5	0	24
28 sans forcer	0	6	0–2	6	1–3	0	10×1 @6:45 min.
29	3	5–6	2–4	5–6	2–5	0	26–28
30	3	6–8	2–4	6–7	2–5	0	12×1 @6:45 min.
31	0	5–6	1–3	5–6	2–5	0	8-12 sans forcer our 5 km de course
32	0	5–6	0	1–2	1–3	0	Marathon !

OBJECTIF LE MARATHON EN DESSOUS DE 3 HEURES

L'ENTRAINEMENT DE BASE développe l'endurance

N° de la semaine	Lun.	Mar. (style)	Mer.	Jeu. (style)	Ven.	Sam.	Dim. (courses de fond)
1–15	2–4 mi.	8	2–4	8	2–4	0–3	En partant de la course la plus longue que vous ayiez effectuée ces 2 dernières semaines, augmentez d'1 mile par semaine jusqu'à ce que vous atteigniez 12 miles.

L'ENTRAINEMENT EN CÔTE développe la force des jambes

N° de la semaine	Lun.	Mar. (style)	Mer.	Jeu. (style)	Ven.	Sam.	Dim.
16	2–5 mi.	8–9	0–4	9	2–4	0	8 ou 5 km de course
17	2–5	8–9	0–4	9	2–4	0	14–16
18	0–2	6–8	0–4	6–8	1–3	0	8

LE TRAVAIL DE VITESSE vous entraîne à courir plus vite

N° de la semaine	Lun.	Mar. (style)	Mer.	Jeu. (style)	Ven.	Sam.	Dim.
19	4 miles	9	2–4	9	4–6	0–4	16–18
20 sans forcer	1–3	6	0–4	6	2–4	0–2	2×1 @6:25 min.
21	4	9	2–4	8	4–6	0–4	18–20
22	4	9	2–4	9	4–6	0–4	4×1 @6:25 min.
23	4	9	2–4	9	4–6	0–4	20–23
24 sans forcer	1–3	6	0	6	2–4	0–2	6×1 @6:25 min.
25	4	9	2–4	9	4–6	0–4	23–25
26	3–4	9	2–4	10	4–6	0–4	8×1 @6:25 min.
27	4	9	2–4	9	4–6	0–4	25–27
28 sans forcer	1–3	6	0	6	2–4	0–2	10×1 @6:25 min.
29	3–4	9	2–4	9	4–6	0–4	27–29
30	3–4	9	2–4	8	4–6	0–4	12×1 @6:25 min.
31	1–3	7	2–4	6	4–6	0–2	8-10 sans forcer ou 5 km de course
32	0	4	0–4	2	1–2	1–2	Marathon !

OBJECTIF LE MARATHON EN 2 HEURES 50 MIN.

L'ENTRAINEMENT DE BASE développe l'endurance

N° de la semaine	Lun.	Mar. (style)	Mer.	Jeu. (style)	Ven.	Sam.	Dim. (courses de fond)
1–15	3–5 mi.	9	2–5	9	2–4	0–5	En partant de la course la plus longue que vous ayiez effectuée ces 2 dernières semaines, augmentez d'1 mile par semaine jusqu'à ce que vous atteigniez 12 miles.

L'ENTRAINEMENT EN CÔTE développe la force des jambes

N° de la semaine	Lun.	Mar. (style)	Mer.	Jeu. (style)	Ven.	Sam.	Dim.
16	2–5 mi.	10–12	2–5	10–12	3–5	0–5	8-10 ou 5 km de course
17	2–5	10–12	2–5	10–12	3–5	0–5	14–16
18	1–2	6–8	0–4	8–9	1–3	0–3	8–10

LE TRAVAIL DE VITESSE vous entraîne à courir plus vite

N° de la semaine	Lun.	Mar. (style)	Mer.	Jeu. (style)	Ven.	Sam.	Dim.
19	5 miles	12	6	10	6–8	0–5	16
20 sans forcer	2–4	6	0	6	3–4	0–3	3×1 @6:00 min.
21	5	12	6	11	6–8	0–5	18–19
22	5	12	6	12	6–8	0–5	5×1 @6:00 min.
23	5	12	6	12	6–8	0–5	19–21
24 sans forcer	2–4	6	0	6	3–4	0–3	7×1 @6:00 min.
25	5	12	6	12	6–8	0–5	23
26	5	12	6	12	6–8	0–5	9×1 @6:00 min.
27	5	12	6	12	6–8	0–5	26–28
28 sans forcer	2–4	6	0	6	3–4	0–3	11×1 @6:00 min.
29	5	12	6	12	6–8	0–5	28–30
30	5	12	6	12	6–8	0–5	13×1 @6:00 min.
31	2–5	8	0–4	6	5	0–3	12 sans forcer ou 5 km de course
32	2–4	4	0–4	2	1–2	1–2	Marathon !

OBJECTIF LE MARATHON EN 2 HEURES 38 MIN.

L'ENTRAINEMENT DE BASE développe l'endurance

N° de la semaine	Lun.	Mar. (style)	Mer.	Jeu. (style)	Ven.	Sam.	Dim. (courses de fond)
1–15	4–6 mi.	9	4–6	9	2–4	0–5	En partant de la course la plus longue que vous ayiez effectuée ces 2 dernières semaines, augmentez d'1 mile par semaine jusqu'à ce que vous atteigniez 12 miles.

L'ENTRAINEMENT EN CÔTE développe la force des jambes .

N° de la semaine	Lun.	Mar. (style)	Mer.	Jeu. (style)	Ven.	Sam.	Dim.
16	2–5 mi.	10–12	2–5	10–12	3–5	0–5	8-10 ou 5 km de course
17	2–5	10–12	2–5	10–12	3–5	0–5	14–16
18	1–2	6–8	0–4	6–8	1–3	0–3	8–10

LE TRAVAIL DE VITESSE vous entraîne à courir plus vite

N° de la semaine	Lun.	Mar. (style)	Mer.	Jeu. (style)	Ven.	Sam.	Dim.
19	5–6 mi.	12	6–7	12	6–8	0–5	18
20 sans forcer	2–4	6	0	6–7	3–4	0–3	3×1 @5:40 min.
21	5–6	12	6–7	12	6–8	0–5	21
22	5–6	12	2–4	12	6–8	0–5	5×1 @5:40 min.
23	5–6	12	2–4	12	6–8	0–5	24
24 sans forcer	2–4	6	0	6–7	3–4	0–3	7×1 @5:40 min.
25	5–6	12	6–7	12	6–8	0–5	26
26	5–6	12	6–7	12	6–8	0–5	9×1 @5:40 min.
27	5–6	12	6–7	12	6–8	0–5	28
28 sans forcer	2–4	6	0	6–7	3–4	0–3	11×1 @5:40 min.
29	5–6	12	6	12	6–8	0–5	30
30	5	12	6	12	6–8	0–5	13×1 @5:40 min.
31	4–5	8	0–4	6	5	0–3	12 sans forcer
32	2–4	4	2–4	2	2–3	1–2	Marathon !

12. LE COMPÉTITEUR AVANCÉ

LES SÉANCES D'ENTRAÎNEMENT POUR LE COMPÉTITEUR AVANCÉ

Les coureurs qui ont dernière eux au moins quatre années de travail de vitesse ont souvent besoin d'une « stimulation » supplémentaire pour accomplir une performance de haut niveau. Ces coureurs expérimentés possèdent en général des muscles et des tendons moins fragiles et leurs années d'expérience devraient (mais ce n'est pas toujours le cas) les empêcher de se surentraîner. Les principes restent les mêmes ; les séances d'entraînement diffèrent en difficulté, mais pas en nature.

Si vous essayez ces séances d'entraînement, suivez tous les conseils donnés au chapitre 7 p. 58, en particulier le concept de la semaine réparatrice. Il est particulièrement important de s'octroyer une semaine de récupération après ces séances d'entraînement, étant donné que vous soumettrez votre corps à un effort beaucoup plus intense que les autres coureurs.

Ne soyez pas l'esclave du kilométrage hebdomadaire. Les séances d'entraînement qui vous permettent d'atteindre votre objectif sont les longues courses, les journées consacrées à la vitesse et le travail de style. Pendant la phase de vitesse, le kilométrage hebdomadaire n'a aucune importance. Il vaut mieux ralentir avant d'y être obligé plutôt que de se surentraîner et d'en subir ensuite les conséquences.

Remarque : Les coureurs sont souvent obligés de faire des sacrifices pour se surpasser. Le travail effectué en vue d'une performance exige qu'on y consacre davantage de temps, temps qui risque d'être volé au travail, à la famille ou aux amis. Cela peut également vous rendre nerveux et difficile à vivre. Je ne connais aucune solution à ce problème — il s'agit vraiment d'une question de priorité. Si vous êtes un compétiteur avancé, la prise de conscience de ce problème peut vous amener à équilibrer la course à pied avec d'autres éléments importants de votre vie. Et si vous possédez un ami qui suit un entraînement intensif, ce chapitre vous aidera peut-être à comprendre les exigences de la course à pied de compétition.

UN RISQUE ACCRU DE BLESSURE. Les coureurs avancés se sentent souvent invincibles, immunisés contre les problèmes ordinaires que l'on rencontre lorsque l'on fait de la course à pied. En fait, en dépit de leur plus grande expérience et de muscles beaucoup plus solides, ils souffrent beaucoup plus souvent de blessures que le coureur moyen et ce pour une raison simple : ils courent plus longtemps et forcent davantage.

Ceux qui ont été en contact avec le feu savent ce que la chaleur signifie et se sont probablement déjà brûlés. En général, les coureurs qui ont expérimenté des séances d'entraînement provoquant la blessure, sont sensibles aux signes avant-coureurs de surmenage et il est à espérer qu'ils sauront s'arrêter à temps. Ils ont appris la nécessité du repos stratégique.

UN BESOIN DE RÉCUPÉRATION ACCRU. Un effort plus important signifie un besoin de récupération accru. Les coureurs avancés *doivent* prendre leurs deux semaines de récupération mensuelles et deux journées de repos après une journée longue et pénible. Vous devez respecter ces interruptions, même s'il vous semble avoir totalement récupéré. Lorsqu'il reste un soupçon de fatigue vous devez vous montrer patient et comprendre qu'une journée de repos supplémentaire fera davantage pour votre prochaine performance qu'une autre journée de travail dans un état de fatigue. On ne peut composer avec le repos sans connaître — tôt ou tard — une catastrophe.

LE TAUX DE PULSATION ET LE MAINTIEN DU POIDS. Il est très important pour un compétiteur vétéran de vérifier tous les jours son taux de pulsation et son poids. Dès votre réveil — avant de vous lever — prenez votre pouls. Ensuite, montez sur la balance.

LES ERREURS LES PLUS FRÉQUENTES

• *Évaluation de l'allure.* Les coureurs avancés effectuent souvent leurs parcours quotidiens à une allure trop rapide. Les longues courses développent l'endurance, les courses en côte développent la résistance et le travail de vitesse développe la vitesse. Les courses de tous les jours devraient être vécues comme des expériences lentes, reposantes et être courues à une allure supérieure de 1 $^{1}/_{2}$-2 mn par mile à votre allure de course au 10 km.

• *Les week-ends à « haute puissance ».* Ne participez pas à une course sur piste et à une course de fond le même week-end. Cela épuise l'organisme. Vous pouvez alterner les week-ends consacrés à la course de fond et ceux consacrés à la course de vitesse.

• *Trop de vitesse.* Le travail de vitesse ne devrait pas se prolonger au delà des périodes indiquées dans les tableaux pour le 10 km et le marathon, sinon vous souffrirez de fatigue, de maladie ou de blessure.

UNE JOURNÉE DE CONGÉ PAR SEMAINE. Oui, pour vous aussi ! Les coureurs avancés ont tendance à être des « boulimiques » de la course à pied. Forcez vous à prendre au moins une journée de congé par semaine, en général avant la journée consacrée à la longue course. Ceci doit être inscrit dans votre programme et respecté.

LES OBJECTIFS. Comme les autres coureurs, les compétiteurs avancés possèdent souvent un objectif en ce qui concerne une performance générale, mais ne connaissent pas précisément la date à laquelle ils souhaitent réaliser cet objectif. Ils finissent par repousser l'échéance, course après course. Ils perdent l'avantage gagné par les coureurs de fond européens de haut niveau qui programment la réalisation d'une performance spécifique et atteignent cet objectif en s'y préparant à l'avance.

Pour une progression optimale, il faut programmer ses objectifs au moins six mois à l'avance, grâce à une période d'entraînement. Les compétitions, les longues courses et les séances d'entraînement à la vitesse peuvent être soigneusement intercroisées et organisées stratégiquement de manière à obtenir des résultats maximum.

Il ne faut pas se fixer des objectifs trop ambitieux. En passant doucement d'un objectif à l'objectif suivant, vous construisez les bases d'un succès qui amènera d'autres succès.

LE PROGRAMME D'ENTRAÎNEMENT AVANCÉ

L'ENDURANCE. Il faut faire une longue course, à allure lente une semaine sur deux. Augmentez progressivement la distance jusqu'à ce qu'elle soit supérieure à celle de la course. La longue course ne doit pas excéder 24-27 km pour un 10 km, 32-35 km pour 1/2 marathon et 45-48 km pour le marathon. La distance supplémentaire accroît l'endurance et garantit presque une meilleure performance. Une fois que vous serez allé au delà de la distance de la course, vous pourrez maintenir une allure plus rapide dans la course. Les longues courses supplémentaires vous assureront une meilleure base cardio-vasculaire qui vous permettra de tirer davantage profit de votre travail de vitesse.

LES CÔTES. Les coureurs avancés peuvent effectuer une séance d'entraînement en côte par semaine pendant la période de base. En montant en courant 4-8 côtes vous pouvez développer la force de vos mollets, ce qui vous permettra de porter le poids du corps en avant et de pousser fort sur l'avant du pied. Cela accroît la vitesse.

Pendant la période de travail en côte de la pyramide, les coureurs avancés peuvent effectuer deux séances d'entraînement en côte hebdomadaires. La première séance pourra comporter jusqu'à 8-12 côtes de 100-200 mètres courues à la même allure qu'un 5 km. La seconde séance d'entraînement devra être plus courte et plus rapide : 3-5 côtes de 60-100 mètres avec un effort équivalent à votre allure au mile. Ces séances doivent être coordonnées avec des courses ; elles ont généralement lieu les mardis et jeudis, les week-ends étant consacrés aux longues courses et aux compétitions. Pensez à vous échauffer correctement avant ces séances d'entraînement.

LA VITESSE. Les coureurs avancés trouveront que les séances d'entraînement à la vitesse des p. 53 constituent une excellente préparation pour atteindre leurs objectifs. Grâce à votre expérience du travail de vitesse, vous devriez être capable de trottiner (plutôt que de marcher) entre les répétitions et de vous reposer moins longtemps entre celles-ci (la moitié de la longueur de la répétition ou même moins). La réduction du temps de récupération aide la corps à atteindre un niveau plus élevé de conditionnement anaérobie. Si vous avez besoin d'un temps de récupération plus important pour effectuer le nombre de répétitions dans les temps impartis, octroyez-vous ce temps.

On peut effectuer chaque semaine une deuxième séance de vitesse, à une allure plus rapide (en général elle a lieu le jeudi). Pour cette séance vous réduirez d'environ 5 secondes l'allure aux 400 mètres que vous adoptez au cours de votre séance d'entraînement principale. Il s'agit là d'une séance d'entraînement plus courte et vous devez vous reposer entre les répétitions.

Exemples : 3-5 × 400 m, ou 6-8 × 200 m, ou 2 × 300 m, 1 × 400 m, 2 × 200 m.

Vous pouvez faire alterner la deuxième séance d'entraînement en côte, la plus courte avec cette deuxième séance d'entraînement à la vitesse, si vous sentez que vous avez besoin d'accroître votre résistance ou de faire davantage d'entraînement en côte. Pendant la phase de vitesse, on abandonnera la principale séance d'entraînement en côte.

Une alternative aux longues sessions de vitesse est de s'entraîner sur des distances plus courtes. Les marathoniens pourront faire le travail de vitesse conçu pour le 10 km ; les spécialistes du 10 km s'entraîneront au 5 km etc. L'endurance sera maintenue grâce aux longues courses et l'endurance en compétition sera mise au point par des courses difficiles non interrompues.

Les coureurs de marathon devront courir les répétitions de 400 mètres (d'un programme de vitesse pour le 10 km) les jeudis ou vendredis après une longue course, et à nouveau les mardis ou mercredis avant la prochaine longue course. Les répétitions seront courues à une allure de 5 à 7 secondes plus rapide que l'allure moyenne actuelle au 10 km et leur nombre finira progressivement par arriver à 20.

Les coureurs de 10 km devront atteindre un maximum de 12 × 400 m mais devront courir chacune de ces répétitions à une allure plus rapide d'environ 3-5 secondes que l'allure prévue au 5 km.

LES PRINCIPES DE FARTLEK AVANCÉ. Cela entraîne votre esprit tout en mettant votre corps en condition. Vous ne voyez pas la fin de la piste, vous apprenez donc vite à connaître vos limites. Vous voulez arriver le plus près possible de la limite et y rester. Au fur et à mesure que vous progressez dans votre entraînement de fartlek, vous prenez conscience de vos possibilités comme vous ne l'aviez jamais fait auparavant. Comme cette séance d'entraînement ressemble beaucoup plus à une course, elle demande un temps de récupération plus long. Pour chaque journée de récupération après une séance d'interval-training, prenez deux journées de récupération après ces séances de fartlek. Une séance de fartlek tous les quinze jours suffit amplement. En compétition, on ne sait jamais à quel moment l'allure va s'accélérer. Le fartlek, avec ses accélérations intermittentes — et sans phase de récupération totale entre celles-ci — vous prépare à affronter ce type de situation.

- Choisissez la distance en fonction de la distance de la course (pas plus de 18 km).
- Échauffez-vous en courant 1,5 à 3 km à une allure modérée.
- Courez à une *allure de base* assez soutenue, envrion 5-10 % *plus lente* que votre allure de course.
- Courez les *accélérations* à une allure de 6-10 % *plus rapide* que votre allure de course.
- Variez la longueur des accélérations : 50-300 m ; 400-600 m ; 800-1000. De temps en temps, glissez un rapide 50 m. Vous pouvez utiliser les distances les plus courtes pour récupérer lorsque vous en avez réellement besoin.

• Immédiatement après chaque accélération, revenez à votre allure de base — ne trottinez pas. (C'est la partie la plus dure.)

• Au cours des 2-3 derniers kilomètres, décompressez. Courez à petites foulées et détendez vous après l'effort.

• Le fartlek est une structure souple. Vous pouvez être créatif et l'adapter pour satisfaire vos besoins particuliers en vitesse. Si à la fin d'une course vous vous retrouvez loin derrière, dans la poussière, travaillez plus particulièrement vos accélérations à la fin de la séance d'entraînement. Si vous voyez les autres concurrents vous distancer en milieu de course, travaillez vos accélérations en milieu de séance d'entraînement.

L'INTERVAL-TRAINING AVANCÉ. Les séances d'interval-training peuvent aussi être créatives. Pour commencer faites le travail de base en portant le nombre total de répétitions à la distance approximative de la course et maintenez la vitesse légèrement en dessous de votre allure de course. Ensuite, vous pourrez organiser vos séances d'entraînement de manière à travailler ce dont vous avez le plus besoin.

Les vétérans devraient être capables de moins se reposer entre les répétitions. Vous pouvez trottiner entre les répétitions à un rythme un peu plus rapide et récupérer quand même. Parfois cela signifie aussi que vous devez prendre quelques journées de repos, alors écoutez votre corps.

Des répétitions plus longues permettent également de simuler les conditions de la course. Au lieu d'effectuer 20 × 400 m, vous pouvez courir par exemple 10 × 800 m — ou même 5 × 1 mile. Il n'est pas indispensable de conserver toujours la même distance. Faites un 600 m, puis un mile, puis un 400 m. Ces conseils s'appliquent aussi aux autres coureurs : commencez par l'équivalent de 6-8 × 400 m et au fur et à mesure des semaines passez progressivement à 20 × 400 m. Ne faites pas plus de huit semaines de ce travail de vitesse. Après cela, vous retournerez à votre période de base aérobie.

J'ai découvert une innovation qui me donne de bons résultats en fartlek/interval. Je me base sur des répétitions de 1 mile. Mon allure de course de base est mon « allure de base » au mile. Au cours des quatre tours, j'effectue plusieurs accélérations, une d'environ 500 m et 2-3 autres d'environ 50-100 m. Après chaque accélération, j'essaie de revenir à mon allure de base.

Les coureurs avancés peuvent choisir entre le fartlek ou l'interval-training ou peuvent mélanger les deux. De toute manière, ces deux formes d'entraînement pénible doivent être prudemment associées aux compétitions et aux longues courses afin que l'on puisse suffisamment se reposer entre temps. Si vous faites plus d'une course ou d'une longue course par semaine, vous courez un risque important de blessure.

Les séances d'entraînement suivantes ne sont données qu'à titre indicatif et peuvent être insérées dans un programme pour le 10 km ou pour le marathon. Rappelez-vous qu'elles ont pour but d'améliorer votre style et votre vitesse. Vous n'êtes pas obligé de les faire dans l'ordre indiqué. Votre but est de rester solide et en forme pendant toute la durée de la séance d'entraînement. Si vous commencez à vous sentir fatigué ou si vous vous mettez soudain à vous traîner, réduisez de moitié la longueur des répétitions. Si cela n'a aucun effet, abandonnez la séance.

EXEMPLE D'UN PROGRAMME DE DEUX SEMAINES							
Semaine	Lundi	Mardi	Mercredi	Jeudi	Vendredi	Samedi	Dimanche
1	sans forcer	Interval-Training	sans forcer	style rapide	sans forcer	Congé	Longues courses (24-28 km)
2	sans forcer	Fartlek	sans forcer	style rapide	sans forcer	Congé	sans forcer (13-24 km) ou course

LES ACCÉLÉRATIONS. Un léger travail d'accélérations trois fois par semaine est indispensable pour le compétiteur avancé. Dans ce cas, il s'agit de maintenir et d'améliorer un rythme rapide et d'effectuer des corrections de style.

Ne sprintez jamais. En courant à votre allure de base au mile, vous pouvez aller vite pour vous améliorer mais vous évitez le surmenage. Vous voulez vous sentir léger et accélérer votre allure. N'essayez pas d'allonger votre foulée, d'actionner vos bras ou de forcer de quelque manière que ce soit.

Ces accélérations peuvent servir d'échauffement avant le travail en côte, de vitesse ou les courses, ou peuvent être effectuées au milieu de votre parcours quotidien. Pour s'échauffer avant les accélérations, il faut trottiner à allure modérée pendant 10-20 mn ; le retour au calme devra également être correctement effectué.

COURIR PIEDS NUS. Essayez d'effectuer une de vos séances d'accélérations hebdomadaires pieds nus, vu que les chaussures font obstacle au « feedback » rythmique que vous renvoient vos pieds. Bien entendu, il faut courir sur une surface adéquate comme par exemple un terrain de golf bien entretenu, ou sur une surface lisse et propre sans cailloux ni débris de verre. Habituez-vous à courir pieds nus, en effectuant seulement 2 ou 3 accélérations de 50 mètres pour commencer. La semaine suivante, faites en 2 ou 3 etc. En vous précipitant trop tôt et trop vite, vous risquez d'endommager des muscles et des tendons vitaux.

Seuls les coureurs vétérans courant pieds nus devraient essayer le sable fin. Cela comporte de nombreux risques potentiels. La course sur sable est un travail de résistance, pas une course rythmique et elle peut remplacer une séance d'entraînement en côte si l'on fait bien attention. Cela permet d'acquérir une plus grande résistance mais cela équivaut à un stress supplémentaire.

ATTEINDRE SON RENDEMENT MAXIMUM. Le vétéran devrait être beaucoup plus « au diapason » que les autres coureurs et peut donc bénéficier au plus haut point d'une stratégie prudente pour améliorer son rendement maximum. Suivez bien les conseils donnés p. 84-85 pour obtenir une amélioration durable.

EN DESSOUS DU PLATEAU. Il arrive souvent que les coureurs vétérans me disent qu'il leur semble tout simplement impossible de descendre en dessous de 3 h05' dans un marathon, ou de 38 mn dans un 10 km etc., et ce malgré tous leurs efforts. J'ai entendu de telles plaintes pendant des années, je me suis penché sur le problème et j'ai fini par trouver quelques suggestions. Si vous avez atteint un plateau (cela peut être soit des temps plus lents, soit plus élevés que les exemples cités ci-dessus), voila ce que vous pouvez faire pour atteindre un nouveau niveau de performance :

- Essayez de réduire temporairement les contraintes que vous apporte votre travail. Prenez vos congés annuels 2 ou 3 semaines avant le marathon. Oubliez le téléphone.
- Entraînez-vous à une altitude plus élevée que celle de la compétition à laquelle vous allez participer.
- Portez des chaussures de course plus légères. Cela améliora votre rendement et votre performance pourvu qu'elles amortissent encore suffisamment les chocs.
- Perdez de la graisse (à condition d'avoir de la graisse et du poids en trop). Maintenez votre ration alimentaire à un niveau constant et augmentez doucement et progressivement votre kilomètrage.

UN TRAVAIL DE LONGUE HALEINE. La plupart des coureurs ne se rendent pas compte du temps qu'il faut pour développer pleinement leurs capacités potentielles en course d'endurance. Souvent après 2-3 ou 4 années de course à pied, ils atteignent un plateau et estiment que leur meilleur temps ne peut plus être amélioré. En fait, la vérité — et cela vous surprendra probablement — est qu'il faut environ 10 ans de pratique de la course pour développer la résistance, la vitesse et l'endurance au maximum de ses possibilités — quel que soit l'âge auquel on commence.

LA STRATÉGIE DE COURSE DU COMPÉTITEUR AVANCÉ

Les médias accordent trop de crédit aux stratégies de course des athlètes vainqueurs. D'après ce que j'ai vu, de nombreux coureurs gagnent malgré leur stratégie ou échouent parce qu'ils n'adaptent pas une stratégie en rapport avec leurs capacités. Steve Prefontaine, le meilleur coureur américain de 5 km du début des années 1970, en est un bon exemple. Il était invincible aux États Unis mais ne pouvait gagner en Europe où il allait courir chaque été, en raison d'une stratégie médiocre. Il se laissait distancer dans presque toutes les courses par des coureurs moins talentueux que lui, mais qui arrivaient à effectuer une envolée à l'arrivée. Après l'un de ces étés, il me dit qu'il avait simplement besoin de faire davantage de travail de vitesse à une allure plus rapide — et c'est ce qu'il se mit à faire. L'été suivant, après avoir terminé 2e, 3e et 4e en Europe, il découvrit que la détermination et un dur travail de vitesse ne peuvent produire les fibres musculaires à contraction rapide que Mère Nature ne nous a pas données.

Avant les Jeux Olympiques de 1972, Prefontaine modifia à nouveau sa stratégie de course. Il décida de courir à une allure très soutenue pendant le dernier mile du 5 km afin que ses adversaires contractent une dette en oxygène et soient « grillés à l'arrivée ». Comme prévu, il prit la tête à quatre tours de l'arrivée et accéléra l'allure. Malheureusement il ne grilla personne si ce n'est lui-même. Lasse Viren, la super star finlandaise accéléra de façon dramatique à deux tours de l'arrivée et maintint cette allure jusqu'à la fin — touchant le fil bien avant les autres concurrents. Si Prefontaine avait attendu les deux derniers tours, il aurait probablement pu mettre Viren en difficulté.

LE COUREUR DE TÊTE. De temps en temps, un coureur de tête gagnera une course mais en général il se contentera d'instaurer une course rapide pour le vainqueur éventuel. Un coureur de tête essaie de faire une échappée et de démoraliser les autres coureurs. Il devient généralement une victime de « l'effondrement ». Il court à une allure beaucoup plus rapide que celle qu'il peut maintenir, ralentit dramatiquement durant le dernier tiers de la course et est dépassé par le vainqueur éventuel qui, lui, court à une allure plus régulière.

Le coureur de tête se nourrit de la confiance d'être le leader. Cette énergie et cet optimisme mental propulsent le coureur de tête dans une course à allure rapide et soutenue. Bien que les coureurs de tête expérimentés ne gagnent pas souvent, ils terminent souvent en bonne place dans leur catégorie.

En forçant l'allure pendant toute la durée de la course, les coureurs de tête se livrent à une excellente séance d'entraînement. S'ils ne se surentraînent pas entre les compétitions, ils améliorent leur condition physique course après course et deviennent capables de maintenir leur allure rapide sur une distance plus longue lors des courses suivantes.

ATTENDRE ET SPRINTER : LA MÉTHODE PARESSEUSE DES RAPIDES. Si vous avez la chance d'être naturellement rapide et si vous vous apercevez que vous êtes toujours capable d'aller vite en fin de course, vous pouvez vous permettre d'être paresseux : attendez et terminez en sprintant. Le spécialiste du sprint final laisse les autres coureurs régler l'allure. Alors que les leaders du peloton se bousculent pour prendre la tête, il reste à l'arrière et économise son énergie.

Son plus grand problème est de rester avec les leaders jusqu'à ce que la ligne d'arrivée soit en vue. S'il s'est trop laissé distancé, il lui faudra énormément d'énergie mentale pour refaire son retard. Les leaders tirent une énergie accrue de l'exaltation(et de la paranoïa). Ils essaient souvent d'épuiser les spécialistes du sprint final en leur imposant dès le début une allure soutenue ou en effectuant une série de brusques accélérations de vitesse.

Étant donné que les courses de fond deviennent de plus en plus compétitives et ce à tous les niveaux, il y aura de plus en plus de courses où le sprint final sera décisif. Chaque coureur, quelles que soient ses capacités peut bénéficier d'un programme régulier d'accélérations qui lui permettra d'accroître sa vitesse. Les spécialistes du sprint final qui effectuent régulièrement un travail de vitesse de qualité et de longues courses sont difficiles à battre.

DES BRAS PLUS MUSCLÉS POUR UN SPRINT PLUS PUISSANT. Si toutes les chances sont également réparties entre deux coureurs, celui qui possède les bras et les épaules les plus musclés pourra courir un tout petit peu plus vite lors du sprint final. Vous pouvez courir plus vite pendant un court moment en actionnant vos bras plus rapidement. Jim Ryun pratiqua l'haltérophilie pendant toute sa carrière. Frank Shorter a récemment déclaré que l'haltérophilie lui permettait de gagner plus de trois secondes dans le dernier tour d'un 10 km, mais il a ajouté qu'il pensait que seuls les coureurs d'endurance de haut niveau ayant atteint la limite de leur classe d'âge pouvaient tirer un avantage significatif de la pratique de l'haltérophilie.

COMMENT DEVENIR UN SPRINTER ?

• Continuez à faire deux séances d'accélérations hebdomadaires pendant toute l'année. Travaillez le rythme et le déplacement rapidement de chaque pied. Ne faites jamais cela à l'allure maximum ; courez à votre allure régulière de course au mile, en courant de temps en temps à votre allure de course au 800 m.

• Pendant la phase de travail de vitesse, faites une séance supplémentaire d'accélérations après le travail de vitesse : 1 × 300 m, 1 × 200 m, 2 × 100 m etc. Les 100 mètres seront courus d'un bout à l'autre de la piste, tout de suite après le tournant.

• Efforcez-vous de déplacer avec puissance et légèreté. Vos mains ne devraient pas vous gêner ; courez les paumes tournées vers le ciel, les poignets détendus.

• Rappelez-vous qu'à la fin de ces séances de vitesse vous serez fatigué. Vous pouvez facilement vous blesser en forçant trop. Contrôlez-vous attentivement et faites marche arrière au moindre signe de fatigue excessive.

• Le retour au calme se fera par au moins un mile de course lente à petites foulées.

L'ACCÉLÉRATION SUBITE : UNE STRATÉGIE QUI AMÈNE SOUVENT DES RETOURS DE FLAMME. Certains coureurs frustrés d'avoir été battus au sprint à la fin de certaines courses, essayeront de « griller » les spécialistes du sprint final en sprintant (accélérant) au milieu ou aux derniers stades de la course. La théorie est identique à celle utilisée par le coureur de tête : en suivant le sprinter, le spécialiste du sprint final utilisera ses réserves d'énergie à combustion rapide et la puissance de sa foulée sera réduite ; mais s'il n'accélère pas, il laissera le sprinter prendre tellement d'avance que le sprint final ne pourra l'amener à la victoire.

Cette théorie marche rarement dans une course. En général, le sprinter est épuisé par des accélérations inefficaces dans une longue course. En général, le spécialiste du sprint final et les autres coureurs laisseront passer le sprinter puis accélèreront petit à petit et de manière très efficace et le remonteront. Il est rare qu'un spécialiste du sprint final tombe dans un tel piège et suive l'allure du sprinter.

Lorsqu'un coureur est réputé être le meilleur dans une course donnée, il peut utiliser l'accélération subite pour se détacher du reste des coureurs. Sinon, des coureurs en progrès peuvent coller à un coureur meilleur qu'eux, puis le dépasser lors du sprint final. La « star » peut parfois décourager ses adversaires en effectuant une ou deux accélérations en milieu de course.

RATTRAPEZ-VOUS AU COURS DU DERNIER KILOMÈTRE. Le coureur intelligent conserve une allure régulière jusqu'au dernier stade de la course puis applique la stratégie la mieux adaptée à ses possibilités. Si vous n'avez pas de grandes capacités de sprinter, la meilleure stratégie consiste à mon avis à courir le dernier ou les deux derniers miles à une allure soutenue.

Faites quelques essais pour déterminer *votre* stade final dans la course. Pour un 10 km, cela peut aller de 800 m à 3 km. Dans un marathon, cela peut-être le dernier ou les cinq derniers miles. La plupart des coureurs constatent qu'ils peuvent mieux se concentrer si la distance avoisine 1-1 1/2 mile ou moins.

Jusqu'à ce stade, il vaut mieux conserver une allure régulière. Si vous arrivez à suivre vos compagnons et à rester en contact mental avec eux, vous vous retrouverez en train de prendre sur eux l'avantage au fur et à mesure que défileront les kilomètres. Ensuite vous aurez suffisamment d'énergie et d'enthousiasme pour dépasser des coureurs dans la dernière partie de la course ; c'est aussi très démoralisant pour vos adversaires.

Pour empêcher un spécialiste de la vitesse de terminer au finish et pour lui ôter sa détermination vous devez courir à une allure soutenue pendant une assez longue distance. Accélérez progressivement et imposez lui votre allure. Ne partez pas trop rapidement pour pouvoir tenir jusqu'au bout ; mais essayez de le faire un peu souffrir. Puis, lorsque vous arrivez à mi-chemin de votre attaque finale, forcez un peu l'allure. Cette longue attaque représente pour vous un effort considérable mais elle fatigue davantage vos adversaires qui ne s'y sont pas préparés. Ils ignorent également pendant combien de temps vous allez être capable de poursuivre votre accélération. Très souvent cela épuise les muscles qu'utilise le sprinter pour terminer, de sorte qu'il ne peut s'en servir pour accélérer en fin de course.

IL NE FAUT PAS ABUSER DES BONNES CHOSES

Comme je l'ai déjà dit, la course à pied est une activité qui provoque une accoutumance. Une fois que l'on court depuis assez longtemps pour connaître les effets stimulants de l'exercice d'endurance, il est difficile de rebrousser chemin. On se sent tellement *bien* que l'on ne veut plus que cette sensation s'efface. Le corps est habitué à recevoir sa dose quotidienne d'oxygène, à bénéficier d'une meilleure circulation sanguine et à fabriquer des endorphines apaisantes.

Pourtant, il est possible de se laisser entraîner trop loin par la course à pied, comme par beaucoup d'autres activités — et d'une habitude en faire une obsession. Un individu trop enveloppé mais extrêmement motivé et dynamique peut renverser la vapeur et passer d'un style de vie sédentaire à une existence presque exclusivement consacrée à la course à pied, à la compétition et au maintien de sa ligne. La solution ne tarde pas à devenir un problème.

Les symptômes physiques constituent les premiers signes avertisseurs évidents de court-circuit. Lorsque l'on accroît de manière excessive son activité ou que l'on participe à un trop grand nombre de courses, la blessure n'est probablement pas très loin. Il existe également des signes psychologiques qui indiquent que l'on est allé trop loin. Par exemple, il est possible que vous n'ayiez pas envie de courir, que vous soyez déprimé ou que votre comportement se modifie radicalement.

PREMIERS SIGNES AVERTISSEURS. Votre corps contient des hormones qui vous permettent de tenir le coup lorsque vous êtes fatigué. Parfois, lorsque vous êtes surmené, il est même possible que vous vous sentiez un peu mieux que d'habitude. Essayez d'apprendre à reconnaître les premiers signes de surmenage afin de pouvoir faire marche arrière lorsque cela se produit et éviter la blessure ou l'effondrement. Ces signes précoces sont :

• *Des nuits agitées.*

• *Un taux de pulsation plus élevé le matin* ; s'il est de 10 % supérieur à votre taux normal, réduisez la distance de 50 %, courez chaque mile en mettant une minute de plus. S'il est de 20 % supérieur à la normale, cessez de courir pendant 3 jours.

• *Un endolorissement des pieds.* Si vos pieds restent douloureux pendant une semaine, cessez de courir pendant 2-3 jours.

• *Des douleurs dans les « articulations faibles ».* En cas de doute, prenez une ou deux journées de repos pour permettre au processus de guérison de commencer.

• *Une modification des habitudes alimentaires.* Si vous avez brusquement envie de manger moins ou davantage, il est possible que vous soyez surmené.

• *Un manque de motivation.* En général, le fait de courir ranime votre motivation, même si au début les choses ont tendance à traîner un peu. Mais après 3 jours ou plus, si vous constatez que la flamme ne se ranime pas, prenez 3 jours de repos.

• *Être mort de fatigue du début à la fin d'une course.* Là encore, prenez 3 jours de repos.

Lorsque la course à pied n'est plus un plaisir ni un moyen de se libérer des tensions du monde environnant mais devient un besoin maladif, la famille, les amis et le travail risquent alors d'en souffrir. Certains coureurs — vous en connaissez probablement quelques-uns comme ça — s'y adonnent avec tant de violence qu'ils laissent tomber tout le reste. Le plus paradoxal est qu'ils finissent même par perdre la motivation de courir — bien qu'ils continuent à se traîner jour après jour d'un pas lourd. Ils sont malheureux mais ne s'en rendent pas compte.

Au cours de ma carrière de coureur, j'ai été témoin de très nombreux cas de « courts-circuits » ayant eu des incidences plus ou moins graves : divorce, séparation, fin d'une amitié, rupture de relations, interruption de carrière etc. Le meilleur conseil que je puisse vous donner pour éviter ce triste genre d'affaires est en premier lieu d'apprendre à reconnaître les premiers signes avertisseurs — blessures répétées, déprime, perte de motivation, irritabilité, idées fixes — et d'y apporter les corrections de trajectoire nécessaires. En second lieu, essayez de maintenir un équilibre et une harmonie et faites que la course à pied enrichisse votre vie mais ne la dirige pas.

4

La mise au point

13. Le style
14. Étirements et musculation
15. Exercices et répétitions d'exercices qui améliorent le style
16. La volonté
17. Les femmes et la course à pied

13. LE STYLE

COMMENT COURIR MIEUX ET AVEC PLUS DE PUISSANCE ?

Je dois tout d'abord vous faire une confession. Durant mes dix huit premières années de course à pied, je ne me préoccupai nullement du style. Un de mes amis et camarade de course à l'université de Wesley, Karl Furstenberg me demanda un jour si cela m'intéresserait d'améliorer mon style de course. C'était un coureur régulier — qui m'était techniquement supérieur et qui essayait donc probablement de se montrer aimable et me suggérait avec tact de corriger mon style cahotique. Je ne compris pas où il voulait en venir. Je me souviens que je lui dis qu'il n'était pas très important d'avoir un bon style et que ce qui comptait le plus était d'arriver le premier. Je croyais que le corps arrivait toujours à trouver le bon chemin et que chaque coureur était limité par sa propre morphologie.

Pourtant, au bout de 16 autres années de course, mon style « paresseux » se mit à me poser des problèmes. A mes débuts, je me déplaçais instinctivement sur l'avant du pied poussant sur chaque cheville pour me propulser. Plus tard, je découvris que je pouvais reposer les muscles de la jambe en utilisant « la vitesse économique » — c'est-à-dire en me penchant légèrement en arrière et en me déplaçant en traînant les pieds. Cette méthode beaucoup plus décontractée me permit de courir légèrement plus lentement, en faisant moins d'effort. Au fur et à mesure que j'adoptai cette méthode « économique » pour la plupart de mes séances d'entraînement et de mes courses, je me mis à perdre de la puissance — et des courses. Comme je n'utilisais pas les muscles de détente et les muscles moteurs, ils n'étaient ni solides ni préparés. Les muscles « économiques » ne sont pas conçus pour la puissance et l'accélération — et lorsque je les utilisais à ces fins, je souffrais souvent d'élongations ou de foulures. Mon style s'en allait à la dérive.

Puis je rencontrai Arthur Lydiard. L'entraîneur des champions olympiques néo-zélandais croyait que le travail de style aidait les bons coureurs à devenir de grands coureurs. J'essayai de suivre ses suggestions et plus tard je mis au point quelques principes de style personnels qui ont aidé des coureurs de toutes capacités à mieux courir et à courir plus vite, en fournissant un effort identique.

Un des problèmes qui se pose lorsque l'on étudie le style dans un livre (plutôt qu'avec un entraîneur) c'est que l'on peut lire tous les détails, mais une fois que l'on se retrouve en train de courir il est impossible de tous se les rappeler. Je vais donc vous donner ici les principes généraux à suivre pour posséder un bon style. Certains de ces principes vous paraîtront familiers ; cela vous permettra également de voir les améliorations que vous avez besoin d'apporter à votre propre style.

Mais ne vous précipitez pas pour essayer de mettre en pratique tous ces conseils à la fois. Cela ne servirait qu'à vous embrouiller. La section intitulée « Quelques considérations sur le style » qui suit, est une étude exhaustive sur le style et vous pourrez vous y référer lorsque vous désirerez affiner certains points. La section suivante, qui s'intitule « Trois "trucs" pour améliorer son style » donne trois principes de base faciles à retenir, sur lesquels vous pourrez commencer immédiatement à travailler.

QUELQUES CONSIDÉRATIONS SUR LE STYLE

Il n'existe aucune prescription permettant de courir de manière efficace, car nous sommes tous faits différemment. Ces considérations sur le style sont des principes généraux sur les mécanismes du corps et peuvent être appliquées à *tous* les coureurs. Tenez compte de votre propre morphologie et de vos capacités et ne vous imposez jamais un style de course particulier dans lequel vous ne vous sentiez pas à l'aise.

Autre chose : un bon style c'est quelque chose que tous les coureurs — quelles que soient leurs capacités ou leur expérience — peuvent travailler. Les coureurs qui font de la compétition cherchent naturellement à améliorer leur style car cela peut les aider à courir plus vite. Mais les débutants et ceux qui ne font pas de compétition pourront également tirer profit de la compréhension de certains de ces principes, car un bon style permet à n'importe quel individu de courir de manière plus régulière et plus agréable.

La manière la plus efficace de courir est de tenir la tête, le cou et les épaules bien droits, comme indiqué sur le dessin de droite. Lorsque vous courez penché en avant, comme indiqué sur le dessin de gauche, vous luttez sans cesse contre la gravité.

COUREZ EN POSITION DROITE. Vous courrez avec beaucoup plus d'efficacité si vous vous tenez bien droit, perpendiculaire par rapport au sol (et à la force de gravité). Vérifiez votre style lorsque vous passez en courant devant les vitrines des magasins dans une zone commerçante. Si toutes les parties de votre corps sont correctement alignées, vous aurez l'impression d'avancer d'un seul bloc — la tête, le torse, les hanches, les genoux, les chevilles en même temps. Les vitrines des magasins vous diront si votre tête ou vos épaules sont penchées trop en avant ou trop en arrière.

COUREZ LE CORPS DÉTENDU. Si votre corps est détendu et en équilibre en étant droit, vous n'aurez pas besoin de dépenser d'énergie pour garder votre tête, votre cou, vos épaules etc. alignés. Les muscles de votre mâchoire et de votre visage devraient aussi être tellement relâchés qu'ils devraient tressauter et remuer pendant que vous courez. Détendez la partie supérieure de votre corps ; elle ne participe pas à l'action et vous ne voulez pas que l'énergie y soit détournée.

EN AVANT ! Tout mouvement doit être dirigé droit devant. Les hanches, les épaules, les bras et les jambes devraient pointer vers l'avant — pas vers les côtés et certainement pas pencher vers l'arrière. Cela peut paraître évident mais examinez seulement le prochain coureur que vous rencontrerez et vous le verrez sans doute se dandiner, osciller et se pencher en arrière. Par souci de charité, je ne vous demanderai pas de vous examiner vous même — et pourtant !

LES BRAS. La principale fonction des bras est d'assurer la coordination avec les jambes. A chaque balancement de bras, un signal nerveux dit à la jambe de fonctionner à nouveau. Si vous tenez vos bras assez bas et près du corps tout en les balançant avec souplesse, vous n'aurez pas besoin de faire un effort très important pour les maintenir en place et vos pieds auront tendance à vous obéir plus vite. Mais si vous les tenez loin de votre corps, vos bras et vos épaules se fatigueront vite. Laissez la gravité faire le travail de vos bras. Courez le dos des mains tourné vers le ciel, pas vers les côtés, les poignets souples et détendus. Vos jambes doivent prendre le commandement et vos bras doivent suivre le mouvement de vos jambes. Vos mains peuvent monter aussi haut que votre poitrine et descendre aussi bas que l'ourlet de votre short. C'est surtout vos avant-bras qui doivent travailler ; les bras ne devraient pas trop bouger. Exercez-vous devant un miroir. N'essayez pas de courir avec les bras, détendez-les et suivez le rythme de vos pieds.

UN TRUC POUR AVOIR UN BON BALANCEMENT DE BRAS : vos doigts doivent être légèrement repliés et détendus, vos paumes tournées vers le sol ; vos mains doivent légèrement toucher votre short à chaque balancement. Si vous constatez que vos mains et que vos bras s'engourdissent, secouez-les sans les serrer puis joignez votre pouce et votre index. Cela devrait emprisonner la tension dans un petit arc entre les deux doigts.

LES HANCHES. Elles devraient être alignées avec la tête et les épaules. Certains d'entre nous se tiennent, marchent ou courent le dos courbé, les hanches en arrière et inclinées d'un côté ou de l'autre. Cela déplace un des maillons importants de la mécanique.

LES JAMBES. Les sprinters soulèvent leurs genoux très haut. Ce n'est pas le cas des coureurs d'endurance. Les sprinters doivent alléger au maximum leur foulée et augmenter au maximum la vitesse et la puissance de leurs jambes. Il est impossible de courir très longtemps de cette manière. Il faut également éviter de trop soulever les talons en arrière. L'augmentation de la vitesse en course de fond provient d'un mouvement de chevilles plus rapide ; une élévation trop importante des genoux et des talons dans le dos ralentira cela et détournera la puissance vers le haut ou vers l'arrière, au lieu de vous pousser un peu plus loin sur la route. Une très légère élévation du genou est le résultat d'une prise d'appui efficace et vous aidera à ne pas relever exagérément les talons.

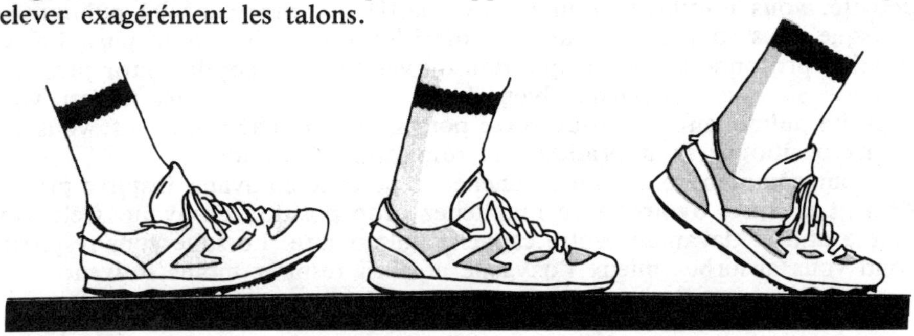

dessin n° 1 :

Atterrissage sur le talon : Pour amortir les chocs et répondre à l'alignement de votre corps

dessin n° 2 :

Angle de la cheville : Appuyez rapidement vers l'avant afin que la cheville soit en position pour pousser fortement

dessin n° 3 :

Poussez rapidement et fortement sur le pied.

L'EFFICACITÉ DE LA CHEVILLE. La cheville est un levier extrêmement efficace. Une fois que vous aurez consolidé les muscles de vos jambes et appris à porter le poids de votre corps en avant, vous pourrez utiliser davantage vos chevilles et économiser ainsi de l'énergie. Essayez de sentir l'impulsion directe transmise par les muscles de vos mollets à chaque foulée. Regardez le dessin ci-dessus pour voir comment profiter de la puissance de vos chevilles.

LA LONGUEUR DE LA FOULÉE. Croyez le ou non, une foulée plus longue ne vous permettra pas de courir plus vite. *Les compétiteurs expérimentés constatent que la longueur de leur foulée se raccourcit au fur et à mesure qu'ils augmentent leur vitesse.* La clé pour une course plus rapide, c'est la fréquence de la foulée. Si vous augmentez la vitesse à laquelle vous posez le pied et exercez une solide poussée, vous vous améliorerez. La plupart des coureurs avec lesquels j'ai travaillé possédaient une foulée trop longue.

VITESSE ET LÉGÈRETÉ. Vous devriez rebondir avec légèreté sur le sol. Au fur et à mesure que votre style s'améliore, le bruit de vos pieds diminue alors que la force directe de chaque poussée sur la cheville augmente. Les coureurs de haut niveau caracolent parce qu'ils utilisent la poussée de leur cheville et économisent une énergie qui autrement serait réclamée par les muscles de la loge postérieure de la jambe et de la cuisse et par les autres muscles importants.

Une fois que vous aurez vaincu votre inertie en vous mettant à courir, vous voudrez affiner votre style et l'utiliser à votre avantage. Vous essaierez de résister à la gravité plutôt que de la vaincre ; cela sera possible si vous rebondissez avec légèreté sur la route, en utilisant une foulée régulière et puissante.

LA RESPIRATION PROFONDE. Lorsque vous ne vous livrez à aucune activité, vous n'utilisez qu'une petite partie de votre capacité pulmonaire. Lorsque vous courez, vous avez besoin d'en utiliser beaucoup plus. La respiration profonde ou la « respiration du ventre » permet de courir plus facilement. Si vous vous tenez bien droit, vous pouvez mieux utiliser votre capacité pulmonaire. Lorsque votre poitrine est penchée en avant, vous êtes mieux positionné pour pratiquer la respiration profonde.

Pour comprendre comment amener la poitrine en avant, inspirez profondément et après avoir expiré maintenez cette position en avant. Cela vous aide à utiliser davantage votre capacité pulmonaire. Lorsque vous respirez à fond vous absorbez mieux l'oxygène et ainsi respirez moins souvent.

TROIS « TRUCS » POUR AMÉLIORER SON STYLE

Voici trois points à suivre pour acquérir un style de course plus efficace. Ce sont les principaux éléments qui permettent d'améliorer sa technique et qui une fois maîtrisés peuvent améliorer n'importe quel style de course.

Remarque : Il est difficile de se rappeler tous les aspects concernant le style lorsque l'on est en train de courir. Même si vous oubliez tous les autres détails, essayez de vous souvenir de ces trois points.

1. SORTEZ LA POITRINE. Soulevez votre poitrine. Inspirez profondément et maintenez cette position en avant tout en expirant. Lydiard dit qu'il faut imaginer qu'une poulie est attachée à un harnais autour de votre poitrine. L'autre extrémité de la poulie serait attachée à un bâtiment de trois étages situé un pâté de maisons plus loin. Lorsque vous courez, soulevez votre poitrine ; elle doit vous ouvrir la route. Ne vous penchez pas en avant, contentez-vous de soulever et de sortir la poitrine. Cela vous permettra d'utiliser une capacité pulmonaire plus importante. Ne modifiez en aucun cas la position de vos épaules ou de vos bras. Travaillez seulement avec votre poitrine et vous réussirez à avoir une meilleure posture et une meilleure capacité pulmonaire.

2. HANCHES EN AVANT. Lorsque vous redressez la poitrine, cela a pour effet de redresser automatiquement vos hanches. Avant de commencer à courir, redressez la poitrine ; puis posez vos mains sur vos fesses et poussez vers l'avant. Vos épaules, votre tête, vos hanches et vos pieds devraient tous être alignés. Cette position vous permet d'allonger les jambes pour obtenir une puissance maximum. Lydiard oppose cette position à la position du coureur type qu'il appelle « s'asseoir dans le baquet ». Lorsque vos hanches sont inclinées d'arrière en avant, vous pouvez sentir les muscles de vos mollets travailler et vous ne fatiguez presque pas les muscles de la loge postérieure de la jambe et de la cuisse. Lorsque vous courez les hanches en avant, vous devriez vous sentir léger sur vos pieds et courir en faisant moins de bruit.

3. PROPULSEZ-VOUS EN POUSSANT FORTEMENT SUR LE PIED. La position de vos chevilles résultant de la position en avant de votre poitrine et de vos hanches signifie que les muscles de vos mollets n'ont besoin que d'une toute petite quantité de travail pour produire un effet très important de puissance de propulsion de vos pieds.

La plupart des coureurs courent légèrement penchés en arrière et doivent à chaque foulée lutter contre la gravité. Un point d'usure au talon de la chaussure en apporte la preuve. C'est très bien d'atterrir sur le talon, mais il ne faut pas y rester. Cela abîme les genoux. La rotule est plaquée sur le genou, écrasant le cartilage contre les os. Lorsque la cheville travaille, cela réduit considérablement cette tension du genou.

Si vous retombez naturellement sur le talon, n'essayez pas brusquement d'atterrir sur la partie antérieure de votre pied. Après être retombé, faites passer le poids de votre corps sur le milieu de votre pied et laissez la cheville exercer sa force de levier. Habituez-vous progressivement à courir en ayant le réflexe d'utiliser votre cheville, ce qui vous donnera l'impression de flotter plutôt que de marteler le sol.

EXERCEZ-VOUS A CES TROIS « TRUCS ». Ces trois « trucs » vont ensemble : ce ne sont pas des facteurs isolés. Essayez cet exercice, debout : soulevez votre poitrine et déplacez vos hanches ; vous devriez vous sentir rouler sur vos orteils. En vous redressant et en alignant correctement les différentes parties de votre corps, vous créez un élan vers l'avant. En courant correctement aligné, vous réduisez les mouvements inutiles. Vous produisez et orientez l'énergie dans la bonne direction.

TRAVAIL DE STYLE HEBDOMADAIRE

Le travail de style améliorera votre façon de courir si vous en faites deux fois par semaine, pendant toute l'année. Un homme qui avait dépassé soixante-dix ans m'enseigna un été les bénéfices que je pourrais en retirer. Le Dr. Miguel Dobrinski fêta son soixante-quatorzième anniversaire avec nous dans notre camp de course de Tahoe. Il était extraordinairement actif et se joignit à toutes nos activités. Mais durant les séances de style lorsqu'il fallait accélérer ou rebondir, il arrivait tout juste à décoller du sol. Je ne voulais pas lui donner de faux espoirs et je lui expliquai franchement qu'il était probablement trop tard pour développer l'élasticité de ses jambes.

L'année suivante, lors de notre première session de style, quelle ne fut pas notre surprise de voir Dobrinski rebondir dans les montagnes ! Il fêtait son soixante-quinzième anniversaire et il expliqua qu'il avait régulièrement pratiqué des accélérations. En un an, il avait récupéré 30 années de rebond.

LES ACCÉLÉRATIONS DE STYLE

LA MARCHE A SUIVRE

- Échauffez-vous en trottinant pendant au moins 10 mn.
- Arrêtez-vous, secouez les épaules, les bras, la tête jusqu'à ce qu'ils soient décontractés.
- Inspirez profondément, expirez et gardez la poitrine orientée vers l'avant.
- Poussez vos hanches en avant en appuyant sur vos fesses.
- Roulez sur vos orteils et détendez-vous comme un ressort.
- Courez ainsi 4-8 fois, selon comment vous vous sentez.

POURQUOI ? Les accélérations de course exécutées avec un bon style vous apprennent à courir plus vite. Ces séances répétées vous apprennent à connaître les mécanismes de votre corps et à en tenir compte. Vous prenez instinctivement conscience de vos insuffisances et apprenez à les corriger.

QUAND ? Deux fois par semaine, pendant toute l'année. il s'agit d'isoler ces périodes pour se concentrer sur le style et ne pas constamment s'inquiéter à ce sujet. Il n'est pas nécessaire de toujours se préoccuper du style. Les accélérations de style peuvent servir d'échauffement avant une séance d'entraînement en côte, une session de vitesse ou une course ; elles peuvent également être placées au milieu d'un parcours ordinaire. En général, on en effectue une le mardi, une autre le jeudi.

OÙ ? Normalement, il vaut mieux choisir une surface plate, mais vous pouvez utiliser n'importe quelle surface uniforme sur laquelle vous vous sentiez à l'aise. J'ai découvert que courir pieds nus sur un terrain de golf ou sur la plage donnait la meilleure rétroaction biologique. (Si vous faites cela, allez y très lentement. Le fait de courir pieds nus trop tôt et trop souvent peut provoquer des blessures.)

SUR QUELLE DISTANCE ? 100-300 mètres.

A QUELLE VITESSE ? Environ votre allure de course au mile. C'est rapide mais pas excessif. Ne sprintez jamais. Adoptez progressivement cette allure, maintenez là pendant 60-100 mètres, puis ralentissez progressivement.

LE STYLE DE COURSE POUR LES CÔTES

TRANSFORMER LES TAUPINIÈRES EN MONTAGNES. L'entraînement en côte facilite la course sur n'importe quelle surface. De manière spécifique, l'entraînement en côte :

• Développera de manière très importante les muscles de vos jambes et vos quadriceps, vous préparant au travail de vitesse.

• Vous apprendra le sens du rythme — qui est sans doute l'élément le plus négligé et le plus important en course de fond. Un bon rythme peut vous aider à vaincre des périodes de fatigue.

COUREZ EN POSITION DROITE. Gardez la poitrine tendue et droite. Une bonne position aidera votre corps à fonctionner, que ce soit pour grimper ou descendre une côte en courant. Essayez de ne pas compromettre la hauteur maximale de chaque foulée en vous penchant en avant ou en arrière lorsque vous montez ou descendez. Vous tirerez une force accrue de chaque foulée si les principales parties de votre corps — tête, poitrine, hanches et pieds — sont perpendiculaires à une ligne horizontale imaginaire. Elles devront donc être alignées de manière à défier le mieux possible la gravité.

GRAVIR UNE CÔTE EN COURANT. Les côtes peuvent constituer pour vous un grand avantage dans une course, si vous comprenez quelques principes. Alors que vos adversaires luttent contre la force de gravité, vous pouvez conserver votre énergie et en fait la faire travailler pour vous. C'est peut-être une chose difficile à imaginer lorsque l'on est au milieu d'une montée raide, mais une côte peut être pour vous une occasion formidable.

• *Maintenez le rythme efficace* que vous avez établi en terrain plat.

• *Maintenez le même niveau d'effort.* N'essayez pas de garder en côte la même allure qu'en plat ou vous serez rapidement épuisé. Votre respiration vous permet de contrôler ce « même niveau d'effort ».

• *Raccourcissez votre foulée* et ralentissez progressivement tout en montant. Conservez de l'énergie pour le reste de la course.

• Lorsque vous approchez du sommet, *accélérez le rythme.* Certains coureurs constatent qu'une légère accélération du rythme de leurs bras les aide à faire cela. N'augmentez pas la longueur ou la force du balancement de vos bras, augmentez seulement le rythme. Cela vous aidera à arriver en haut et cela vous préparera à tirer profit de la gravité de l'autre côté.

• *Dites-vous que vous allez franchir le sommet.* Vous ne voulez pas tout laisser tomber une fois arrivé en haut.

DESCENDRE UNE CÔTE EN COURANT. Une fois arrivé au sommet, l'effort nécessité par chaque foulée diminue. Tenez en compte et lorsque la gravité le permet, augmentez progressivement l'allure.

• *Laissez la gravité faire le travail.* La gravité et un rythme plus rapide devraient vous entraîner dans la descente sans grande dépense d'énergie.

• *Allongez légèrement la foulée.* Si elle devient trop longue, vous perdez le contrôle et devez gaspiller de l'énergie pour ralentir. Une foulée trop longue peut sévèrement ébranler vos genoux.

• *Jouez avec la longueur de votre foulée* en descente. A l'usage, vous apprendrez à connaître la longueur qui vous permet de tirer un maximum de profit de la gravité, sans perdre le contrôle.

• *Penchez-vous légèrement en avant.*

QUE FAIRE SI VOUS VIVEZ EN PLAINE ? Tout le monde ne vit pas dans une région vallonnée. Une solution — si vous disposez d'une plage — est de courir sur le sable (avec vos chaussures de course). Échauffez-vous de la même manière que si vous alliez courir en côte, puis courez 100-200 mètres sur le sable qui ne doit être ni trop tassé, ni trop fin. Vous pouvez également utiliser les descentes des parkings en sous-sol (de préférence lorsqu'il n'y a pas beaucoup de circulation ni de gaz d'échappement), les escaliers des stades, un tapis roulant, ou monter 5-10 étages d'escaliers dans une tour abritant des bureaux. Les autres règles de l'entraînement en côte décrites précédemment s'appliquent dans tous ces cas.

INCIDENTS DE PARCOURS

Maintenant que vous connaissez les principes à suivre pour acquérir un bon style de course, vous ferez davantage attention aux problèmes liés au style. Nous allons étudier ici quelques-uns des problèmes parmi les plus courants.

Tension dans l'épaule. Si vous ressentez cela après une course, c'est probablement dû au fait que vous penchez votre tête ou vos épaules trop en avant ou trop en arrière ; vous n'êtes pas bien équilibré. Observez vous lorsque vous passez en courant devant les vitrines des magasins, il est possible que vos hanches soient trop en arrière. Projetez-les en avant, inspirez profondément et gardez cette position en avant. La tension dans l'épaule peut aussi être due au fait que vos épaules soient trop hautes au lieu d'être détendues, ou que vous couriez les bras trop écartés du corps. Lorsque vous sentez la tension monter, arrêtez-vous, secouez vos bras et vos épaules et décontractez-vous.

Raideur des muscles de la loge postérieure de la jambe et de la cuisse. Vous n'utilisez probablement pas suffisamment vos chevilles, vos pieds et vos mollets. Entraînez-vous à faire porter l'effort le plus important sur vos mollets et laissez reposer les muscles de la loge postérieure de la jambe et de la cuisse. Poussez sur vos pieds.

Respiration rapide et haletante et/ou point de côté. Vous courez probablement trop vite, surtout au début. Si vous n'arrivez toujours pas à inspirer profondément après avoir ralenti, il est possible que vous ne redressiez pas suffisamment la poitrine. Essayez la respiration profonde expliquée ci-dessus (tension dans l'épaule) pour amener la poitrine en avant. Maintenez-la en avant, inspirez doucement et profondément, cela devrait résoudre le problème. La dernière solution est d'utiliser la respiration profonde pendant toute la course. Attention : si le problème persiste, consultez un médecin.

Roulement des épaules. Lorsque vous passez devant une vitrine en courant, voyez-vous vos épaules rouler de haut en bas ou d'avant en arrière ? Si c'est le cas, vous lancez probablement vos bras trop loin. Réduisez votre balancement de bras, gardez les bras en bas et agitez les d'avant en arrière. Essayez de ne pas trop les agiter.

Raideur dans la nuque. Vous ne tenez peut-être pas votre tête bien droite sur vos épaules. Si votre corps est trop penché en avant, il est possible que vous penchiez la tête en arrière pour compenser. Ramenez la poitrine en arrière. Ou si vous courez trop penché en arrière, votre tête est probablement trop en avant. Ramenez vos hanches en avant. Vérifiez votre position en vous regardant encore dans les vitrines. Après avoir couru, massez votre nuque.

UNE DERNIÈRE REMARQUE CONCERNANT LE STYLE. Un des aspects les plus séduisants de la course à pied est qu'il s'agit d'un acte spontané. Ne détruisez pas cela en travaillant votre style chaque fois que vous courez. *La plupart de vos courses devraient être agréables et faciles.* Les deux ou trois fois par semaine où vous vous concentrez sur le style, concentrez-vous uniquement sur cela. Vous voulez que chaque foulée vous amène droit devant, éliminez tout mouvement excessif et courez tranquillement. Détendez-vous et appréciez la promenade.

14. ÉTIREMENTS ET MUSCULATION

SE DÉCONTRACTER ET TROUVER L'ÉQUILIBRE

S'étirer, cela peut aider — mais cela peut aussi être douloureux. Un étirement régulièrement et correctement effectué vous aidera à éviter raideurs musculaires et blessures. Mais il s'agit d'une arme à double tranchant. L'exécution d'étirements inappropriés constitue en fait la troisième cause importante de blessures chez les coureurs, après un kilométrage et un travail de vitesse excessifs.

J'ai appris les dangers de l'étirement de la manière la plus impitoyable qui soit. Il y a quelques années, après avoir lu un article impressionnant décrivant les bienfaits de l'étirement, j'essayai de faire disparaître en six mois la raideur de seize années sans étirements, et j'attrapai une sciatique. Au lieu de maintenir doucement une extension décontractée, je poussais chaque étirement jusqu'à ce que je le « ressente ». La tension que j'infligeais aux muscles de la loge postérieure de mes cuisses et de mes jambes déclenchait en fait un réflexe d'étirement (mécanisme qui protège automatiquement le corps) qui raccourcissait le muscle et provoquait chaque jour une raideur de plus en plus importante. Lorsque la sciatique se déclara, j'abandonnai pendant quelques temps mes exercices d'étirement.

Quatre ans plus tard, je me mariai. Barbara avait fait des études d'éducation physique et j'imagine qu'elle n'avait pas l'intention de passer ses vieux jours en compagnie de quelqu'un obligé de boitiller et aussi tendu qu'un arc (recourbé en arrière). Elle m'observait pendant que je m'étirais, n'hésitant pas à me critiquer. Elle savait qu'il fallait s'étirer sans forcer et elle me le dit. Avec son aide, j'ai fini petit à petit par mettre au point le simple programme d'étirements qui suit. Dans l'affaire, j'ai appris comment un étirement régulier et en douceur pouvait combattre 25 années de raideur accumulée en course de fond. La *bonne méthode* d'étirement égale des muscles de course plus décontractés et un risque moins important de blessure.

Malgré ses importants bienfaits à long terme, l'étirement n'améliorera pas instantanément votre façon de courir. Au milieu des années 70, de nombreux articles sur la course à pied proclamaient que l'étirement pouvait faire disparaître les blessures et améliorer la vitesse. Mais rien ne vint étayer cette thèse et les coureurs qui se blessaient ou n'arrivaient pas à se perdre à toute vitesse dans l'horizon furent très malheureux de voir leurs espoirs insatisfaits.

Nous autres coureurs prenons souvent nos désirs pour des réalités. Si nous obtenons de bons résultats en nous livrant à quelques exercices d'étirement, nous pensons alors qu'on devrait obtenir des résultats sensationnels en en faisant beaucoup plus. Nous pensons que si en nous « étirant jusque-là » nous obtenons de bons résultats, en essayant de gagner encore quelques centimètres nous deviendrons alors encore plus rapides. C'est ainsi que se produisirent les blessures dues à un étirement excessif, blessures qui se multiplièrent. Puis lorsque tout le monde fut au courant que cela constituait la troisième principale cause de blessure, de nombreux coureurs tombèrent dans l'extrême contraire et cessèrent de s'étirer.

Le fait est qu'un étirement régulier et *adéquat* réduit les risques de blessures. En comprenant et en appliquant correctement quelques principes simples vous pouvez sans danger acquérir davantage de souplesse — de plus, il n'est pas nécessaire d'y consacrer beaucoup de temps.

POURQUOI S'ÉTIRER ? La course à pied développe la puissance des groupes de muscles importants qui se trouvent à l'arrière du corps ; le mollet, les muscles de la loge postérieure de la jambe et de la cuisse et la région lombaire. Au fur et à mesure qu'ils deviennent plus solides, ils deviennent aussi plus tendus et tirent sur les points de connexion. Sauf si vous mettez au point un programme régulier et modéré d'étirements, vous pouvez vous attendre à un raidissement progressif de ces muscles vitaux — et à un risque accru de blessure. Vous n'arriverez bientôt plus à toucher vos orteils.

Les muscles de la région lombaire sont extraordinairement solides. La course à pied accroît encore leur solidité ce qui tire sur la courbe de la colonne vertébrale, exerçant souvent une pression sur les nerfs et les vertèbres affaiblis ou abîmés. Un étirement correctement effectué empêchera la tendance qu'a la colonne à se voûter (dos tordu) ou à devenir rigide avec l'âge.

Les problèmes de genoux sont souvent le résultat de déficiences structurelles poussées trop loin, lorsque les muscles de la loge postérieure de la jambe et de la cuisse deviennent plus forts que les quadriceps. *Des déchirures du mollet* (voir p. 188 et p. 189) peuvent se produire lorsque des muscles du mollet trop solides deviennent plus puissants que les faibles muscles de la région tibiale antérieure. Les mois passant, il est possible que vous ne remarquiez pas le raidissement progressif de ces muscles postérieurs. Mais au bout de 2-4 ans ou davantage, votre puissance de course diminuera considérablement si vous ne vous étirez pas.

DE QUELLE MANIÈRE LES COUREURS DEVRAIENT-ILS S'ÉTIRER ? Seul un muscle décontracté peut être étiré sans danger et sans douleur.

• *Commencez par un léger massage.* En pétrissant délicatement le mollet, les muscles de la loge postérieure de la jambe et de la cuisse, le postérieur et la région lombaire, vous augmentez le débit sanguin et détendez le muscle. Pendant à peu près 5 minutes, utilisez la magie de vos dix doigts pour effacer les nœuds, mais n'exercez pas une pression trop profonde.

• *Petit à petit, mettez-vous doucement à vous étirer.* Éliminez toute tension, et maintenez cette extension détendue pendant au moins 10-20 secondes. Si vous éprouvez la moindre pression, douleur ou si le muscle commence à tressaillir, cela signifie que vous êtes allé trop loin. Relâchez-vous jusqu'à ce que vous soyez à nouveau détendu.

• *Finissez* l'exercice en vous relâchant lentement.

LES PRINCIPES DE L'ÉTIREMENT

• *Étirez-vous régulièrement.* Les bienfaits se font sentir grâce à des séances régulières et suivies d'extension modérée des muscles. De la même façon que la raideur s'accumule après des années de station debout, de marche et de course, elle ne disparaîtra que petit à petit — après des mois d'extension modérée.

• *Ne rebondissez pas.* Il y a quelques dizaines d'années, les coureurs s'étiraient en rebondissant. On pensait alors qu'en infligeant une secousse au muscle on lui donnait l'extension dont il avait besoin. Des recherches plus récentes ont cependant démontré que les rebonds raccourcissent et rétractent les muscles. Cela déclenche *le réflexe d'étirement,* le moyen de défense automatique du corps contre la blessure, qui provoque la rétraction du muscle plutôt que son extension.

• *Ne rivalisez pas d'ardeur.* N'essayez pas de vous étirer autant qu'une autre personne. Tout le monde ne possède pas la même souplesse. Et n'essayez pas d'égaler votre meilleur étirement du jour précédent. Certains jours vous serez relativement souple, d'autres assez raide. Détendez-vous et ce jour-là adoptez la position qui vous paraît la plus confortable.

QUAND S'ÉTIRER ? — UNE NOUVELLE APPROCHE

Avant de courir ? La plupart des coureurs pensent qu'il vaut mieux s'étirer juste avant de courir. On les voit partout, les jambes dressées sur des bancs, appuyés contre des bâtiments — se préparant avant de courir. Je ne recommande pas cela. Juste avant de courir, les muscles sont contractés et il est facile de se faire une élongation ou une foulure.

Vous êtes particulièrement exposé tôt le matin, lorsque vous n'êtes pas échauffé et que le flux sanguin est minimal. En forçant sur un muscle, un tendon ou une articulation froids, on finit souvent par se blesser. Les recherches du Dr. Ned Frederick sur le Marathon de Honolulu ont montré que les coureurs qui s'étiraient avant de courir avaient tendance à souffrir plus souvent de blessures. Bob Anderson, auteur de « Stretching » soutient que cela n'est pas dû à l'étirement lui-même mais au fait que les coureurs ne savent pas s'étirer correctement. Bob insiste sur le fait que si vous êtes détendu, si vous ne forcez pas trop et si vous y allez doucement, l'étirement préparera vos muscles au mouvement.

Après la course ? S'étirer immédiatement après la course constitue également une entreprise risquée. Lorsque vous cessez de courir, vos muscles ne s'arrêtent pas immédiatement de fonctionner. Ils sont encore « emballés » et prêts à répondre pendant environ une demi-heure ; l'étirement peut provoquer des spasmes musculaires. Lorsqu'ils travaillent aussi dur, un étirement active souvent le réflexe d'étirement — ce qui a pour résultat de vous contracter encore plus qu'auparavant.

Alors, quand ? Le meilleur moment pour s'étirer, c'est lorsque le corps est échauffé, décontracté et que le sang circule bien. Étant donné que de nombreux coureurs s'étirent mais de façon incorrecte, il vaut mieux attendre de s'être échauffé pour s'étirer. Ne vous étirez pas pour échauffer vos muscles, cela ne marchera pas. Étirez-vous par exemple le soir, ou dans la journée lorsque vous en avez le temps. J'ai de nombreux amis qui utilisent l'étirement comme un moyen agréable de se préparer au sommeil.

Pensez à vous étirer à titre préventif. Cela donne de bons résultats à long terme plutôt qu'à court terme. Essayez de vous étirer régulièrement, au minimum 3 fois par semaine. Si vous faites cela, mois après mois, année après année, vous atténuerez l'effet « crispateur » de la course à pied et des autres exercices d'endurance.

RAIDEUR MUSCULAIRE PENDANT UNE COURSE ? Certains coureurs constatent que lorsque leurs muscles se crispent pendant une course, s'arrêter et s'étirer doucement les aident. Cela peut aider parfois de contracter très fort le muscle crispé, puis de se décontracter, de faire un léger massage et de s'étirer doucement. Ne vous étirez pas trop. D'autres coureurs constatent qu'un léger massage suffit. D'autres préfèrent marcher pendant quelques minutes pour se décrisper.

TROIS ÉTIREMENTS UTILISÉS PAR LES COUREURS

La course à pied développe et resserre trois groupes de muscles.

- Mollet et tendon d'Achille (partie postérieure de la jambe sous le genou).
- Muscles de la loge postérieure de la cuisse (partie postérieure de la cuisse entre le genou et les fesses).
- Muscles du bas du dos (fesses, région lombaire).

Pour obtenir de bons résultats, il faut étirer chaque groupe séparément. Parmi les dizaines d'exercices destinés à ces groupes de muscles, nous avons choisi les trois exercices qui ont fait leur preuve chez les coureurs et qui comportent peu de risques de blessure. Nous avons évité les étirements qui par leur conception risquaient de provoquer des blessures, ainsi que ceux qui risquaient d'être mal exécutés.

COMMENT EFFECTUER CES ÉTIREMENTS ? Assurez-vous que vos muscles sont « chauds ». Dans le cas contraire, procédez pour chaque muscle à un léger massage de 3-5 mn.

- Placez-vous doucement en position d'étirement.
- Maintenez chaque étirement pendant au moins 10-20 secondes.
- Pour commencer, étirez-vous au moins 3 fois par semaine.
- Augmentez ensuite la durée de chaque étirement.
- Étirez plus longuement les muscles qui en ont besoin.

Vous pouvez ajouter d'autres étirements à ces 3 étirements de base, selon vos besoins particuliers. Chaque séance d'étirements ne vous prendra que 5-15 minutes, ce qui représente un faible investissement de temps pour aboutir à de tels résultats salutaires.

ÉTIREMENT DU MOLLET ET DU TENDON D'ACHILLE. Appuyez vos mains contre un mur ou contre un poteau. Allongez une jambe en arrière et pliez l'autre en avant. Faites passer progressivement le poids de votre corps sur la jambe arrière, en la maintenant *légèrement* pliée. Cet exercice étire le muscle du mollet supérieur. A présent, arrêtez, pliez un peu plus le genou de la jambe qui se trouve en arrière de manière à créer un léger étirement. Cela étire le tendon d'Achille et la partie inférieure du mollet. Faites les deux jambes. Faites attention. Étirez les muscles et les tendons mais ne vous faites pas une élongation.

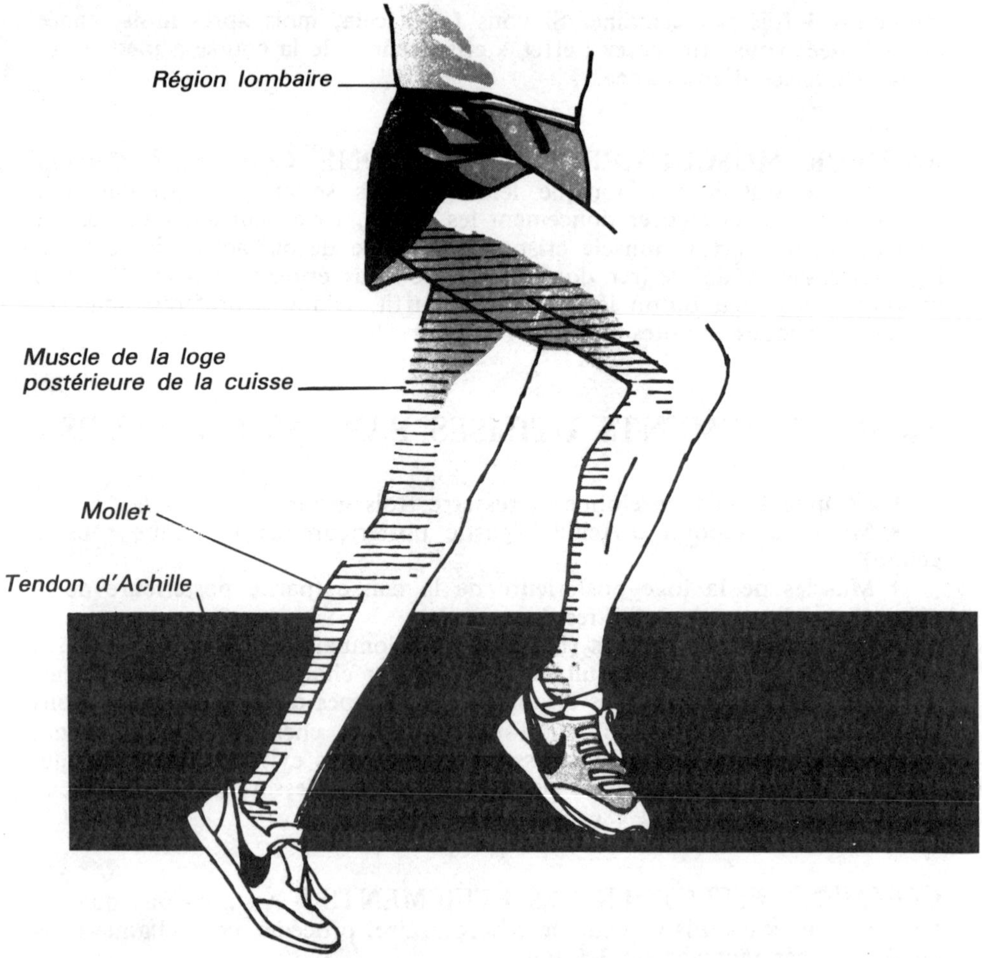
Région lombaire
Muscle de la loge postérieure de la cuisse
Mollet
Tendon d'Achille

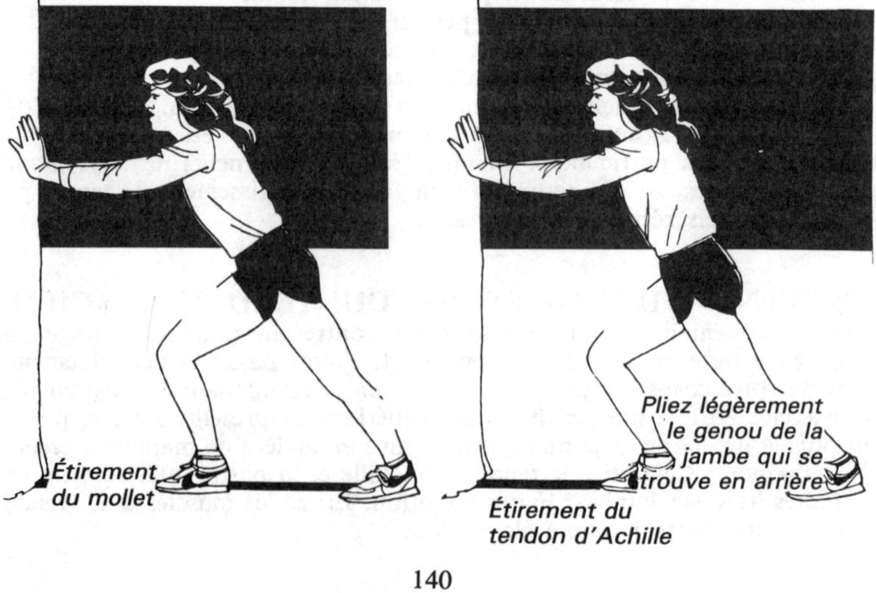
Étirement du mollet
Étirement du tendon d'Achille
Pliez légèrement le genou de la jambe qui se trouve en arrière

ÉTIREMENT DES MUSCLES DE LA LOGE POSTÉRIEURE DE LA CUISSE. Allongé sur le dos, passez une serviette de toilette sous votre pied. Si vous n'avez pas de serviette, utilisez un short ou un tee-shirt. Ne bloquez pas le genou, gardez le légèrement plié. Tirez doucement sur la serviette jusqu'à ce que le muscle de la loge postérieure de la cuisse soit étiré.

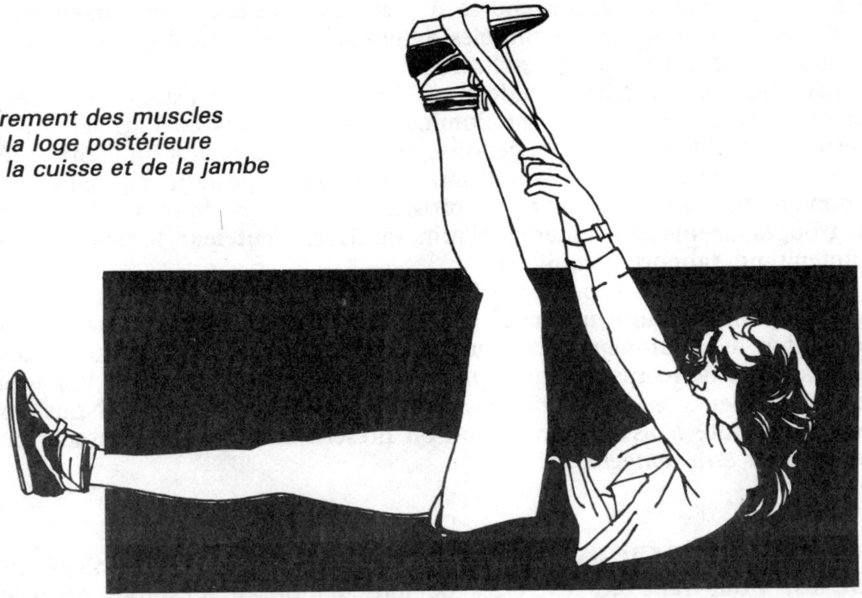

Étirement des muscles de la loge postérieure de la cuisse et de la jambe

Cet étirement est meilleur que celui que l'on a l'habitude de voir effectuer et qui consiste à poser la jambe en l'air sur une chaise ou sur un autre objet, car vous risquez moins de trop vous étirer. La chaise vous place dans une position où vous pouvez trop tirer sur le muscle. La serviette vous laisse la possibilité de trouver la position exacte dont vos muscles ont besoin. Après avoir étiré les muscles de la loge postérieure des deux jambes, vous pouvez étirer les muscles fessiers, toujours en utilisant la serviette, en pliant un peu plus le genou et en levant la jambe plus haut au dessus de votre corps.

ÉTIREMENT DE LA RÉGION LOMBAIRE. Placez-vous en position accroupie. Assurez-vous que le bas de votre corps est courbé, votre cou et votre dos détendus. Laissez tomber votre tête en avant jusqu'à ce qu'elle repose presque sur votre poitrine. Normalement vos talons reposeront sur le sol ce qui étirera également vos tendons d'Achille. Mais si vous êtes aussi raide que moi, ils se soulèveront ; durant une autre séance, tenez-vous à un poteau ou à la poignée d'une porte, et étirez-vous, les talons posés sur le sol.

Étirement de la région lombaire

EXERCICES DE MUSCULATION

Lorsque l'on court, les muscles de la partie postérieure de la jambe se développent, alors que ceux de la partie antérieure de la jambe se contentent de suivre la promenade. La course à pied, excepté les sprints intenses, ne développe pas beaucoup ces muscles antérieurs et il se produit un déséquilibre musculaire entre l'avant et l'arrière.

Les muscles antérieurs aident à équilibrer les muscles postérieurs. Lorsqu'ils sont faibles, ils sont dominés par les forces de l'arrière, ce qui amène des problèmes dans les genoux, les tibias et la région lombaire. L'étirement permet de réduire la tension des muscles postérieurs, mais il est néanmoins nécessaire de suivre un programme régulier de musculation pour les groupes de muscles antérieurs afin qu'ils gardent leur tonicité et pour maintenir un rapport d'équilibre.

Je crois qu'il faut procéder à des exercices d'étirement et de musculation réguliers pour produire un corps de coureur qui soit en accord et en communication avec lui-même. La musculation comme l'étirement ne demande pas beaucoup de temps ; il faut seulement en faire régulièrement. Voici quatre des meilleurs *exercices de musculation* pour les coureurs. Nous vous donnons ensuite *trois exercices* que l'on prescrit souvent aux coureurs mais *qui peuvent être dangereux.*

QUATRE EXERCICES DE MUSCULATION POUR LES COUREURS. Pour faire ces exercices de musculation, il n'est pas nécessaire d'adhérer à un club de gym ou d'en organiser un chez vous. Vous pouvez faire ces exercices entièrement sans poids et haltères et cela ne vous prendra que 5 minutes. Comme pour l'étirement, il faudra faire ces exercices 2-3 fois par semaine pour obtenir de bons résultats.

Développement du quadriceps : élévation de la jambe en extension

Des problèmes de genou peuvent apparaître lorsque les quadriceps (partie antérieure de la cuisse) ne sont pas assez solides. Un quadriceps solide supporte le poids du corps et son rôle est d'amortir les chocs du terrain. Il maintient également la rotule en place en resserrant les connexions.

Asseyez-vous sur une table, un banc ou une chaise. Soulevez une jambe à la fois, genou bloqué et jambe droite. Commencez par lever 5-10 fois chaque jambe et augmentez chaque semaine de 2 ou 3 fois jusqu'à ce que vous soyez capable de soulever 40-50 fois chaque jambe. A ce stade, vous pouvez si vous le voulez, ajouter un peu de poids. Pensez à ne pas plier le genou.

Développement des muscles du tibia : élévation du pied

Les problèmes de tibias ou « déchirures du mollet » se produisent lorsque l'on augmente trop brusquement le kilométrage, lorsque l'on court sur une surface dure ou sur un terrain en pente ou lorsque l'on porte des chaussures neuves (voir p. 188 et p. 189 la description détaillée des problèmes de tibias). Si vous n'avez jamais souffert de problèmes de tibias, vous avez de la chance. Si cela vous est arrivé, voici un exercice qui consolidera l'attache du muscle tibial antérieur à la jambe.

Élévation de la jambe en extension, position basse

Élévation de la jambe en extension, position haute

Élévation tout d'une venue

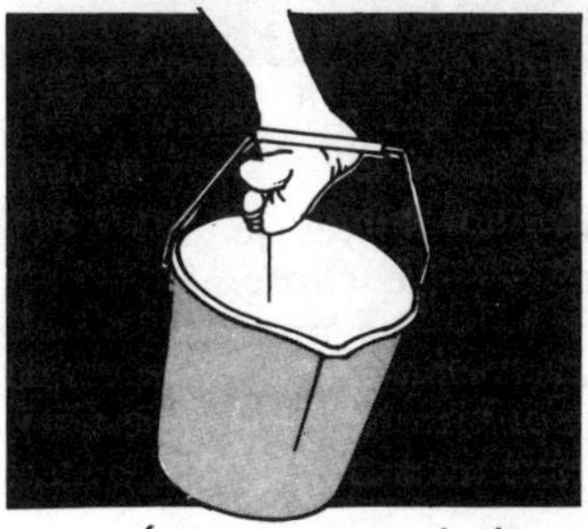

Élévation vers le haut et vers l'intérieur

Asseyez-vous sur une table ou sur un tabouret et accrochez un seau, un vieux sac ou des poids enveloppés dans un torchon à votre pied. Commencez par 500 grammes. Soulevez 5-10 fois le pied en deux mouvements ; il s'agit d'un mouvement de cheville :

- Tout d'une venue.
- Vers le haut et vers l'intérieur.
- Rappelez-vous que *seul le pied doit bouger*. N'essayez pas de soulever toute la jambe comme s'il s'agissait d'une « élévation de la jambe en extension ».

Essayez d'atteindre progressivement un nombre de 30-50 élévations ou d'augmenter le poids de 500 g jusqu'à 1,5-2 kgs. Si vous êtes un de ces rares coureurs qui retombent sur la partie externe du pied (course en supination) vous pouvez consolider les petits muscles de la partie externe du pied en faisant rouler le pied vers le haut et vers l'extérieur. Cela vous aidera à prévenir les entorses et les foulures des chevilles.

Développement des muscles abdominaux ; exécution d'abdominaux genoux pliés

Les problèmes lombaires peuvent souvent être évités si l'on possède de solides muscles abdominaux qui contrôleront l'effort de traction d'un dos solide et diminueront la pression exercée sur la colonne vertébrale et les nombreux nerfs qui se trouvent à cet endroit.

Allongez-vous sur le dos, les genoux pliés. En gardant les pieds au sol, amenez lentement les épaules à un angle de 30° (10-12''), puis reposez-les sur le sol. Il est inutile d'aller au-delà de 30°, car cela ne développe pas mieux les muscles et cela risque de déclencher des problèmes de dos. Ne vous levez pas brusquement car cela ne fait pas travailler les muscles abdominaux ; allez-y lentement. Croisez vos bras sur votre poitrine afin de ne pas les utiliser pour vous propulser.

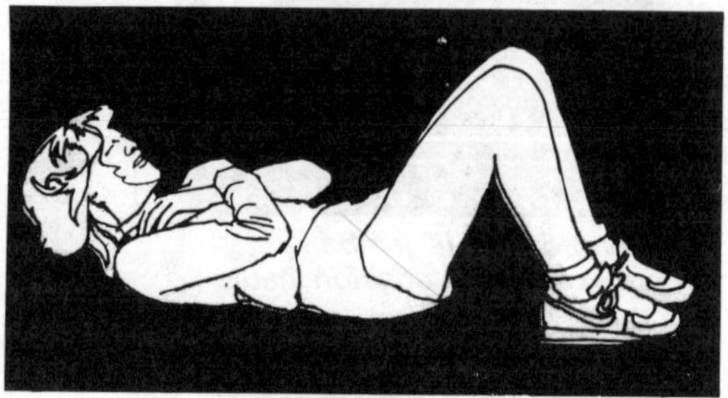

Allongez-vous sur le dos, genoux pliés

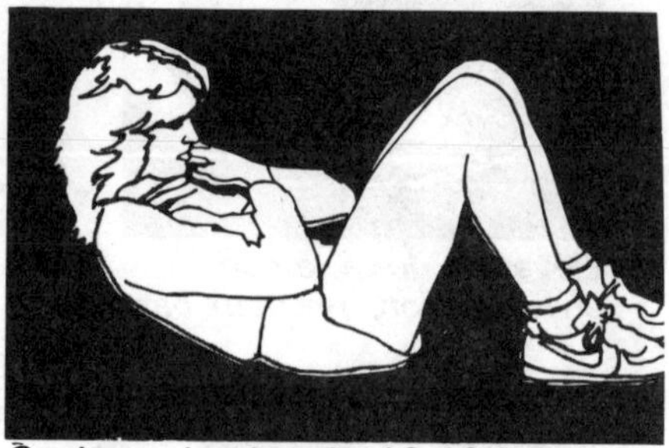

Soulevez la tête de 10-12''

Pendant des années je n'ai pu exécuter cet exercice sans bloquer mes pieds sous quelque chose. Sur l'insistance de Barbara, j'essayai plusieurs fois de le faire sans une telle aide et au début je ne pus décoller du sol. Mais l'effet isométrique de l'effort se révéla payant, car au bout d'un mois environ, je parvins pour la première fois à me redresser — sans aucune aide. Je suis maintenant capable de faire 30 abdominaux ou davantage.

Force du pied : la flexion/extension des orteils

Une douleur dans le pied, le matin (qui disparaît au fur et à mesure que vous vous échauffez) peut être due à une faiblesse des muscles du pied. La course à pied ne consolide pas ces muscles. *La fasciite plantaire* est un problème plus sérieux qui survient lorsque le martèlement et le poids de votre corps provoquent une fatigue des solides ligaments qui vont du talon jusqu'à l'extrémité antérieure de la plante du pied. La flexion/extension des orteils consolide les muscles qui supportent ce ligament, ce qui aide le pied à mieux pousser et mieux supporter le poids du corps. Cela semble également étirer le tendon plantaire et équilibrer l'effet de traction des muscles qui tirent les tendons au-dessus du pied.

Tendez les orteils puis contractez très fortement les muscles pendant 7-10 secondes. Détendez-vous. Faites cela 5-10 fois par jour, dans la journée. Ne soyez pas surpris si les muscles se crispent au premier essai ; cela signifie seulement que vos muscles sont faibles et qu'ils ont besoin de travailler.

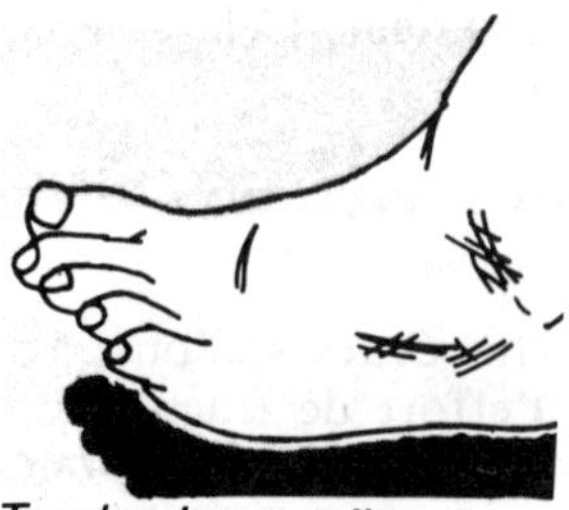

Tendez les orteils

Contractez-les

ATTENTION ! CES EXERCICES PEUVENT ÊTRE DANGEREUX

L'ÉTIREMENT AVEC UNE CHAISE. Cet étirement très en vogue met trop de pression sur les muscles de la loge postérieure de la jambe et de la cuisse et provoque de nombreuses élongations musculaires. L'étirement de ces muscles réalisé avec l'aide d'une serviette fait très bien l'affaire, et il est beaucoup moins risqué.

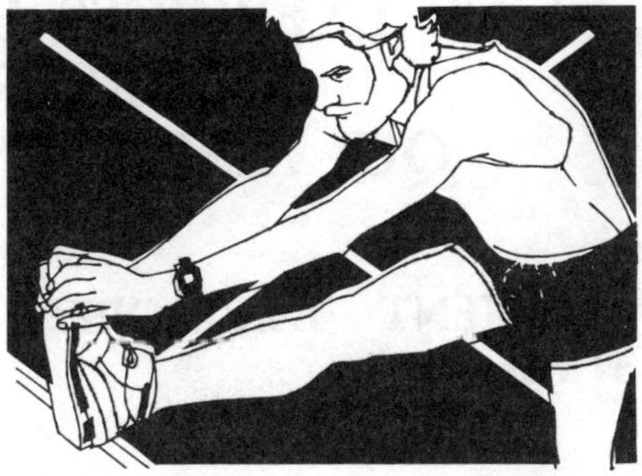

LA CHARRUE. Lorsque vous amenez vos pieds et vos jambes au-dessus de votre corps, la gravité peut vous entraîner trop loin ce qui exercera une pression trop importante sur votre cou et sur votre colonne vertébrale. Il est possible que vous fassiez cela pendant des années sans problème, mais cela est risqué. L'étirement de la région lombaire étire le dos en douceur mais ne comporte aucun risque.

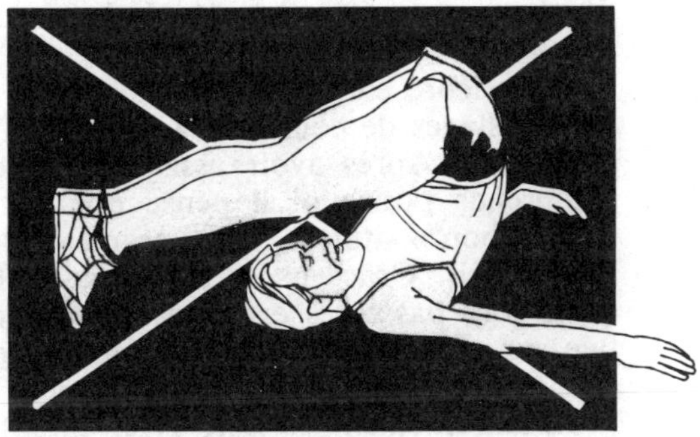

L'EXTENSION DU GENOU PLIÉ. Elle est en général exécutée sur un banc d'haltérophilie ; vous soulevez votre jambe à partir d'une position à 90°, jusqu'à ce qu'elle soit tendue, des poids y étant attachés. Cela a pour effet de consolider les quadriceps, comme l'élévation de la jambe en extension, mais cela peut aggraver un problème de genou. Le risque n'en vaut pas la peine. L'élévation de la jambe en extension consolide les mêmes muscles mais ne vous fait courir aucun risque.

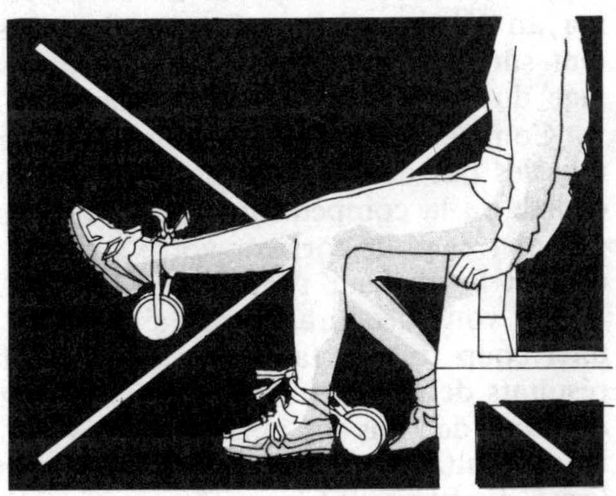

15. EXERCICES ET RÉPÉTITIONS D'EXERCICES QUI AMÉLIORENT LE STYLE

COMMENT DÉVELOPPER ET AMÉLIORER SON STYLE ?

Les exercices de course à pied ont été utilisés par des générations de grands entraîneurs de par le monde. En 1977, Arthur Lydiard me montra une série particulière d'exercices qui m'a permis d'améliorer ma façon de courir. Arthur avait découvert ces exercices en Europe, et il les expérimenta d'abord sur lui-même puis sur les jeunes athlètes olympiques. Il pense qu'ils développent les muscles clés de la course et améliorent le rythme. Je suis de son avis.

Le célèbre entraîneur néo-zélandais m'a montré ces exercices lors de l'un de nos stages de course à la montagne, dans notre camp de Lake Tahoe en Californie. Après avoir assisté à la performance des athlètes d'Arthur, je comprends pourquoi il pense que ce sont ces exercices qui peuvent faire d'un « bon » athlète, un « grand » athlète trois fois médaillé d'or comme Peter Snell. Grâce à ces stages de Tahoe, j'ai appris les principes sur lesquels sont basés ces exercices. Ils ont eu non seulement une influence capitale sur mon style et sur ma façon d'envisager la course mais ils ont aussi été les outils qui n'ont permis d'aider des coureurs de toutes capacités.

L'entraînement en côte (voir p. 52) prépare les principaux muscles propulseurs au travail de vitesse et aux quatre exercices expliqués dans ce chapitre. Ces exercices développent en particulier les muscles de la jambe, les quadriceps et les fléchisseurs de la hanche, et améliorent les réflexes de la course. Au fur et à mesure que vos jambes deviennent plus solides, elles supportent mieux le poids du corps et permettent aux chevilles de développer au maximum la puissance des muscles de la jambe. Ces exercices portent sur la séquence complète du mouvement de la course, depuis le décollage du pied jusqu'au déplacement de la jambe.

Comme pour tout entraînement, ces exercices surdéveloppent certains muscles qui deviendront assez solides pour vous supporter pendant toute la course ou la compétition. Il est bon d'avoir quelqu'un pour vous aider à les exécuter et pour corriger votre style, si nécessaire. Les stages d'entraînement offrent le meilleur type d'encadrement.

Ne vous découragez pas si vous ne réussissez pas à les exécuter du premier coup. Il m'a fallu une année de dur travail pour commencer à voir les résultats de ces exercices répétés. Il faut un certain temps avant que la coordination de tous les nerfs, muscles etc. concernés s'effectue. Pour de meilleurs résultats, ces exercices devraient être exécutés avec modération et régularité. Ils habituent les différentes parties du corps à travailler ensemble et à produire les résultats souhaités.

LES RÈGLES A OBSERVER AVANT DE SE LIVRER A DES EXERCICES POUR AMÉLIORER SA FAÇON DE COURIR

1. Avant de commencer, échauffez-vous en trottant pendant au moins 1 mile, puis détendez-vous en courant au moins 1 mile à allure très modérée.
2. N'essayez aucun changement radical. Attendez que les exercices vous donnent la force de changer progressivement.
3. Ne vous précipitez pas ! Allez-y doucement. Au début, faites seulement 2-3 exercices de chaque.
4. Habituez-vous progressivement à faire chaque exercice pendant 50-100 mètres, 2-3 fois par semaine.
5. Il ne s'agit pas d'exercices pénibles. Si vous avez des difficultés à les exécuter ou s'ils vous épuisent, cela signifie soit que vous ne les faites pas correctement, soit que vous n'êtes pas prêt à les faire, ou alors que vous en faites trop.
6. Pour obtenir de meilleurs résultats, faites ces exercices 2 fois par semaine. Après un bon échauffement, vous pouvez les associer à vos accélération de style et vous en servir pour vous échauffer avant l'entraînement en côte, le travail de vitesse ou les courses. Ils peuvent également être exécutés tout seuls et placés au milieu d'un parcours facile.

ÉLÉVATIONS RAPIDES DU GENOU : LA MARCHE SUR LA GLACE

But de l'exercice : fortifie les muscles de la jambe, les fléchisseurs de la hanche, les muscles fessiers, aide à améliorer le rythme de course.

- En courant à petites foulées rapides, soulevez les genoux jusqu'à hauteur de la taille.
- Restez bien en avant sur vos pieds.
- Avancez rapidement et avec légèreté comme si vous marchiez sur de la glace.
- Évitez les longues foulées et n'exécutez pas cet exercice trop rapidement. Il a pour but de vous apprendre à bien soulever les genoux et à acquérir des réflexes rapides.

LANCEMENTS DE JAMBE EN AVANT : LA MAJORETTE

But de l'exercice : développe l'action de la cheville et un bon mouvement de jambe.

- Commencez par pratiquer cet exercice en marchant.
- Soulevez le genou à hauteur de la taille en amenant le pied sous les fesses — en les touchant presque.
- Lancez le premier pied en avant.
- En même temps que vous projetez la première jambe en avant, poussez sur l'autre pied en vous propulsant avec la cheville.
- Lorsque le pied projeté atteint environ 45°, posez le directement sous votre corps.
- Travaillez rapidement la séquence entière depuis le moment de la prise d'appui jusqu'à celui de la projection.

Le saut avec projection du pied. C'est Lydiard qui a apporté cette innovation à l'exercice précédent, il s'agit de se détendre comme un ressort en appuyant sur la cheville puis de sauter pour atterrir sur le même pied. Faites la même chose avec l'autre pied, puis continuez à avancer en sautillant et en projetant le pied.

But de l'exercice : fortifie les muscles de la hanche, des jambes et des pieds et place le corps dans une position qui permet à la cheville de travailler correctement.

- Choisissez une pente pas trop raide (10 %).
- Élancez-vous en bondissant en l'air et en soulevant le premier genou.
- Restez en l'air jusqu'à la dernière seconde.
- Abaissez très rapidement la première jambe pour atterrir et détendez vous, la jambe *presque* droite. C'est ce qui fait travailler la cheville.
- La jambe d'appui ne doit jamais être parfaitement droite. Gardez le genou légèrement plié pour éviter d'abîmer les muscles fragiles et longs à guérir qui se trouvent à l'arrière du genou.
- Conservez une foulée courte, mais travaillez la mobilité et le maintien du style.

• Commencez par quelques « rebonds » ; augmentez progressivement le nombre pour arriver à rebondir pendant 50-100 mètres.

• Ne vous occupez pas de la hauteur atteinte par vos genoux.

LES REBONDS

But de l'exercice : il développe la force des quadriceps et la force motrice. Cet exercice est similaire à l'exercice des rebonds en côte, excepté les points suivants :

• Soulevez les genoux plus haut.

• Faites des foulées plus longues.

• Éxécutez l'exercice sur un terrain plat ou légèrement incliné.

• Suivez les explications données pour les rebonds en côte (excepté en ce qui concerne la longueur de la foulée).

• Chaque pas vous permet de vous déplacer avec davantage de puissance, d'acquérir une foulée plus longue et de développer les muscles de vos mollets.

COURIR EN SE GRANDISSANT. Cet exercice est un résumé de tous les exercices précédents. Organisez tous les éléments de ces exercices en une séquence de course, genou levé bien haut, corps bien droit, prise d'appui solide, rapide suivi de chaque jambe, le pied bien calé sous les fesses et la poitrine tendue vers l'avant et vers le haut. Ne dépassez pas votre allure au 10 km. Contrôlez bien la situation et laissez tous les éléments s'enchaîner harmonieusement.

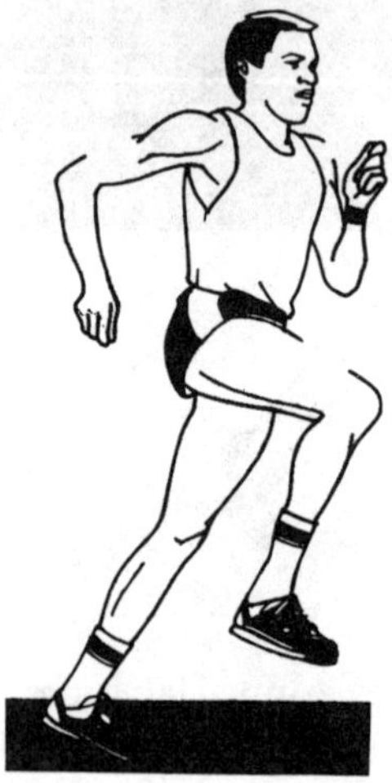

16. LA VOLONTÉ

COMMENT COURIR PLUS VITE SANS ENTRAÎNEMENT ?

Il y a de grandes chances pour que vous soyez capable de courir plus vite, plus longtemps et *mieux* que vous ne le faites actuellement. Au bout de vos doigts se trouve une source inexploitée de force et de puissance qui — si vous y faites appel — peut non seulement vous aider à courir plus vite mais aussi à prendre plus de plaisir à courir.

LÂCHEZ « LE MONSTRE ». Dick Gregory, l'amuseur qui est également un marathonien de grand fond amateur parle de l'immense réservoir de force que nous possédons tous. Il appelle cela « le monstre ». A l'époque où il participait à des courses sur piste pour son lycée et son université, Dick explique qu'il faisait appel au monstre pour qu'il l'aide à lutter contre l'insécurité et l'incertitude. Il attendait jusqu'à ce qu'il en ait absolument besoin, puis il l'appelait pour qu'il l'aide à courir mieux et plus vite.

J'ai vu un certain nombre de monstres au travail. Lors des essais pour la sélection américaine pour les Jeux Olympiques de 1972, Dave Wottle, un coureur de demi-fond avait battu la meilleure cuvée de spécialistes américains du 800 m, parmi lesquels se trouvait un garçon originaire du Kansas nommé Jim Ryun. Mais, alors que nous devions nous rendre en Norvège pour nous préparer aux Jeux, Dave se mit à se plaindre d'un problème de genou qui ne voulait pas guérir. Après plusieurs séances de vitesse plutôt décevantes qui durent vite être interrompues, Dave prit 2-3 semaines de repos pour essayer de se rétablir.

Un jour, alors que mon compagnon de chambre Doug Brown et moi-même étions sur le point d'effectuer un parcours facile dans la forêt, nous vîmes Wottle, plein d'optimisme et prêt à reprendre un dur entraînement, partir pour effectuer sa première course après son arrêt. Lorsque nous eûmes terminé notre courte course, nous rencontrâmes Dave en larmes qui se traînait en boitant. Le repos n'avait eu aucun effet sur son genou. Il était persuadé que sa carrière était finie, au moment même ou il avait atteint son point culminant.

Cependant, après encore quelques jours de repos et de déprime, nous commençâmes à rencontrer un nouveau Wottle à table et sur les pistes. Capable de plaisanter au sujet de ses ennuis, il courait lorsqu'il le pouvait et improvisait des séances d'entraînement pour au moins s'entraîner *un peu* sans aggraver l'état de son genou. Lorsque nous arrivâmes à Munich pour les premiers essais, Wottle — bien qu'affaibli par son repos prolongé — était capable de courir suffisamment longtemps pour prendre part à la course dans laquelle il était inscrit.

Lors du premier tour de qualification, il lutta pour rester en queue du peloton. Alors qu'il sortait du dernier tour en dernière position, nous nous préparâmes à nous précipiter et à le féliciter pour le courage dont il avait fait preuve en restant à la hauteur d'athlètes qui étaient alors en bien meilleure condition physique. Mais il parvint à se faufiler à travers la masse des corps et termina troisième, se qualifiant pour le tour suivant. Il courut de la même manière pendant encore deux tours de qualification, luttant pour ne pas se laisser distancer, puis forçant son chemin jusqu'à la dernière position lui permettant de se qualifier. Nous étions stupéfaits : Wottle venait de se qualifier pour la finale du 800 mètres.

Par un après-midi clair et ensoleillé sur le stade de Munich, les meilleurs coureurs mondiaux du 800 m se placèrent sur la ligne de départ. Au coup de pistolet, ils se mirent à sprinter pour bien se placer et prendre un avantage stratégique et Wottle dut faire un grand effort pour rester à la hauteur des coureurs les plus lents. Lorsque les coureurs abordèrent le dernier tour, nous vîmes que Dave se trouvait enfermé à l'arrière du peloton. Bien que nos propres commentateurs sportifs aient alors décrit son effort comme constituant une stratégie malheureuse qui allait l'empêcher d'obtenir une médaille, nous savions qu'il avait de la chance de se trouver aussi près de l'avant-dernier coureur.

Et puis il se passa quelque chose. Au moment le plus dur de la course, alors que tous les coureurs essayaient de tirer chaque gramme de puissance de leurs muscles, Dave trouva en lui-même une source cachée d'énergie. Son corps avait atteint ses limites, mais son esprit le tirait en avant. Il se faufila entre deux coureurs, se rangea rapidement dans le couloir extérieur, puis à la corde et se lança en avant dans l'espoir de quitter la dernière position. Juste à ce moment-là, les autres coureurs étaient en train de ralentir, étant partis trop vite. Dave s'aperçut qu'il était en train de dépasser tous les coureurs puis réalisa qu'il venait finalement de se jeter sur le ruban — il avait gagné la médaille d'or !

Le cas de Dave Wottle est un cas extrême, mais le fait est que nous sommes tous capables de mieux courir tout de suite — la puissance est là, attendant qu'on y fasse appel. Le monstre sommeille en nous. Dave rentra en lui-même et rassembla toutes ses ressources cachées. De la même manière, chacun d'entre nous possède un réservoir de force cachée dans lequel il peut puiser lorsque cela est nécessaire.

LE CORPS ET L'ESPRIT. Notre esprit peut avoir une grande influence sur notre corps pour l'amener au-delà de ses limites. Malheureusement, la plupart d'entre nous expérimentons en général cela d'une façon négative. Lorsque notre esprit s'écarte d'une ligne de conduite projetée, nous nous laissons distraire par des activités non productives ou destructives. Lorsqu'il s'agit de course à pied, un tel négativisme risque de nous faire croire que nous ne sommes pas capables d'atteindre nos objectifs.

Lorsque vous réussirez à faire travailler votre corps et votre esprit ensemble, vous vous apercevrez que vous êtes un meilleur coureur qu'un coureur plus solide mais ne possédant pas cette intégration du corps et de l'esprit. De la même manière qu'une équipe qui effectue un bon travail d'équipe peut vaincre une équipe composée d'individus exceptionnels mais pas synchronisés, vous serez capable d'accomplir une performance supérieure à celle d'autres coureurs peut-être plus « capables » sur certains points, mais incapables d'intégrer ces capacités dans un ensemble cohérent. L'esprit est le capitaine du bateau et doit rester en communication permanente avec tous les composants du corps afin qu'ils travaillent harmonieusement ensemble et vous permettent de continuer à avancer sans problèmes.

COMMENT RÉSOUDRE LES PROBLÈMES ? Les problèmes qui m'ont causé le plus d'ennuis sont ceux auxquels je ne me suis pas systématiquement attaqué. Mon pire ennemi n'était pas le problème lui-même mais la confusion qu'il engendrait. Avant le Marathon de Boston de 1973, je me trouvais dans la meilleure condition physique de ma vie. Je me sentais si bien et je réagissais si bien à l'entraînement que j'avais l'impression d'être invincible. Je n'éprouvais pas le besoin de planifier mon entraînement et je courais chaque jour selon mon humeur.

Deux séances de vitesse successives et une difficile course en côte ne semblaient pas m'avoir fatigué et soudain je réalisai qu'il ne me restait plus que huit jours avant le Marathon de Boston. Ma course de 15 miles dominicale allait donc être effectuée à allure modérée, mais je me sentais en pleine forme. Sans réfléchir, je courus cette course comme une compétition et je m'aperçus en rentrant chez moi que je venais de réaliser mon meilleur temps sur cette distance. J'étais heureux et tout excité alors que j'aurais dû être préoccupé par un tel manque de prudence si peu de temps avant une compétition. La semaine suivante il me sembla que mes jambes étaient de plomb. J'effectuai une bonne performance à Boston (cinquième) mais pas aussi bonne que celle que j'aurais pu réaliser en planifiant mon programme.

Si nous ne nous concentrons pas sur nos problèmes, ils nous embrouilleront et nous préoccuperont et souvent s'aggraveront. Une fois que j'ai eu compris cela, j'ai mis au point une façon d'aborder les problèmes et de les résoudre. Qu'il s'agisse de me retenir lorsque je me sens en grande forme ou de me forcer davantage lorsque je n'en ai pas envie, j'essaie en général de procéder en trois étapes :

- Définir le problème.
- Analyser mes points forts et décider si j'ai besoin d'une aide extérieure.
- Attaquer le problème.

DÉFINISSEZ LE PROBLÈME. Trouvez ce qui vous tracasse. Inconfort, ennui, baisse d'énergie, fatigue, doute. Parfois vous vous sentirez simplement inquiet et après être remonté à la source du problème, vous vous sentirez beaucoup mieux. Il est plus facile de travailler sur un point particulier que sur une sensation générale d'inquiétude. En prenant conscience de ce qui est à l'origine de ces sentiments négatifs, vous pouvez les combattre. Si j'avais vraiment analysé mon entraînement avant le Marathon de Boston de 1973, j'aurais réalisé qu'il y avait une raison à ma fatigue persistante et à l'anxiété qu'elle provoquait avant la course. Une telle compréhension m'aurait permis d'aborder la compétition calme et détendu. Au lieu de cela, je passai ensuite des semaines à m'inquiéter au sujet de mon corps qui m'avait trahi le jour de la compétition, alors que je m'étais senti en si grande forme pendant l'entraînement.

ANALYSEZ VOS POINTS FORTS ET DEMANDEZ DE L'AIDE LORSQUE VOUS EN AVEZ BESOIN. Une fois que vous avez clairement entrevu le problème, vous pouvez en général trouver les moyens de le résoudre. Vous apprendrez à faire appel à des forces dont vous ignoriez jusqu'alors l'existence. Toutefois, nous avons tous parfois besoin d'aide et il ne faut pas hésiter à demander conseil et appui à une personne que vous respectez et en laquelle vous avez confiance.

ATTAQUEZ LE PROBLÈME. Le simple fait d'avoir un plan vous met en confiance. En prenant en considération vos propres points forts et l'aide extérieure sur laquelle vous pouvez compter, vous mettrez au point une méthode d'attaque directe et vous travaillerez à surmonter le problème le plus tôt possible. En mettant sur pied un système de solution des problèmes, vous vous montrez que vous êtes capable de faire face et que vous possédez les ressources nécessaires pour surmonter les revers de fortune.

L'AVANTAGE QUE DONNE UNE PENSÉE POSITIVE. De la même façon que votre esprit peut vous détourner de votre but ou vous retenir en arrière, il peut aussi vous pousser en avant. Si vos pensées sont négatives, vous vous sentirez encore plus mal en point, vous ralentirez et vous serez mécontent de la course. Mais si vous êtes capable d'« accentuer le positif » vous maintiendrez votre allure ou vous accélèrerez et vous vous sentirez mieux. Voici quelques-unes des méthodes que j'ai mises au point au cours de mes nombreuses années de course qui me permettent de me débarrasser de mes pensées négatives — pendant une course ou à n'importe quel moment où il m'arrive de ne pas avoir envie de poursuivre.

Feindre de ne rien voir. Lorsque vous ne vous sentez pas bien, essayez de laisser les pensées négatives défiler. Lorsqu'elles auront passé leur chemin, vous serez sur une voie positive.

Se distraire. Dans la deuxième partie d'une course difficile, vous ne vous sentez pas bien. Vous êtes fatigué, vous avez chaud, vous voulez vous arrêter, vous avez mal aux jambes. Il est même possible que vous pensiez que la course ne vous intéresse plus. Ce genre de chose arrive à tout le monde, même à ceux qui sont en tête. Cela ne devrait pas devenir un véritable problème sauf si vous vous appesantissez dessus. Par exemple, je me suis aperçu que lorsque je suis fatigué, j'oublie mon état en me concentrant sur les choses qui m'entourent. Presque n'importe quoi peut faire l'affaire : une automobile qui passe, une maison, une ligne blanche sur la route. Concentrez vous sur les détails. Ou concentrez-vous sur un objet qui amène à un autre objet : une série de poteaux télégraphiques, le coureur suivant, les bornes kilométriques — une série de distractions.

Se projeter. Concentrez-vous sur un objectif réaliste, puis projetez-vous dans celui-ci. Se projeter c'est faire semblant, avec beaucoup de force, une force si importante que les choses finissent en fait par arriver. Vous prétendez avoir déjà atteint cet objectif et être capable de le refaire. Cela peut vous donner confiance en vous.

Pendant une période de 4-6 mois d'entraînement, vous pouvez vous « faire un lavage de cerveau ». Pendant cette période, vous capturerez mentalement votre objectif qui se mettra à faire partie de vous-même. Une fois l'entraînement terminé, vous laisserez votre corps faire simplement ce pour lequel il a été entraîné et vous réaliserez le temps ou la distance projetés.

Vous pouvez également combattre vos pensées négatives en vous projetant dans la course elle-même. Imaginez-vous abordant la ligne d'arrivée, contrôlant parfaitement la situation : vous pouvez voir le temps que vous venez de réaliser sur le chronomètre. Cela vous aidera à maintenir le rythme et l'allure dont vous avez besoin pour arriver jusque-là.

Se détendre. Lorsque vous êtes détendu, vous conservez votre énergie et vous avez une meilleure chance de réaliser votre objectif. Étant donné que la tension est en général due à la peur de ne pas contrôler la situation, le meilleur moyen de se détendre est de se dire que l'on contrôle parfaitement la situation. Lorsque je suis nerveux ou fatigué, j'aime me répéter ces trois mots : glissement, détente, puissance. Cela m'aide à remettre mes pensées sur le bon chemin. Plus je répète ces mots, plus je me persuade que je suis en train de démontrer ce qu'ils signifient.

VOUS ÊTES LE CAPITAINE DU NAVIRE. Si vous avez une attitude réaliste, positive et détendue, vous tirerez le maximum de votre corps. Lorsque des problèmes surgissent durant une course — chaleur, côtes, blessures — vous pouvez les juger à leur juste valeur, si votre esprit est libre de pensées négatives.

Mettez au point une méthode qui marche pour vous. Vous pourrez puiser dans ce réservoir d'énergie mentale une force et une sécurité inattendues. Lorsque votre méthode commencera à fonctionner, vous gagnerez encore plus de force et la prochaine fois que vous en aurez besoin vous serez capable de mieux contrôler la situation.

17. LES FEMMES ET LA COURSE A PIED

Par Barbara Galloway

Ma femme Barbara pratique sérieusement la course à pied depuis des années. En fait, nous nous sommes connus lors d'une rencontre d'athlétisme en Floride, lorsqu'elle faisait partie de l'équipe féminine d'athlétisme de Floride. Elle possède une maîtrise d'éducation physique et organise des stages de course à pied (pour les femmes et pour les hommes) dans différentes parties du pays. On lui pose fréquemment des questions concernant l'entraînement spécifique des femmes et plus particulièrement la pratique de la course à pied pendant la grossesse. Cela l'a amenée à faire des recherches et à beaucoup réfléchir à la question. Toutes les informations contenues dans ce livre s'appliquent aux coureurs des deux sexes, mais dans ce chapitre Barbara rapporte ce qu'elle a appris sur l'influence de la course à pied sur l'appareil reproducteur de la femme ainsi que son expérience personnelle de la pratique de la course « avec un passager ».

J.G.

Embarrassée ! C'est ainsi que je me sentis la première fois que je donnai une conférence sur les femmes et la pratique de la course à pied. Au lycée et à l'université, tous mes cours sur l'entraînement et la physiologie m'avaient enseigné que les femmes réagissaient de la même manière que les hommes à l'entraînement. Il était difficile de rassembler suffisamment d'informations concernant « seulement les femmes » pour remplir une demi-heure de conférence.

Une grossesse (et un petit garçon) m'ont appris qu'il existe vraiment quelques différences. Bien qu'au fin fond des cellules musculaires et à travers l'appareil cardio-vasculaire, il n'existe aucune discrimination sexuelle, notre appareil reproducteur nous oblige à affronter certains problèmes dont les hommes n'ont pas à se soucier.

DIFFÉRENCES STRUCTURELLES CHEZ LES FEMMES. Les physiologues ont découvert qu'un homme et une femme dotés de capacités identiques, ayant le même passé sportif et suivant le même programme d'entraînement auront une capacité d'oxygénation, un développement du système sanguin et des cellules musculaires identiques grâce à l'entraînement. Alors pourquoi l'homme court-il plus vite ?

Il est certain que les hanches des hommes ne possèdent pas la souplesse et la largeur nécessaires au développement d'un enfant. Leur bassin et leurs hanches sont mieux conçus pour la vitesse et la puissance. Les hommes peuvent courir plus vite que les femmes en fournissant un effort identique. Bien que les femmes puissent développer la taille et la puissance de leurs muscles, la capacité inhérente à ce type de développement est plus importante chez les hommes.

Néanmoins, en ce qui concerne les courses de fond, la balance commence à pencher en faveur des femmes. Par exemple à partir de 80 kms, la vitesse et le muscle ne constituent plus un avantage et peuvent devenir un handicap. La performance en marathon et en grand-fond est largement basée sur la capacité du corps à brûler les graisses. Les femmes possèdent non seulement une quantité supplémentaire de cette marchandise en général peu prisée, mais peuvent également la métaboliser plus facilement que les hommes. Bien entendu je ne recommande pas ces épreuves ultra-longues (supérieures à 40 kms) car elles risquent de léser le muscle pour très très longtemps. Les pionnières qui s'y essaient réussissent peut-être bien dans ces épreuves mais elles courent le risque de blessures à long terme.

LES DÉBUTS. La plupart des femmes se lancent dans un programme de course à pied sans posséder un solide passé de pratique sportive. Des générations de mères et de pères supposaient que les petites filles risquaient de fondre en transpirant. Les garçons manqués étaient avertis qu'elles ne trouveraient jamais un mari si elles ne s'arrêtaient pas de courir et de jouer avec tant d'ardeur. Les garçons du même âge grimpaient aux arbres, couraient à toute allure, s'accrochaient à des cordes, lançaient et poursuivaient des ballons — avec l'entière approbation de leurs parents.

Non seulement les muscles des femmes risquent d'être faibles, mais les tendons, les ligaments et les os qui y sont reliés ne sont peut-être pas préparés à un exercice violent. Il s'agit là des maillons les plus fragiles de la chaîne de la forme. La plupart des femmes doivent commencer plus lentement que les hommes et être plus prudentes lorsqu'elles élargissent la base de leur programme. Les suggestions contenues dans le chapitre 3 « Le démarrage » s'appliquent aussi bien aux hommes qu'aux femmes, ainsi qu'aux personnes de toutes capacités. Commencez par la marche à pied puis inscrivez progressivement la course à votre programme.

PERDRE DU POIDS. Courir est l'un des moyens les plus efficaces de perdre de la graisse et de ne plus en reprendre. C'est une meilleure solution que de faire un régime et de plus cela a l'avantage de vous permettre d'édifier une base de santé qui durera pendant tout le reste de votre vie.

Pendant l'enfance, beaucoup de filles ont peu de graisse sur leur corps. Au cours de l'adolescence, l'hormone femelle, l'œstrogène, se met à provoquer de nombreux changements parmi lesquels le dépôt des graisses. En général, les hommes stockent la graisse à l'extérieur de leurs muscles — et cela se voit très vite. Les femmes quant à elles, « marbrent » leur graisse qui se dépose à l'intérieur même du muscle. Ce type d'accumulation graisseuse n'est pas visible au départ, car la graisse s'entremêle aux cellules musculaires dans tout le corps. Mais une fois qu'un muscle a entièrement rempli ses parties de stockage internes, la graisse s'amasse sur les hanches, sur les seins et en fines couches sur le corps.

L'exercice d'endurance stimule jour et nuit le travail des muscles brûleurs de graisse. Comme ces cellules musculaires sont plus lourdes que les cellules adipeuses, il est possible que vous ne perdiez pas de poids et même que vous en preniez un peu. Vous prenez également du poids parce que votre volume sanguin augmente grâce à la pratique de l'exercice. Toutefois, vous perdez en même temps des centimètres, des tailles de vêtements et une graisse malsaine (voir chapitre 22. Courir pour éliminer les graisses).

Mais, si depuis plusieurs mois vous faites davantage d'exercice et si vous avez pris du poids et n'êtes pas passée à une taille de vêtements inférieure, cela signifie que vous avez besoin de surveiller votre consommation de calories. Le pire ennemi c'est la graisse provenant du régime alimentaire, le deuxième sucre.

Ne devenez pas esclave de votre pèse-personne. Le poids perdu lorsque l'on suit un régime et un jeûne est surtout constitué d'eau. Cela peut provoquer une déshydratation et vous rendre malade. L'exercice physique à long terme est le meilleur moyen de contrôler votre poids et amène également des effets bénéfiques durables en ce qui concerne votre santé.

QUATRE DOMAINES DE PRÉOCCUPATION FÉMININE CONCERNANT L'EXERCICE

Que nous voulions ou non avoir des enfants, il est naturel de se sentir préoccupée par les conséquences que peut avoir la course à pied sur notre appareil reproducteur. Celles d'entre nous qui choisissent d'avoir un enfant veulent également protéger le bébé et souhaitent qu'il se développe de façon saine et naturelle dans les meilleures conditions possibles.

Le Docteur Edwin Dale, spécialiste de la physiologie reproductrice féminine à Atlanta, est devenu un expert sur l'influence de l'exercice sur le cycle menstruel et sur la grossesse des femmes. Lors de la grande vogue de la course à pied à la fin des années 70, un grand nombre de femmes posèrent à leurs médecins des questions auxquelles ils furent incapables de répondre. Lorsque les médecins consultèrent le Dr Dale, celui-ci s'aperçut qu'aucune étude n'avait encore été réalisée dans ce domaine.

Finalement, Dale effectua ses propres recherches, travaillant avec des centaines de femmes et comparant ses notes avec celles d'autres spécialistes. Selon lui, il y a quatre domaines de préoccupation pour les femmes qui font de l'exercice.

IRRÉGULARITÉS DU CYCLE MENSTRUEL. Bien que l'on se pose encore beaucoup de questions sur les raisons pour lesquelles cela se produit, la course de fond ne semble pas être liée à l'interruption ou à l'arrêt des règles chez certaines femmes. Des études récentes indiquent qu'une partie spécifique du cerveau, l'hypothalamus, contrôle attentivement le taux de graisse et de stress total dans le corps, et que lorsqu'il s'aperçoit que la personne est « trop stressée » il peut couper la production d'œstrogène. Lorsque la proportion de graisse contenue dans le corps féminin tombe en dessous du niveau auquel l'hypothalamus estime que la femme peut supporter une grossesse, la production d'œstrogène s'arrête. On pense qu'il pourrait s'agir d'un mécanisme de protection utilisé par nos ancêtres durant les périodes de famine.

Fort heureusement, il s'agit le plus souvent d'une perte de fertilité passagère (même s'il faut parfois un certain temps avant que les choses ne se rétablissent). Toutefois, n'utilisez pas l'absence de règles comme méthode contraceptive ! Des règles irrégulières ou inexistantes n'assurent pas l'infertilité et de nombreuses femmes coureurs ont eu ainsi la surprise de se retrouver enceintes.

Aux femmes coureurs qui cherchent à régulariser leur activité menstruelle, le Dr Dale conseille les choses suivantes.

• Assurez-vous que vous absorbez chaque jour la proportion correcte de protéines, de céréales, de lipides, de légumes frais, de fruits, de vitamines et de minéraux. Il est important pour tous les coureurs de suivre un régime riche en hydrates de carbone complexes et pauvre en graisse et en protéines. (Une certaine quantité de cholestérol est nécessaire à la production d'œstrogène).

• Réduisez le kilométrage de moitié ou davantage pour réduire le stress et stimuler la production hormonale. Réduire le kilométrage pendant une semaine ne suffira pas ; il faudrait probablement poursuivre à un rythme réduit pendant plusieurs mois. Comme exercice supplémentaire, essayez la natation. Pour une raison quelconque, même les nageuses de niveau international ont tendance à avoir très peu de problèmes de cycle menstruel. Il est possible que cela soit dû à l'absence de stress résultant du travail en apesanteur.

• Si aucune de ces méthodes ne marche, voyez votre médecin. Il ou elle étudiera votre cas, éliminera les possibilités de maladies graves et vous prescrira peut être des hormones sous forme de piqûres. Toutefois, la majorité des femmes préfèrent alléger leur programme de course plutôt que de prendre des hormones, car certains effets secondaires sont souvent dangereux.

Remarque. Au début de l'année 1984, des chercheurs de la Faculté de Médecine de Californie, à San Francisco déclarèrent que les femmes qui font suffisamment d'exercice pour provoquer l'arrêt de leurs règles, risquaient de souffrir d'une perte de tissu osseux semblable à celle que l'on observe chez les femmes âgées. Dix des femmes ayant subi un test, avaient moins de 50 ans, avaient cessé d'avoir leurs règles en raison de la pratique d'exercices rigoureux et possédaient très peu de tissu adipeux et des taux relativement faibles d'œstrogène. Les scientifiques craignaient que la perte de tissu osseux (dans ce cas 22-29 % en dessous de la normale) observée dans ce petit groupe testé, risque de prédisposer les femmes à l'ostéoporose (une affection où les os deviennent facilement cassants) à un âge plus précoce que la normale. Il sera intéressant de prendre connaissance des tests et des recherches futures qui seront effectués dans ce domaine. Une quantité adéquate de calcium devrait être incluse dans le régime pour aider à prévenir cette affection.

L'IMAGE FÉMININE. Un autre domaine de préoccupation pour les femmes, selon le Dr Dale, c'est la façon dont l'exercice peut changer l'image du nouveau coureur. Bien qu'il n'en ait pas toujours été ainsi, on considère à présent que l'exercice fait naturellement partie de la vie d'une femme — souhaitable et nécessaire pour les femmes comme pour les hommes. Les publicités télévisées, les films, les journaux et les magazines dépeignent des femmes athlétiques, pleines de santé, de vigueur, aux objectifs variés. Les couturiers ont tranformé les grossiers vêtements de sport en vêtements séduisants et très féminins. L'image de la sportive a évolué.

SOUTIEN DES SEINS. De nombreuses femmes se demandent si les effets de vibration produits par la course à pied ne risquent pas d'abîmer les seins. Le Dr Dale dit qu'il n'existe aucune preuve établissant que la course à pied provoque la chute des seins ou les abîme de quelque manière que ce soit. Cependant, la plupart des femmes qui suivent un programme régulier de course à pied trouvent beaucoup plus confortable d'avoir recours à une forme de soutien, en particulier pour les longues courses. De nombreux soutien-gorges possèdent de fines bretelles élastiques qui se détendent et ne sont pas conçus pour la course à pied, même s'ils sont efficaces pour un usage quotidien. Les bretelles non élastiques peuvent couper les épaules en même temps qu'elles soutiennent les seins. Il est également préférable d'éviter les soutien-gorges renforcés.

Les fabricants de soutien-gorges pour le sport ont mis au point un modèle qui satisfait de nombreuses femmes. 100 % coton, sans agrafes, il possède de larges bretelles élastiques, croisées dans le dos. Cela assure un solide maintien et élimine les mouvements inconfortables.

LES ORGANES FÉMININS. En dépit de quelques articles non scientifiques mettant en garde contre les risques de chute utérine due à la pratique de la course à pied, il n'existe selon le Dr. Dale aucune preuve médicale pour une telle affection. Bien entendu, une faiblesse structurelle dans la vessie ou dans l'utérus peut être aggravée par la pratique de la course à pied. Certaines femmes perdent de l'urine en courant, en particulier pendant des courses ou des compétitions difficiles et cela signifie qu'il serait nécessaire d'améliorer la solidité du périnée avant de se remettre à courir.

COURIR PENDANT TOUTE LA GROSSESSE.

Parmi tout ce qui a été écrit sur la course à pied, on trouve peu d'informations intéressant en premier lieu les femmes enceintes. C'est pour cette raison que je vais vous parler de mon expérience personnelle ainsi que de ce que j'ai appris en discutant de ce sujet avec différents spécialistes. Pour commencer, il faut connaître trois points importants :

• On sait peu de choses sur les effets de l'exercice physique d'une mère sur le fœtus. Espérons que davantage d'études seront réalisées dans un proche avenir dans ce domaine.

• J'ai couru pendant de nombreuses années avant d'être enceinte. La grossesse n'est pas le moment idéal pour entreprendre un programme de course à pied ; la combinaison du début de la course et de la grossesse impose un effort trop important au dos, aux hanches, aux genoux et aux autres articulations, et aux muscles. Si vous voulez vous mettre à faire de l'exercice, essayez un programme d'aérobic pour femmes enceintes ou la natation. Si vous pratiquez déjà la course à pied, vous pouvez probablement continuer à le faire, en modifiant votre programme au fur et à mesure de la grossesse — suivant votre état général et selon l'avis de votre médecin. La plupart de ce qui suit est destiné aux femmes coureurs expérimentées qui attendent un bébé.

• Une femme, en particulier lorsqu'elle est enceinte, doit s'assurer qu'elle possède un périnée et des muscles abdominaux solides avant de se mettre à faire même du jogging. Vérifiez cela auprès de votre médecin le plus tôt possible. Comme la grossesse impose un effort très important à ces deux catégories de muscles, la majorité des femmes coureurs qui attendent un bébé abandonnent le jogging après le cinquième mois. Là encore, parlez-en avec votre médecin.

UN BÉBÉ — GRÂCE A UNE BLESSURE AU GENOU. Aussi bizarre que cela puisse paraître, nous devons notre petit garçon à une blessure au genou. Après quatre années de mariage, Jeff et moi décidâmes d'avoir un bébé ; deux années séparèrent la décision de la réalité. Étant en bonne santé, nous pensions que la conception serait simple et rapide. Nous fûmes assez stupéfaits d'apprendre que mes dix années de course à pied, mes dix-sept marathons et mes centaines de compétitions pouvaient fort bien être les raisons pour lesquelles nous n'arrivions pas à devenir parents.

Un an environ avant le début de nos « tentatives », des irrégularités dans mon cycle menstruel me fournirent des signes avertisseurs comme quoi mon appareil reproducteur ne fonctionnait pas normalement. Lorsque je portai mon kilométrage hebdomadaire de 37 à 65 kilomètres, mes règles devinrent irrégulières. Lorsque le total hebdomadaire atteignit 80 kilomètres et davantage, elles cessèrent complètement. Pendant un an j'attendis en vain le retour de mes règles — en partie heureuse d'être soulagée de ce fardeau. Les mois passant, je commençai cependant à me demander s'il ne s'agissait pas d'un bouleversement permanent de l'équilibre de la nature pouvant provoquer de futurs problèmes.

Armée d'études réalisées à ce sujet, j'étais persuadée qu'il ne fallait pas s'inquiéter. Il s'agit en effet d'une méthode naturelle de contrôle des naissances (mécanisme malgré tout absolument pas indéréglable). Voulant être rassurée quant à ma fertilité, je réduisis mon kilométrage hebdomadaire. Mes règles revinrent mais de façon très anarchique. Mon cycle variait de 40-50 jours et parfois sautait complètement.

Les médecins que je consultai me dirent que j'avais pu ovulé, même sans avoir mes règles. J'avais participé aux recherches du Dr Dale concernant les femmes coureurs et je savais que courir plus de 50 kilomètres par semaine pouvait réduire la reproduction des hormones reproductrices. Pendant une année, nous essayâmes en vain de concevoir un bébé ; et puis il nous arriva une bénédiction sous la forme d'une blessure au genou.

Je commis l'erreur de courir cinq marathons en six mois, et de plus je courus les trois derniers en approchant de 3 minutes seulement mon meilleur temps. Tout d'abord, la douleur au genou survint de manière sporadique et je pus continuer à courir en ressentant de temps en temps une douleur sourde. Au bout de quelques mois, je me mis à souffrir à chaque pas et je fus obligé de réduire mon kilomètrage à 10 km par semaine. Les médecins me disent aujourd'hui que cette réduction de six semaines permirent à certaines hormones vitales de se reconstituer. En fin de compte, nous mîmes en route un bébé !

COURIR AVEC UN PASSAGER. Lorsque je fus enceinte, je craignis d'avoir à abandonner la course à pied. Cela devait être ma façon de faire face aux changements d'humeur et autres ajustements émotionnels de la grossesse. Mais mes genoux me faisaient toujours souffrir, même en ne faisant que 16 kilomètres par semaine, et je commençai à redouter les mois à venir.

Je finis par arrêter totalement de courir et je m'inscrivis à un cours de danse aérobic pour faire un peu d'exercice et brûler quelques calories. La douleur au genou disparut brusquement et ne revint pas. Indubitablement la guérison avait commencé à cause de la réduction du kilométrage. Mon orthopédiste émit la théorie selon laquelle la brusque diminution de la douleur était due à une hormone de la grossesse. Les femmes enceintes ressentent très fréquemment une sensation de douleur beaucoup moins importante pendant le travail grâce à cette drogue naturelle. J'étais folle de joie et bien décidée à me remettre à courir.

Toute réflexion faite, je décidai d'être plus prudente. Bien que voulant revenir à mon kilométrage habituel, je devais trimballer avec moi un corps qui devenait de plus en plus étrange. Chaque semaine, le gain de poids devenait de plus en plus apparent et mon centre de gravité me jouait des tours à chaque course. De fréquentes modifications internes me faisaient également me poser des questions.

Convaincue que ce n'était *pas* le moment de faire des courses longues ou rapides, j'effectuai tous mes parcours en me maintenant en-dessous du niveau de ceux que j'effectuais pendant la période précédant ma grossesse. Alors que j'avais l'habitude de parcourir 95-100 km par semaine, je me limitais à présent à 72 km. « La date de l'événement » se rapprochant, je me mis à réduire mon kilométrage.

Du 5e au 8e mois, je ne dépassai pas 55 km par semaine. A partir de ce moment-là jusqu'à la naissance je m'arrêtai à 29-32 km par semaine et je marchai pendant une partie du parcours au cours des toutes dernières courses.

MESURES DE PRÉCAUTION. Si vous couriez avant d'être enceinte, il ne sera probablement pas nécessaire de vous arrêter. Si votre médecin comprend l'exercice de type aérobie (et si par chance il l'a lui-même expérimenté) demandez-lui ce qu'il (ou elle) pense de votre cas. Si il (ou elle) vous dit de ne pas courir ou de ne pas faire d'exercice, et si les raisons invoquées ne vous paraissent pas suffisamment valables, discutez-en avec d'autres femmes coureurs enceintes et essayez de trouver un praticien plus familier de l'exercice physique. Il est toujours utile d'obtenir un second ou un troisième avis. De nombreuses femmes laissent tomber la course à pied ou d'autres formes d'exercice, alors qu'il ne semble y avoir aucune raison de le faire ; elles perdent une merveilleuse occasion de se relaxer, de s'oxygéner et de devenir plus résistantes. *Bien entendu, vous devez écouter en dernier ressort votre médecin, car il existe de bonnes raisons pour lesquelles certaines femmes ne doivent pas courir.*

Ne faites pas monter votre température. Si vous courez pendant votre grossesse, ne laissez pas monter votre température de manière trop importante car cela risque de léser le fœtus. Si vous sentez que vous avez trop chaud, marchez et attendez que votre température soit redevenue normale avant de vous remettre à courir. Buvez de l'eau dès que vous en avez l'occasion, car la transpiration constitue votre meilleur mécanisme de refroidissement. Évitez à la fois les températures extrêmement élevées et extrêmement basses. Soyez raisonnable, faites quelques concessions et vous serez en général capable de courir. Il faut éviter les bains chauds et les saunas pendant la grossesse surtout aux tous premiers stades, en raison de leurs effets sur la température du corps.

Marchez, vous n'êtes pas obligée de courir ! Les bienfaits psychologiques et physiques de l'exercice d'endurance sont basés sur le fait de maintenir un taux de pulsation pendant une demi-heure, trois fois par semaine. La majorité des femmes enceintes ne sont pas obligées de courir pour ce faire. Marchez d'un bon pas, et si vous voulez courir, faites le sur de courtes distances.

Alors que diverses études ont montré que *l'exercice de type aérobie* ne produisait aucun effet défavorable sur le bébé, on sait peu de choses sur les effets de *l'exercice de type anaérobie* sur l'apport de sang et d'oxygène au bébé (voir les définitions p. 39). Donc lorsque vous êtes enceinte et que vous courez , vous devriez toujours être dans un état de type aérobie — capable de soutenir une conversation. Si vous êtes essoufflée et incapable de parler, *ralentissez.*

Ne vous préoccupez pas du kilométrage. Si vous pouvez marcher une demi-heure trois fois par semaine pendant votre grossesse, vous conserverez la forme et vous vous sentirez mieux. N'allez jamais jusqu'à la fatigue. Si vous courez, faites en une fête. Au moindre signe de fatigue excessive, marchez. Rappelez vous que chaque personne est différente. N'essayez pas de copier le programme d'exercice d'une autre personne, mettez au point votre propre programme.

Prenez des précautions dès le début. Si vous pensez être enceinte, soyez particulièrement prudente. Ces toutes premières semaines sont capitales pour le bébé. Tous les avertissements contenus dans ce chapitre, en particulier ceux concernant une élévation trop importante de la température et l'exercice de type anaérobie devront être prudemment respectés s'il existe une quelconque possibilité de grossesse.

Tenez compte des modifications subies par votre corps. Au fur et à mesure que vous prenez du poids, votre centre de gravité se modifie. Étant donné que vous transportez un « paquet » aussi important, il est possible que vous ayez mal au dos ou que vous vous froissiez quelques muscles. Écoutez votre corps et apportez chaque jour à votre programme les modifications nécessaires.

COMMENT VOUS SENTEZ-VOUS ? Lors de mes courses, je rencontrai trois types de problèmes. Je me sentais molle pendant que je courais. La plupart des coureurs se sentent mous pendant 1 ou 2 kilomètres ; pendant ma grossesse, cette sensation de mollesse durait au moins 5 kilomètres. Les 6e, 7e, 8e, 9e et 10e kilomètres étaient souvent les plus agréables et me faisaient oublier la gêne éprouvée en début de parcours. Cette sensation m'imposait donc naturellement une allure lente. Néanmoins l'effet général de la course était si agréable que la sensation de mollesse du début ne refroidit jamais mon enthousiasme. Après avoir couru, je me sentais revigorée et bien mieux pour le reste de la journée.

Le bébé se développant, l'action de courir se mit à exercer une pression et une contrainte mécanique plus importante sur le périnée. Les ligaments ne possèdent pas une très grande flexibilité et au fur et à mesure que je me mis à grossir ils devinrent de plus en plus tendus. La bande qui s'étend depuis la crête iliaque (os de la hanche) jusqu'à la paroi abdominale qui soutient l'utérus et la cavité abdominale était particulièrement pesante. Lorsque je courais, cette partie devenait très tendue et semblait « tirer ».

Il s'agissait d'un problème si pesant et qui semblait si grave que j'eus bien peur d'avoir à en finir avec la course à pied pendant ma grossesse. Je savais que de nombreuses femmes arrêtent de courir une fois arrivées à ce stade (quatrième mois). M'imaginant après la naissance, les muscles abdominaux pendants et les ligaments distendus, je lus tout ce que je pus trouver sur le sujet, je consultai des médecins et peu à peu mes craintes s'apaisèrent. Je continuai à courir mais la plupart des femmes considèrent ce problème comme un signal — au quatrième ou cinquième mois environ — leur indiquant qu'elles doivent arrêter la course et la remplacer par la marche à pied ou la natation.

COURIR PENDANT LE DERNIER TRIMESTRE. Des contractions d'« entraînement » peuvent survenir aux tous derniers stades d'une grossesse normale. Cela m'est arrivé sous une forme légère et sporadique alors que je courais, aux sixième et septième mois. Aux huitième et neuvième mois, elles devinrent de plus en plus difficiles à contrôler et malgré les affirmations de mon médecin, j'étais persuadée que j'allais accoucher sur les chemins. Les exercices respiratoires appris durant les cours d'accouchement sans douleur m'aidaient et bien entendu, je marchais ou m'arrêtais et me reposais lorsque les contractions survenaient.

Remarque importante : De nombreux médecins pensent qu'il ne faut absolument pas courir lorsque l'on a des contractions. Si des contractions sporadiques surviennent et ne sont pas aggravées par l'exercice, pas de problèmes, mais si elles empirent, ralentissez, arrêtez ou changez d'exercice.

Ne vous essoufflez pas. Arrivée au septième ou huitième mois, la demande en oxygène s'accroît d'environ 10 %. Cela signifie qu'il devient très facile d'être en état d'anaérobie pendant une course, il faut donc ralentir et marcher.

Élisabeth Noble du Maternal and Child Health Center à Cambridge dans le Massachussets insiste sur la nécessité de garder une respiration normale et d'éviter l'essoufflement. Elle explique qu'une interruption de la distribution d'oxygène peut avoir des effets physiologiques sur le fœtus, ainsi que des effets psychologiques.

Répétons-le, mon idylle avec la course à pied n'est pas pour tout le monde. Écoutez votre médecin — et votre corps. Cela est particulièrement important si, comme de nombreuses femmes, vous avez des problèmes d'équilibre et assez tendance à tomber. C'est aussi bien sûr extrêmement important si vous avez des problèmes de santé particuliers.

RETROUVER LA LIGNE APRÈS LA NAISSANCE DU BÉBÉ

Après la naissance de Brennan, j'eus beaucoup plus de mal que je ne m'y attendais à retrouver la forme. Les parties reproductrices de mon corps avaient besoin de repos. Mais je voulais plus que jamais que mon « esprit » soit délivré de la course à pied pour pouvoir faire face à sa toute nouvelle responsabilité et s'occuper de celui qui dépendait totalement de moi. Je connus des moments très déprimants — pendant environ quatre mois mon corps et mes émotions furent en déséquilibre.

Vous devez vous reposer. Un corps affaibli par la terrible fatigue physique provoquée par l'accouchement et la perte de sommeil ne se rétablira pas aussi vite que d'habitude. Le processus de la naissance fatigue énormément le corps intérieurement et extérieurement et il faut de nombreuses semaines avant de s'en remettre. L'ingrédient le plus important est le repos, qui doit être accompagné d'un régime bien équilibré et d'exercice.

Marchez avant de courir. La plupart des femmes qui pratiquent la course à pied peuvent *se remettre* à courir deux semaines après la naissance environ. Pour commencer, aller y doucement, même en terrain plat, et arrêtez vous dès que vous vous sentez fatiguée. Même si vous vous sentez en pleine forme modérez votre effort, vous pourriez surmener votre corps et retarder votre rétablissement post-partum. Un programme de marche de trois séances d'une demi-heure par semaine vous aidera à garder la forme et à réduire le stress afin de pouvoir récupérer. Très peu de femmes sont incapables de marcher après quelques jours.

La gymnastique. Les muscles abdominaux sont étirés pendant la grossesse. Il est très important de faire des exercices abdominaux genoux fléchis, dos courbé très tôt après la naissance pour retrouver une tonicité abdominale et prévenir les problèmes de dos. Soulevez la tête puis les épaules d'environ 25-30 centimètres, puis reposez le dos.

Je conseillerai également les exercices de « Kegel » pour le périnée. De nombreuses femmes, en particulier celles qui ont un enfant après trente ans, perdent involontairement de l'urine en courant. Le terme employé pour cette affection est « incontinence due à l'effort ». Une solution provisoire est de porter une serviette hygiénique lorsque l'on court. Une autre méthode plus efficace est de consolider les muscles périnéens qui contrôlent cette fonction. Il faut alternativement serrer puis relâcher « les muscles du périnée qui entourent le col de la vessie et le vagin. » Vous pouvez également consolider le sphincter de la vessie lui-même en le contractant puis en le relâchant. Lorsque vous urinez, arrêtez-vous et recommencez à urinez ; vous utilisez le sphincter. Vous pouvez faire ces exercices à n'importe quel moment de la journée : contractez fortement le muscle pendant une seconde, puis relâchez le complétement. Faites cela dix fois de suite pour un exercice, puis entraînez-vous jusqu'à ce que vous arriviez à faire vingt séries de dix exercices.

Buvez. Attention à la déshydratation. Buvez beaucoup d'eau, de jus de fruits ou de lait — par petites quantités (15-30 cl) toutes les heures plutôt que des quantités importantes moins fréquentes. Vérifiez que votre urine soit jaune pâle — pas plus sombre.

FAITES-VOUS AIDER. Si le père peut s'arrêter de travailler pendant les deux premières semaines, cela permettra d'établir une solide relation familiale et une interdépendance naturelle. Osez lui demander de l'aide. Trop de mères poussent le père hors du nid très tôt. S'il participe à l'expérience et partage les tâches, il pourra beaucoup mieux comprendre vos problèmes — en particulier votre besoin de courir.

Deux problèmes importants qui se posent à une nouvelle mère qui veut courir sont le manque de temps et trouver une baby-sitter. Essayez de résoudre ces problèmes avant la naissance. Si le père ne peut vous aider, essayez de trouver un parent, un ami ou une halte-garderie. Établissez dès le début qu'il vous faut vos 30-60 minutes d'exercice. La vie est beaucoup plus simple pour tout le monde lorsqu'une mère droguée d'exercice dispose de sa dose quotidienne.

UN PROGRAMME D'EXERCICES A SUIVRE APRÈS L'ACCOUCHEMENT

De la deuxième jusqu'à la quatrième semaine : Faites travailler le périnée et les muscles abdominaux. Si vous en avez envie, marchez ou courez un peu chaque jour. Consultez votre médecin afin de vous assurer qu'il n'y a aucun problème.

Les quatre-huit semaines suivantes. Ne courez pas plus d'un jour sur deux. Commencez à courir à petites foulées sur quelques centaines de mètres comme indiqué dans le programme destiné aux débutants. Augmentez progressivement la distance.

Les quatre semaines suivantes. Reprenez progressivement votre programme habituel de course à pied. Si vous êtes débutante, suivez le programme du débutant.

A n'importe quel moment pendant votre rétablissement. Si pour une raison quelconque, vous ne vous sentez pas bien, *arrêtez-vous*. N'ayez pas peur de faire marche arrière, de vous reposer davantage ou de moins courir que le jour ou la semaine précédente. Il est possible que vous ayez l'impression de faire un pas en avant, un pas en arrière, mais il vaut mieux avancer à petits pas que pas du tout. Encore une fois, écoutez votre corps.

Remarque : Les mères ayant accouché par césarienne doivent bien entendu se reposer pendant plus longtemps.

SI VOUS ALLAITEZ. Lorsque vous nourrissez votre bébé exclusivement, faites très attention.

- Si la qualité ou la quantité de votre lait baisse, arrêtez de courir pendant au moins trois jours, ou jusqu'à ce que votre lait redevienne normal ; Buvez aussi davantage : 15-20 cl toutes les heures.
- Essayez d'allaiter juste avant de courir.
- Il vous faut davantage de calories : 400-500 calories de plus que pendant votre grossesse, plus des calories supplémentaires pour courir et faire de l'exercice.
- Portez un soutien-gorge vous assurant le plus grand maintien possible. Utilisez des coussinets absorbants pour absorber les « fuites ».
- Faites la sieste avec votre bébé. Dormez le plus possible.

RETROUVEZ LA FORME ET PERDEZ DES KILOS. Vous connaissez la vieille croyance populaire qui dit que pendant une grossesse on prend du poids que l'on ne peut ensuite plus jamais perdre ? Avec un peu de volonté, vous persisterez sans trop forcer et finirez par perdre ce poids. Allez-y doucement.

UNE DERNIÈRE REMARQUE. Dans le chapitre concernant « le compétiteur avancé » il y a une section intitulée « Il ne faut pas abuser des bonnes choses » qui montre comment une ambition et un instinct de compétition démesurés peuvent pousser un coureur à oublier le plaisir et la forme et l'amener à faire une fixation sur l'entraînement et/ou la compétition. La même chose — à un niveau différent — peut arriver à une compétitrice lorsqu'elle est enceinte. Elle aura besoin des effets bénéfiques de la course à pied et sera peut-être si déterminée à poursuivre l'exercice physique qu'elle ne tiendra pas compte des mécanismes naturels importants déclenchés par le corps lorsqu'un enfant s'y développe.

Élizabeth Noble, auteur de plusieurs livres sur l'accouchement fait remarquer que les femmes coureurs qui ne peuvent se passer de leur activité, peuvent donner une nouvelle dimension à leur vie si elles peuvent apprendre à intégrer « la contemplation, l'introspection et le ralentissement qui se produisent de manière naturelle durant la grossesse. C'est le moment idéal pour entrer en contact avec la sagesse naturelle du corps... Il faut encourager les femmes à tenir compte des signes et symptômes que leur adresse leur corps et à faire confiance à leurs instincts naturels ».

5

Les blessures

18. Le blessé ambulant
19. Le diagnostic et le traitement des blessures

18. LE BLESSÉ AMBULANT

Voyons la situation en face. La course à pied est une drogue. Une fois que vous êtes habitué à votre dose quotidienne d'exercice aérobie, à une meilleure stimulation de l'appareil circulatoire et capillaire, vous vous sentez trop bien pour envisager de vous arrêter. *Mais* lorsqu'une blessure survient et que vous devenez un de ces « blessés ambulants », vous vous trouvez confronté à un problème. Comment faire pour vous reposer suffisamment longtemps pour laisser à la blessure le temps de guérir ?

Tôt ou tard, tout coureur souffre de blessure. Très peu de blessures durent plus de 3-4 semaines ; avec des soins appropriés et si on les traite tôt, la plupart des blessures guérissent en quelques jours, sans perte de condition physique.

> **Remarque :** Je ne suis pas médecin et je ne suis pas qualifié pour donner un avis médical. Mais cela fait plus d'un quart de siècle que je cours et j'ai connu presque toutes les blessures possibles ; entorses des tendons d'Achille, élongations musculaires, déchirures des mollets, etc. En essayant de me rétablir et de poursuivre ma manie, j'ai appris certaines choses très utiles dont j'aimerais vous faire profiter. Les informations contenues dans ce chapitre et dans le chapitre suivant sont des conseils offerts par un coureur à un autre coureur et ne veulent pas être l'avis médical d'un spécialiste. En cas de doute concernant une blessure, consultez votre médecin.

QUAND S'AGIT-IL D'UNE BLESSURE ? Certains coureurs souffrent chaque jour de petits maux et de petites douleurs. La plupart de ces problèmes sont passagers. Ces maux et ces douleurs de tous les jours indiquent la lésion de tissus plus fragiles et la reconstruction progressive de tissus plus solides. L'expérience vous apprendra à faire la différence entre un bobo passager et une blessure. Voici quelques conseils utiles pour vous aider à faire la distinction entre les deux. Il s'agit d'une blessure si elle est :

- *Fonctionnelle* — si elle vous empêche de courir normalement.
- *Continue* — si elle dure plus d'une semaine.
- *De plus en plus importante* — elle empire.
- *Enflée* — Comparez les deux genoux, les deux chevilles, etc., pour voir si l'un d'eux ou l'une d'elles est enflé(e).
- *Douloureuse* — La douleur est le moyen utilisé par le corps pour vous dire de faire attention. Il faut « courir malgré des désagréments, pas malgré la douleur ». N'ayez recours à aucun expédient médicamenteux pour outrepasser les signaux que vous adresse votre corps et continuer à courir.

En cas de doute, consultez un médecin spécialiste de la course à pied : soit un podologue (qui traite uniquement les problèmes de pied et ceux ayant le pied pour origine) ou un orthopédiste (qui traite les problèmes du pied, de la jambe et des membres).

PRENEZ UNE JOURNÉE DE CONGÉ... OU DAVANTAGE. En courant avec une blessure vous aggravez le problème et augmentez la durée nécessaire à la guérison. Lorsque vous soupçonnez une blessure, il vaut toujours mieux être trop prudent et prendre un ou deux jours de repos par mesure de précaution. Même s'il n'y a aucun problème, quelques jours de repos n'auront aucun effet sur votre niveau général de condition physique et ils pourront plus tard vous épargner des longs mois de repos forcé.

TRAITER UNE BLESSURE. Une aide médicale efficace est le premier stade du traitement de la blessure. Grâce au bouche à oreille qui fonctionne dans le monde de la course à pied, les coureurs se communiquent les adresses des médecins des environs qui soignent les coureurs. Parlez avec des coureurs expérimentés. Chaque blessure nécessite un traitement particulier et il faut trouver le spécialiste qui a déjà traité avec succès le plus grand nombre de blessures similaires.

AVANT DE CONSULTER UN MÉDECIN. Voici quelques conseils généraux pour vous soigner vous même avant de pouvoir consulter un médecin. Faites particulièrement attention aux douleurs dans le genou, le tendon d'Achille, le talon et le mollet. Une lésion de ces parties peut amener des problèmes durables.

• *Arrêtez vous de courir* pendant quelques jours. Presque tous les coureurs profiteront des effets réparateurs de quelques journées de repos.

• *Apprenez* en le plus possible. Discutez avec des coureurs ayant rencontré des problèmes similaires.

• *Appliquez de la glace* sur la partie blessée. La glace permet de réduire l'inflammation et active la circulation sanguine. Lorsque le sang retourne à une partie « glacée » il revient en abondance. Utilisez une poche à glace, un sac de petits pois surgelés (qui peuvent s'adapter aux surfaces irrégulières) ou une préparation commerciale. Ce sont les glaçons qui donnent les meilleurs résultats. Appliquez-les sur la blessure. Refroidissez la partie blessée pendant 10 mn, laissez-la se réchauffer pendant 20 mn puis appliquez-y à nouveau de la glace.

• *La compression.* S'il y a enflure, bandez fermement la partie atteinte — mais ne serrez pas trop afin que cela ne fasse pas un garrot coupant la circulation sanguine. Si vous ressentez des élancements ou si la zone entourant la partie comprimée change de couleur, cela signifie que le bandage est trop serré. Pendant la journée, l'enflure augmentant, il peut être nécessaire de relâcher la compression. Mettez le pied en élévation pendant quelques minutes, puis appliquez le bandage en partant de la partie distale (la plus éloignée) jusqu'à la partie proximale (la plus proche). La compression permet de pomper l'enflure de la partie distale vers le cœur. La compression et l'application de glace permettent d'éviter l'accumulation de sang en quantité anormale qui laisse des cicatrices tissulaires.

• *L'élévation.* Maintenez la partie blessée à un niveau plus élevé que votre tête ou au moins à un niveau plus élevé que le sol, aussi longtemps que possible. Cela permet d'évacuer le sang de la blessure afin que du sang frais puisse circuler en quantité plus importante.

G.C.E. Pour vous rappeler les trois mesures décrites ci-dessus à prendre en cas de blessure, pensez aux lettres G.C.E. = Glace, Compression, Élévation. Ou R.G.C.E. en y ajoutant l'élément évident de Repos.

• *Ajoutez à votre régime* de la vitamine C qui favorise la guérison, en quantité modérée, 250 à 500 mg trois fois par jour. Les comprimés à assimilation lente plus fortement dosés se dispersent dans l'intestin qui a une faible capacité d'absorption. Le calcium joue également un rôle important dans la guérison ; pensez à l'inclure dans votre régime.

• *N'étirez pas* la partie blessée à moins que votre médecin ne vous le conseille. De nombreuses blessures sont en fait des déchirures des tendons, des muscles ou d'autres tissus et le fait de s'étirer ne peut qu'aggraver le problème.

• *L'aspirine* réduit l'inflammation et tue la douleur et si cela ne vous donne pas des maux d'estomac, vous pouvez en prendre plusieurs par jour, de préférence aux repas. L'aspirine est plus efficace pour réduire l'enflure que d'autres médicaments comme le Tylenol. Il peut néanmoins être dangereux de trop en prendre. Un de mes amis, un coureur en excellente condition physique, a contracté un ulcère avec hémorragies en prenant huit aspirines par jour (parfois à jeun) pour soulager une blessure. Il s'agit d'un cas rare mais qui peut se produire.

QUELQUES EXERCICES DE REMPLACEMENT : COMMENT GARDER LA FORME ET LE MORAL ?

Lorsque vous vous blessez, vous êtes confronté à un problème bien réel. Vous êtes accoutumé à cette dose quotidienne d'oxygène et d'effort. Sans elle, vous êtes mou et d'humeur difficile. La course à pied, avec le martèlement qu'elle nécessite est mécaniquement contraignante et c'est souvent la chose la plus dangereuse que vous puissiez faire. Heureusement, la plupart des blessures vous permettront de vous livrer à une activité de remplacement. Si vous pouvez réduire la force de gravité et minimiser le traumatisme que représente le contact avec le sol, vous pourrez laisser la blessure guérir, tout en vous maintenant en forme.

Nous autres coureurs, nous sommes gâtés. Il n'existe aucune activité aussi simple ou aussi pratique que la course à pied. Maintenant que vous êtes blessé, il va falloir vous procurer un équipement ou vous rendre jusqu'à un gymnase ou une piscine pour conserver la condition physique que vous avez si durement acquise. Cela va être beaucoup plus compliqué que de courir. Ah ! le prix de l'accoutumance !

LORSQUE VOUS NE POUVEZ PAS COURIR.

Efficacité physique des sports de remplacement (pour stimuler l'appareil cardio-vasculaire et renforcer les effets de la course à pied).

Courir dans l'eau d'une piscine	90-100 %
Pédaler sur un vélo d'intérieur	60-80 %
Marcher	50-80 %
Ski de fond ou aviron	50-80 %
Natation	30-36 %

Remarque. Ces pourcentages sont basés sur une performance exécutée avec une intensité et pendant une durée approximativement identiques à celles de la course à pied. Je suis arrivé à ces chiffres en me basant sur ma propre expérience et en discutant avec d'autres coureurs.

COURIR DANS UNE PISCINE. Cet exercice simule la course à pied mieux que n'importe quelle autre activité et peut vous maintenir en excellente condition physique. De nombreux athlètes obligés de s'arrêter de courir pendant 3-4 semaines ont couru leur meilleur temps après être sortis de la piscine.

C'est de cette manière que l'on apprend aux chevaux à courir. Lorsque vous courez contre la résistance de l'eau, cela vous oblige à soulever les genoux et à les projeter droit devant vous. S'il existe un déséquilibre, l'eau soulignera le mouvement de la jambe. Il s'agit donc d'un excellent exercice même pour les coureurs qui ne sont pas blessés.

On peut s'y prendre de deux manières.

• Courez dans la piscine, l'eau vous arrivant à mi-cuisses. Si cela exerce une pression trop importante sur la blessure, essayez une eau plus profonde mais où vous ayez toujours pied.

Remarque : Il faut courir en position verticale plutôt que donner des coups de pied en position horizontale.

• Utilisez une chambre à air ou une bouée et courez en eau profonde. Certains coureurs y arrivent sans bouée et restent à flot en faisant de rapides mouvements de course avec leurs jambes et des mouvements de pédalage avec leurs bras.

Votre objectif est de simuler aussi fidèlement que possible les conditions de la course à pied. Si vous pouvez reproduire avec vos jambes les mouvements de la course, vous garderez la forme nécessaire pour courir. Restez dans l'eau aussi longtemps que si vous couriez. Les jours où la vitesse est inscrite à votre programme, faites du travail de vitesse en agitant vos jambes très vite et très fort, pendant la même durée que votre distance d'intervalle. Reproduisez la séance d'entraînement aussi fidèlement que possible.

Vous serez peut-être surpris de constater avec quelle rapidité votre corps trouvera la juste quantité d'effort nécessaire à votre nouvelle activité. Lorsque vous courez, vous êtes habitué à un certain degré d'exercice et vous ne tarderez pas à approcher cette même quantité de stress.

PÉDALER SUR UN VÉLO D'INTÉRIEUR. C'est le deuxième exercice le plus efficace pour simuler les effets de la course. En fait, cet « entraînement de cross » musclera vos quadriceps, ce qui réduira la pression exercée sur vos genoux. La partie postérieure des jambes ne travaille pas de la même manière en cyclisme et en course à pied. Le cyclisme ne produit pas le stress gravitatif (martèlement) de la course à pied et n'aggravera donc pas *la plupart* des blessures.

Il est préférable d'utiliser un vélo d'intérieur plutôt qu'un vrai vélo et ce pour plusieurs raisons : c'est moins dangereux et vous pouvez maintenir une allure régulière et contrôlée sans être interrompu par les feux rouges ou par les descentes en roue libre. Vous pouvez également le faire chez vous et même lire un livre ou regarder la télévision en pédalant.

Vous transpirerez énormément, il est donc préférable de posséder un ventilateur ou de créer un bon courant d'air. Comme pour la course en piscine, simulez les longues courses et le travail de vitesse sur le vélo ; pour en tirer les mêmes résultats, il faut allonger la durée de chaque séance de 20-40 %.

LA MARCHE. C'est une activité qui aggrave rarement une blessure, mais qu'il ne faut absolument pas pratiquer s'il y a *le moindre signe* d'aggravation. Cela consiste à faire rouler les hanches et à projeter rapidement les jambes, en gardant toujours une jambe en contact avec le sol. Cela réduit le martèlement qui existe en course à pied, mais on utilise les mêmes muscles (et beaucoup d'autres). Là encore, il s'agit de simuler vos séances de course à pied. Pour que cela vous apporte les mêmes résultats, vous devez couvrir la même distance que si vous courriez. Bien entendu, cela vous prendra plus longtemps.

LE SKI DE FOND OU LES MACHINES A RAMER. Si vous vivez dans une région montagneuse, vous pouvez faire du ski de fond. Si ce n'est pas le cas, vous pouvez utiliser les appareils à skier ou à ramer que l'on trouve dans de nombreux clubs de culturisme. Ces deux activités sont d'excellents substituts à la course à pied. Elles musclent également la partie supérieure de votre corps. Pour simuler la course à pied, passez-y environ autant de temps que vous en passeriez sur les routes.

LA NATATION. Bien qu'il s'agisse d'un exercice excellent pour l'appareil cardio-vasculaire, la natation ne maintient pas vos jambes en forme pour courir. Il vous faudra vous entraîner environ 30-60 % plus longtemps, selon l'importance de l'effort que vous fournissez en nageant pour simuler grossièrement le travail cardio-vasculaire de la course à pied.

SI VOUS NE POUVEZ ABSOLUMENT PAS FAIRE D'EXERCICES

Vous serez surpris d'apprendre le peu de condition physique que vous perdrez en cinq jours de repos total. Chaque semaine suivante vous perdrez environ 25 % de votre taux de condition physique. Au bout d'un mois, vous serez obligé de tout reprendre à zéro, comme un débutant.

LA MÉTHODE EMPIRIQUE. Si vous avez été dans l'impossibilité de vous livrer à des exercices de remplacement, il vous faudra au moins *deux fois le nombre de semaines de repos que vous avez prises* pour revenir progressivement à votre niveau d'avant la blessure.

A QUELLE PERTE DE CONDITION PHYSIQUE DEVEZ-VOUS VOUS ATTENDRE ?

Temps de repos sans aucun exercice	Perte de condition estimée à :
1-5 jours	0-1 %
7 jours	10 %
14 jours	35 %
21 jours	60 %
28 jours	85 %
35 jours ou plus	100 %

Remarque : Ces chiffres sont basés sur mon expérience personnelle de plus d'une centaine d'arrêts consécutifs à des blessures.

REPRENDRE LA ROUTE

Si le processus de guérison a commencé et que vous répondez au traitement, votre médecin vous laissera peut-être reprendre la course avant que la douleur ait complètement disparu. Pourvu que la guérison soit solidement enclenchée vous pouvez recommencer doucement à courir, mais soyez très attentif à l'évolution du problème. Au premier signe d'aggravation, faites marche arrière et reposez-vous encore un peu. *Modérez-vous.* Il est préférable de prendre quelques jours de repos supplémentaires plutôt que d'avoir à passer par le même processus.

Même si la partie blessée semble soudain avoir retrouvé ses capacités à 100 %, elle n'est pas totalement guérie. Vous vous sentirez fort une fois qu'une quantité suffisante de cellules auront guéri, auront été remplacées ou secondées par un tissu cicatriciel. Mais il restera encore de nombreuses cellules abîmées et le tissu cicatriciel est fragile.

Revenir à son niveau nécessite de la patience et un repos suffisant. Vous aurez peut être l'impression de faire un pas en avant et deux en arrière. En fait, vous avancez d'un pas et vous en faites deux sur place. C'est certainement mieux que de ne pas avancer du tout.

Même si vous vous arrêtez pendant une longue période, vous ne perdrez pas la condition physique que vous aviez acquise auparavant. La force, la tonicité et la performance des muscles se perdent lorsque l'on ne court pas, mais les améliorations cardio-vasculaires plus profondes ne sont pas difficiles à retrouver. Il vous faudra un certain temps pour reconditionner les muscles qui travaillent et ouvrir les « canalisations » plus profondes. Au début, cela ressemblera à un deuxième début plutôt déprimant, mais une fois que vous aurez reconstruit votre base de condition physique, vos progrès seront plus rapides et vous ne tarderez pas à revenir à votre niveau habituel. Pendant que vous revenez à votre niveau, continuez vos activités de remplacement. Cela apportera un peu de variété à ces déprimantes journées de reconstruction.

REPRENDRE LES SÉANCES D'ENTRAÎNEMENT

Si durant votre arrêt vous avez été capable de faire des exercices de remplacement avec la même fréquence et la même intensité que vos séances de course, vous devrez d'abord suivre pendant une semaine un entraînement de débutant suivi de deux ou trois semaines de transition avant de reprendre les séances d'entraînement auxquelles vous vous livriez avant votre blessure. Si vous n'avez pu vous livrer à aucune forme d'exercice ou si vous n'avez effectué des exercices de remplacement que trois jours par semaine, il vous faudra au moins multiplier par deux le nombre de semaines que vous avez prises pour vous reposer pour revenir progressivement au niveau qui était le vôtre avant la blessure. Voici quelques conseils pour les deux types de situation :

SI VOUS VOUS ÊTES LIVRÉ A DES EXERCICES DE REMPLACEMENT QUATRE JOURS PAR SEMAINE OU PLUS

• La première semaine, faites un jour de jogging (interrompu par de la marche à volonté). Le jour suivant, marchez.

• Pendant 2-3 semaines de transition, vous pouvez commencer à courir un jour sur deux, à une allure plus lente que celle à laquelle vous couriez avant la blessure et en interrompant votre course pour marcher lorsque vous en avez envie. Marchez un jour sur deux. Chaque semaine, augmentez la distance de votre longue course (un seul jour par semaine) de 800 m à 1,5 km.

• Le mois suivant, reprenez votre programme normal en augmentant progressivement le nombre de jours où vous courez.

• Faites attention à la partie blessée et faites marche arrière dès que vous sentez que la blessure risque de se reproduire.

SI VOUS VOUS ÊTES LIVRÉ A DES EXERCICES DE REMPLACEMENT TROIS JOURS PAR SEMAINE OU MOINS

• Réservez-vous 30-40 mn, trois jours par semaine. Marchez en intercalant de courtes distances de 100-300 m de course à petites foulées, sans jamais forcer. Marchez jusqu'à ce que vous soyez tout à fait prêt à recommencer à courir.

• Sur plusieurs semaines remplacez la marche par du jogging à allure lente. Continuez ainsi 3-4 jours par semaine.

• Le mois suivant, reprenez votre programme habituel en augmentant progressivement le nombre de jours où vous courez.

• Faites attention à la partie blessée et faites marche arrière dès que vous sentez que la blessure risque de se reproduire.

QUE S'EST-IL PASSÉ ?

Vous pouvez en fait tirer profit d'une blessure : si vous analysez ce qui s'est passé, vous pouvez utiliser ce que vous savez pour éviter non seulement la répétition de la même blessure mais aussi de nouvelles blessures. La plupart des blessures ont en général les mêmes causes : vous avez augmenté trop vite votre kilométrage total ; vous ne vous êtes pas suffisamment reposé entre les jours d'entraînement intensif ; vous ne vous êtes pas suffisamment échauffé avant une séance d'entraînement à la vitesse ; lors d'une compétition, vous vous êtes laissé entraîner trop loin par la montée d'adrénaline. J'ai également été amené à croire que la déshydratation constituait l'une des principales causes sous-jacentes de blessure. Le manque de liquides vitaux dans les cellules en exercice provoque leur détérioration précoce et elles mettent ensuite plus longtemps à se reconstruire. Cet effet sera atténué si vous buvez 15-20 cl d'eau toutes les heures.

Après être resté éloigné des routes pendant quelques semaines (ou quelques mois) vous serez extrêmement motivé pour inclure des mesures préventives dans votre programme d'entraînement. D'une certaine manière, les erreurs qui ont provoqué la blessure peuvent constituer les meilleures leçons de votre carrière de coureur.

19. LE DIAGNOSTIC ET LE TRAITEMENT DES BLESSURES

Lorsqu'une blessure se produit, rien ne peut remplacer l'avis d'un médecin. Si vous obtenez dès le début un bon diagnostic, vous pouvez éviter les complications et prendre le chemin de la guérison. En général, la meilleure solution consiste à trouver un médecin qui soigne des coureurs. Le bouche à oreille vous aidera à trouver une telle personne. (Si le médecin est lui-même un coureur c'est encore mieux, mais il ne s'agit absolument pas d'une obligation.)

Lorsqu'il s'agit d'une blessure du pied ou de la jambe, on a le choix entre deux catégories de médecins : le podologue ou l'orthopédiste.

LES PODOLOGUES ont une formation de médecin et de chirurgien du pied. Ils traitent également les blessures de la jambe et du genou qui ont un rapport avec le pied. Par exemple, les problèmes de genou sont souvent dus à un alignement incorrect du pied et peuvent être soignés grâce au port d'accessoires correcteurs pour le pied qui seront prescrits par le podologue. La plupart des podologues connaissent parfaitement les mécanismes de toute l'extrémité du membre inférieur.

LES ORTHOPÉDISTES sont des médecins possédant une formation de chirurgien et spécialisés dans les os et les muscles du corps. La plupart sont d'abord des chirurgiens et s'intéressent peu à la biomécanique. Cependant, si vous arrivez à trouver un orthopédiste qui a la réputation de soigner les coureurs et qui s'intéresse au mécanisme de la blessure, vous serez en de bonnes mains.

S'il s'agit uniquement d'un problème de pied ou dû au pied, vous pouvez consulter indifféremment ces deux spécialistes. Si le problème se situe dans la jambe ou dans le pied et que sa cause ne se trouve probablement pas dans le pied, voyez un orthopédiste.

Méfiez-vous de la chirurgie. Les orthopédistes ont une formation de chirurgien et s'orientent souvent vers cette forme de traitement. Lorsque l'on a recours au bistouri, il y a de grandes chances pour qu'ensuite la partie traitée ne fonctionne plus aussi bien qu'auparavant. Il est possible qu'en dernier ressort vous soyez obligé de laisser un bon chirurgien opérer, mais consultez-en plusieurs et essayez d'abord toutes les autres possibilités. Il est également préférable de choisir un chirurgien qui a déjà réalisé plusieurs fois cette opération avec succès.

Si l'on ne peut éviter le recours à la chirurgie, on peut envisager l'*arthroscopie.* Il s'agit d'utiliser un mince tube de métal stérile, muni d'une source de lumière optique pour examiner l'intérieur du corps, sans opérer. On l'utilise communément pour faire des diagnostics et le traitement chirurgical peut être fait à travers l'arthroscope. L'arthroscopie utilisée à bon escient peut aider l'athlète car elle ne produit qu'un traumatisme minimum et permet ainsi une rapide reprise de l'activité.

QU'EST-CE QUI A PROVOQUÉ LA BLESSURE ? Réfléchissez aux causes les plus évidentes de blessure et faites quelques modifications. Des chaussures usées sont souvent les coupables. Vérifiez l'état intérieur et extérieur de vos chaussures avant de consulter un spécialiste. Un autre facteur souvent négligé est le revêtement de la route. Votre blessure est peut être due au fait que vous courez sur une route qui penche d'un côté ou d'un autre. Par exemple, si vous courez face à la circulation, votre pied gauche sera en général plus bas que votre pied droit, la route penchant vers le bas côté ; cela impose davantage de contrainte à votre genou gauche. Le fait d'éviter des problèmes aussi évidents peut souvent vous mettre sur le chemin de la guérison sans avoir à recourir à un traitement médical.

DIAGNOSTIC ET TRAITEMENT

Remarque : Le chapitre précédent donne un traitement standard et un programme de convalescence pour les blessures en général. Lisez-le attentivement avant de prendre connaissance des traitements spécifiques qui suivent et qui sont destinés à soigner les quatre principales parties du corps sources de problèmes : le genou, le tendon d'Achille, le talon et le mollet.

PROBLÈMES DU GENOU

Le genou est la partie la plus couramment atteinte en course et dans tous les sports. A la différence de la construction multi-directionnelle de type enarthrose de l'articulation de la hanche, le genou est une articulation uni-directionnelle à charnière. Quatre os convergent au genou et sont maintenus ensemble, tout d'abord par des ligaments situés de chaque côté, et ensuite par des tissus conjonctifs qui se trouvent sur la partie antérieure du genou.

Le fémur, ou os de la cuisse, se termine par deux projections arrondies séparées par un creux. La rotule glisse vers le haut et vers le bas dans ce creux. Le tibia — l'os qui supporte tout le poids — part de la partie inférieure de la jambe puis remonte et rejoint le fémur au niveau du genou.

Sur la partie latérale du genou (extérieure) se trouve la bandelette de Maissiat, un épais et solide tendon qui, combiné avec le ligament collatéral et un muscle appelé biceps fémoral, soutient le genou sur sa face externe. Le tendon et le ligament plus faible sur la face interne sont plus enclins à la blessure, soit en raison d'un stress rotationnel, soit après un coup porté à la partie externe du genou.

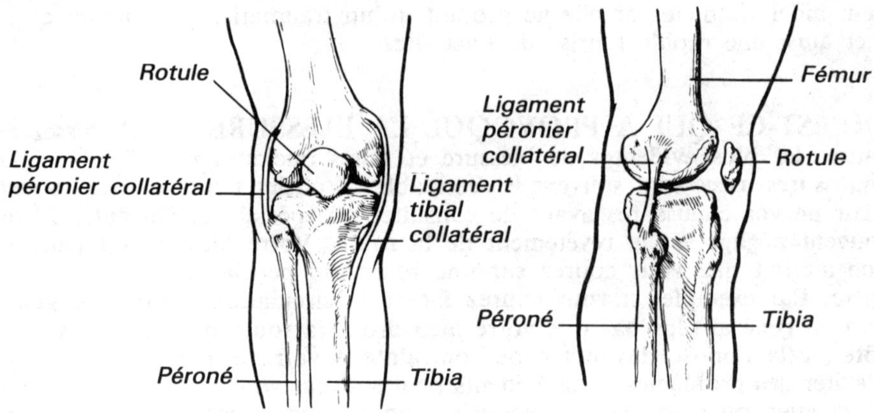

Vue de face Vue de profil

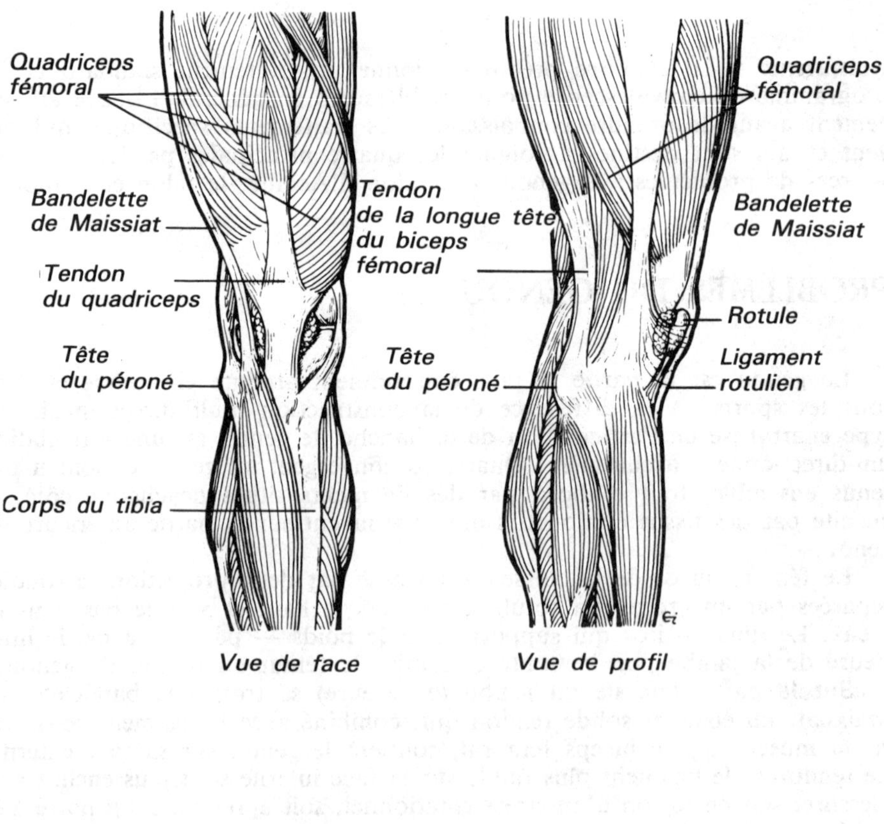

Vue de face Vue de profil

Sur la face antérieure du genou se trouve la rotule. Elle est attachée en haut au quadriceps ou muscle de la cuisse. Lorsqu'il est solide, ce muscle maintient la rotule dans son creux. Le tendon rotulien est attaché à l'extrémité inférieure de la rotule, et relié au tibia.

Tant que le pied est dans une position neutre, le genou reste harmonieusement aligné entre la hanche et le pied. En fait, le poids du corps aide un genou « normal » à rester en place, en particulier lorsqu'un solide quadriceps maintient la rotule bien tendue en position correcte.

La pronation, mouvement où le pied roule de l'extérieur vers l'intérieur est le mécanisme amortisseur normal en course à pied. Mais lorsqu'elle est excessive au point de provoquer un pied plat ou un renversement du talon, elle amène des problèmes de surmenage du pied ou de la jambe. Le genou est souvent amené à prendre une position moins stable sur le côté médial et à sortir de son alignement. Lorsque le poids du corps tombe sur le genou incorrectement aligné, des problèmes apparaissent.

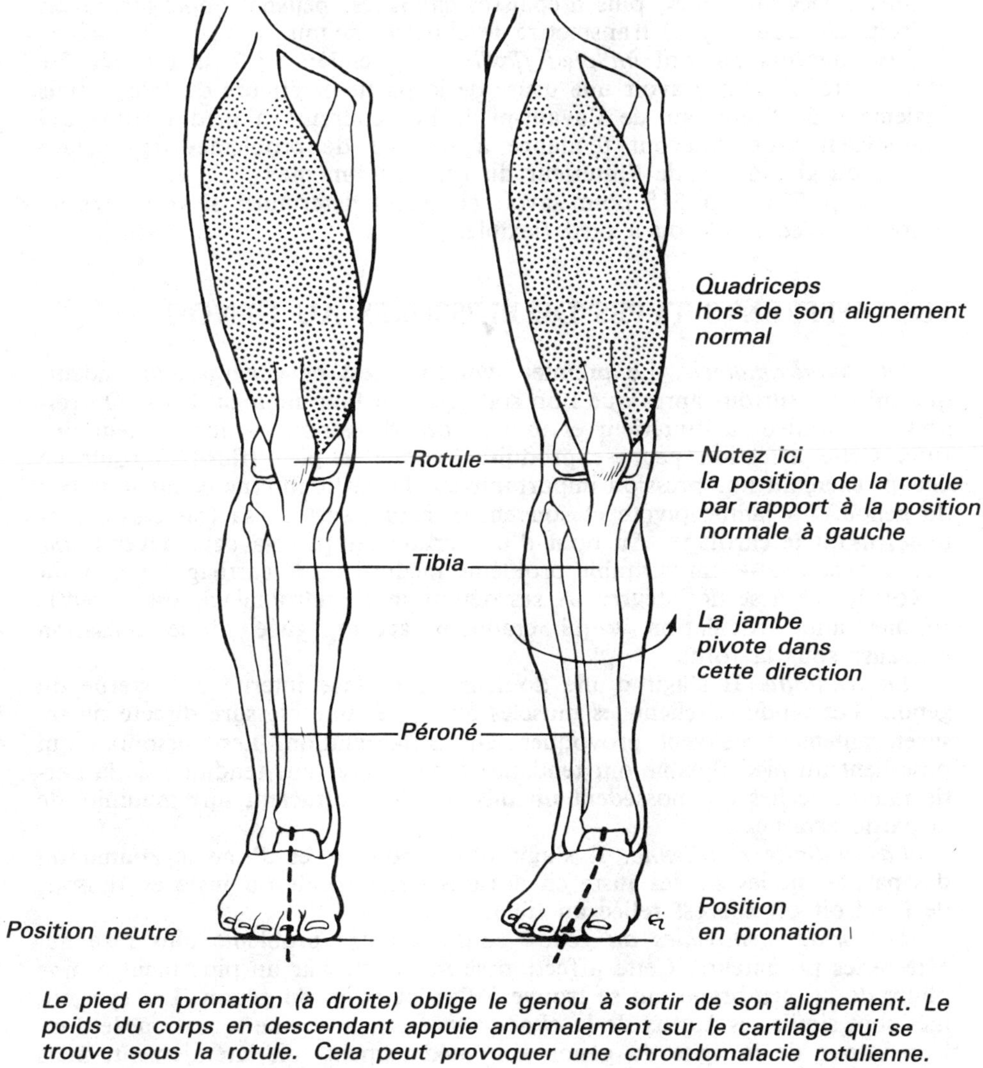

Le pied en pronation (à droite) oblige le genou à sortir de son alignement. Le poids du corps en descendant appuie anormalement sur le cartilage qui se trouve sous la rotule. Cela peut provoquer une chrondomalacie rotulienne.

LES CAUSES DE BLESSURES AU GENOU

Les coureurs *dont le pied est rigide* ont tendance à avancer et à reculer leur pied en s'appuyant fortement dessus et souffrent souvent de problèmes de la face externe du genou. La bandelette de Maissiat est très solide et il est très rare qu'elle cède. Mais elle peut souffrir d'inflammation et d'irritation lorsque le pied roule trop loin vers l'extérieur. Une sensation de douleur à la bandelette de Maissiat (extérieur du genou) est en général due à :

- Une usure des chaussures (en particulier due à un effondrement de la semelle vers l'extérieur).
- Un kilométrage excessif.
- Un accroissement soudain du kilométrage.
- Une chaussure insuffisamment amortie.

Les coureurs dont le pied est rigide poussent et retombent à terre avec tant de violence, qu'il est possible que les chocs ne soient pas suffisamment amortis. Il se produit d'abord une pression en bas, là où l'on pousse violemment. Des ampoules, puis d'épaisses callosités, peuvent apparaître à cet endroit. Un abus répété transmettra le choc au genou.

Les coureurs qui ont *un pied flexible* ont tendance à rouler d'un côté vers l'autre. Il peut y avoir une usure de la partie extérieure du talon, mais également de l'intérieur de l'avant-pied. Les coureurs à pied flexible qui courent en pronation ont tendance à souffrir de problèmes de la face interne du genou, ou de l'intérieur du genou lui-même.

(Voir p. 214 et p. 215 pour savoir comment déterminer si vous êtes un coureur à pied rigide ou à pied flexible.)

LES DIFFÉRENTS TYPES DE BLESSURES AU GENOU

La chondromalacie. Le premier symptôme est en général une raideur, qui apparaît surtout après que l'on soit resté un long moment assis. On ressent une douleur à l'intérieur et tout autour du genou — une douleur diffuse. Cette affection peut se produire lorsque le pied (flexible) roule en dedans exerçant une pression importante sur la partie interne et sur le milieu du genou. La jambe pivote et souvent la rotule sort de sa trajectoire normale, usant le cartilage. Au bout d'un certain temps cela peut devenir *une chondromalacie* — un véritable problème médical où le cartilage se ramollit et commence à se désintégrer. A ses débuts la chondromalacie est ressentie comme une articulation « qui craque » accompagnée d'une sensation rugueuse sous la rotule.

La tendinite. Il s'agit d'une douleur de la face interne ou externe du genou. Les tendons relient les muscles aux os et une blessure directe ou un surentraînement peuvent provoquer leur inflammation. Les personnes qui possèdent un pied flexible ont tendance à contracter une tendinite de la partie interne, celles qui possèdent un pied rigide contractent une tendinite de la partie externe.

La tendinite rotulienne. Il s'agit d'une douleur et d'une inflammation des parties molles situées juste en dessous de la rotule ou juste en dessous de l'endroit où elle est reliée au tibia.

Les brides synoviales du genou sont un autre problème plus rare qui affecte les pronateurs. Cette affection se manifeste par un pincement et une pliure de la membrane qui se trouve à l'articulation du genou. Les symptômes sont similaires à ceux de la *chondromalacie,* avec une sensation de douleur autour de la ligne du genou soit médialement soit latéralement, mais pas toujours sous la rotule. Il peut y avoir une sensation de cliquètement, indiquant une lésion du ménisque, la structure destinée à amortir les chocs qui se trouve à l'intérieur de l'articulation.

LE TRAITEMENT DES BLESSURES AU GENOU

- Faites un massage avec de la glace. Appliquez de la glace deux fois par jour pendant 10 minutes, enlevez-la pendant 20 minutes, puis remettez-en pendant 10 minutes.
- Arrêtez-vous de courir pendant 2-3 jours pour permettre au processus de guérison de démarrer, plus longtemps dans le cas d'une blessure plus grave.
- Lorsque vous reprenez commencez tout d'abord par courir très peu, un jour sur deux.
- Pas de travail de vitesse ou en côte pendant au moins deux semaines, ou jusqu'à ce que la douleur ait disparu.
- Les blessures au genou mettent en général plus de temps à guérir car l'on court dessus, ce qui les aggrave.
- Lorsque la blessure semble guérie, continuez à appliquer de la glace, réduisez le kilométrage et évitez la vitesse et l'entraînement en côte pendant encore 15 jours.

REMÉDIEZ AUX CAUSES DE LA BLESSURE AU GENOU. Les mesures suivantes ont déjà aidé des coureurs et peuvent être prises après consultation d'un bon médecin.

LES CHAUSSURES

Pied rigide : Remplacez les chaussures usagées et recherchez une chaussure offrant davantage d'amorti et de souplesse.

Pied flexible : Adoptez une chaussure plus stable. Une chaussure avec support intermédiaire assure un meilleur soutien qu'une chaussure qui en est dépourvue. Des chaussures munies d'un système antipronation peuvent aider. Si ces mesures se révèlent insuffisantes, demandez à votre podologue de réaliser une semelle sur mesure qu'il fabriquera en la moulant sur votre pied ce qui vous garantira une correction efficace.

LE SOUTIEN DU PIED. J'ai découvert que les problèmes de pronation se soignent mieux grâce à un solide support plantaire. Si cela ne suffit pas, utilisez un dispositif destiné à soutenir le pied (une semelle intérieure avec support plantaire incorporé et parfois un talon arrondi) ou une semelle intérieure et ajoutez-y une couche de liège ou de feutrine. Continuez à ajouter des couches sous la voûte de la chaussure jusqu'à ce que votre voûte plantaire soit solidement soutenue et que la pression soit bien répartie. De nombreux coureurs étendent ce rembourrage jusqu'au talon et à l'avant-pied (sous l'articulation du gros orteil) pour assurer au pied le plus de soutien possible et pour minimiser la pronation. (Ne mettez pas de rembourrage sous l'articulation du gros orteil si vous avez des durillons à cet endroit.)

EFFECTUEZ LES CORRECTIONS ÉVIDENTES. Une fois que vous avez compris ce qui s'est passé, soyez plus avisé quant aux causes du problème.

LA PRÉVENTION DES BLESSURES DU GENOU (avant qu'elles ne se produisent). Maintenant que votre genou est abîmé (sinon vous ne seriez pas en train de lire ce passage) vous vous intéressez naturellement aux moyens de ne pas recommencer.

Il n'y a rien de pire que de voir les autres coureurs « croiser » sur les routes pendant que vous boitillez en maugréant et en comptant les jours. Pourtant, une fois que vous serez rétabli (et vous vous rétablirez croyez-le ou non !), vous aurez la chance de développer les muscles appropriés qui soutiendront mieux votre corps et soulageront cette partie faible.

La course à pied développe les muscles postérieurs de la jambe : les mollets et les ischio-jambiers. Plus vous courez, plus ces muscles deviennent solides et puissants. Des quadriceps solides sont nécessaires pour maintenir la rotule alignée, soutenir le genou et contrôler la force motrice des solides muscles de la partie postérieure de la jambe. La course à pied ne fait pas grand chose pour le quadriceps. Les exercices élémentaires destinés à prévenir les blessures du genou sont donc conçus pour développer le quadriceps : l'élévation de la jambe en extension et les exercices sur vélo et vélo d'intérieur.

PROBLÈMES DU TENDON D'ACHILLE

Achille était l'un des plus grands guerriers de la mythologie grecque. Lorsqu'il était bébé, sa mère le plongea dans la rivière Styx pour le rendre invulnérable au combat. Mais elle dut le tenir par le talon et ceci resta son seul point faible. Il trouva la mort en recevant une flèche empoisonnée au talon.

Le tendon d'Achille reste le point faible de la plupart d'entre nous, même si nous n'avons pas été plongé dans le Styx. Lors d'une récente enquête concernant les blessures occasionnées par la course à pied, les problèmes du tendon d'Achille se plaçaient en deuxième position après les blessures du genou. Elles peuvent affecter à la fois les coureurs qui ont un pied flexible et ceux dont le pied est rigide.

Le tendon d'Achille est le tendon le plus solide du corps. Il est attaché à l'arrière de l'os du talon ou *calcanéum,* puis il monte et se rétrécit derrière la cheville pour ensuite s'élargir et venir s'attacher aux groupes de muscles du mollet.

L'ESSENCE DE LA COURSE A PIED. Lorsque le muscle du mollet se contracte, le tendon d'Achille tire fortement le calcanéum vers le haut, soulevant la partie arrière du pied et le préparant à effectuer une solide « poussée ». C'est cette poussée qui vous donne votre puissance. D'autres groupes musculaires comme les ischio-jambiers sont bien entendu impliqués, mais le mollet et le tendon d'Achille sont les chevaux qui font avancer la machine.

Les coureurs à pied rigide (ou les coureurs possédant une voûte plantaire haute) ont tendance à pousser avec puissance, utilisant leur pied comme un solide levier. Cela fatigue le tendon d'Achille dans sa totalité.

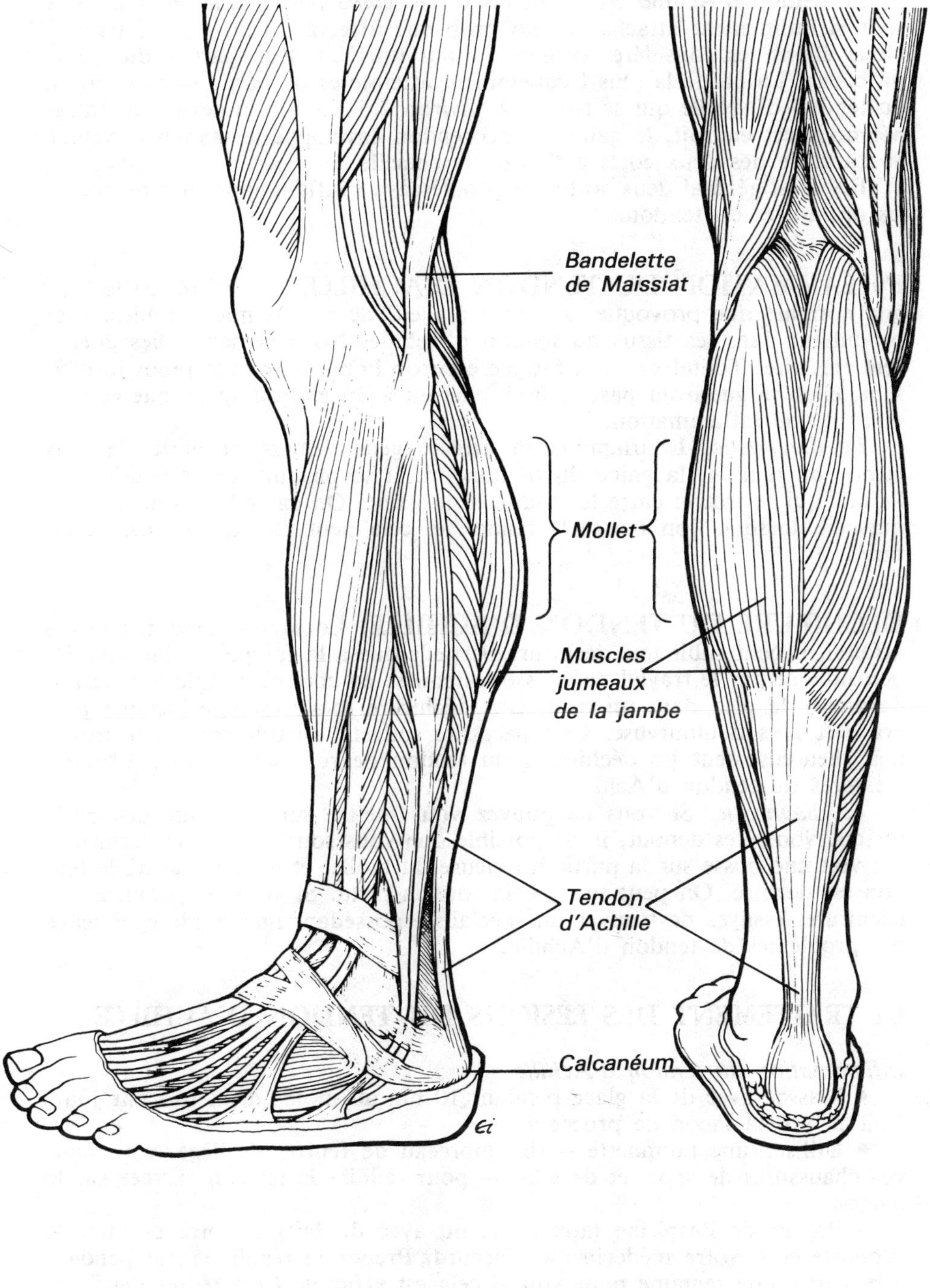
Bandelette
de Maissiat
Mollet
Muscles
jumeaux
de la jambe
Tendon
d'Achille
Calcanéum

Les coureurs à pied flexible qui avancent en pronation appuient surtout sur la partie interne du tendon d'Achille. Le couple de torsion de la pronation risque également de fatiguer d'autres parties. Le travail en côte et de vitesse et le port de chaussures sans talon ou à talon bas fatiguent davantage le tendon d'Achille.

Le tendon d'Achille est recouvert d'une *gaine péritendineuse*. Les deux sont si intimement attachés qu'un problème affectant l'un affecte l'autre. Nous allons les considérer comme faisant tous les deux parties du même problème. La partie la plus fréquemment atteinte est la partie la plus étroite du tendon d'Achille qui se trouve à environ 2,5-3,5 cm au-dessus du calcanéum. A cet endroit, la gaine du péritendon enveloppe le tendon d'Achille et s'attache des deux côtés à l'os de la cheville.

Il y a en général deux sortes de problèmes : l'inflammation du tendon et les déchirures du tendon.

INFLAMMATION DU TENDON D'ACHILLE. En raison de la fatigue normale que provoque la course à pied, de petites microdéchirures se produisent dans les tissus du tendon d'Achille. Normalement, elles guérissent très vite. Toutefois, si la fatigue est trop importante et le repos insuffisant, elles ne guériront pas, se multiplieront à un endroit spécifique et produiront une inflammation.

Le diagnostic. L'inflammation affecte généralement la partie la plus étroite du tendon, la gaine du péritendon. Il se produit une expansion du liquide qui se trouve entre le tendon et la gaine. On entend souvent un craquement lorsque l'on bouge le tendon et cela peut être douloureux (c'est rare).

DÉCHIRURE DU TENDON D'ACHILLE. Lorsque le tendon est déjà affaibli, il peut subir une déchirure partielle due à la fatigue supplémentaire occasionnée par le travail de vitesse, la course en côte ou simplement le fait de mettre le pied dans un trou. Une déchirure totale est une blessure plus grave et plus douloureuse. Cela nécessite souvent un traitement chirurgical mais heureusement les déchirures du tendon ne représentent que 2 % des blessures du tendon d'Achille.

Le diagnostic. Si vous ne pouvez vous mettre sur la pointe des pieds lorsque vous êtes debout, il est possible que vous souffriez d'une déchirure. On voit une bosse sur la partie inférieure du mollet et un écart là où le tendon est déchiré. On peut sentir cela sous la peau. Si vous soupçonnez une déchirure, essayez de trouver un spécialiste possédant une solide expérience des problèmes de tendon d'Achille.

LE TRAITEMENT DES LÉSIONS DU TENDON D'ACHILLE

Inflammation du tendon d'Achille

- Massez avec de la glace pendant 10 mn au moins deux fois par jour. Voir p. 170 la façon de procéder.
- Utilisez une talonnette — un morceau de feutre, de liège, etc., dans vos chaussures de sport et de ville — pour réduire la tension exercée sur le tendon.
- Prenez de l'aspirine (aux repas ou avec du lait) si votre estomac le supporte et si votre médecin est d'accord. Prenez-en régulièrement pendant à peu près une semaine pour voir si cela est efficace. Cela réduit l'enflure.

• Consultez votre médecin pour savoir pendant combien de temps vous devez vous reposer.

Déchirure du tendon d'Achille

• Massez avec de la glace et utilisez une talonnette comme indiqué pour l'inflammation du tendon (voir ci-dessus).

• Arrêtez de courir pendant au moins 4-6 semaines (ou pendant la durée prescrite par votre médecin) pour permettre à l'enflure de se résorber et au processus de guérison de démarrer. Si vous vous arrêtez dès le début, vos « vacances » ne dureront peut-être que quelques semaines, mais si vous forcez trop sur un tendon dans un tel état, vous risquez d'être privé de course pendant des mois. Consultez votre médecin. Lorsque vous reprenez l'entraînement, ne courez qu'un jour sur deux pendant environ 4-6 semaines — ou jusqu'à ce que vous vous sentiez mieux et que tout fonctionne à nouveau normalement.

Remarque. Méfiez-vous des piqûres de cortisone ou d'autres stéroïdes, car elles risquent d'affaiblir et/ou de dissoudre le tendon. Consultez plusieurs médecins avant de faire faire de telles piqûres. Cela pourrait vous coûter des mois, des années ou même le restant de votre vie de coureur.

APONÉVROSE PLANTAIRE ET AUTRES PROBLÈMES DU TALON

Une douleur dans le talon indique souvent un problème qui peut durer longtemps. Comme pour les autres lésions, préoccupez-vous du problème dès le début et évitez ainsi un repos forcé à long terme.

L'aponévrose plantaire (une structure du tissu conjonctif) part des orteils et de l'avant-pied, passe par la voûte plantaire et s'insère à l'os du talon en trois endroits : à l'extérieur, au milieu et à l'intérieur. Normalement, elle aide le pied à rebondir lorsqu'il roule en avant. Elle procure également un soutien à la voûte du pied. L'aponévrose plantaire aide le pied à rester droit, réduisant son oscillation.

Lorsque le pied est en pronation excessive (roule vers l'intérieur) l'aponévrose plantaire essaie de le stabiliser et d'éviter un roulement excessif. Au bout d'un certain temps, les connexions intérieures et parfois centrales sont surmenées et arrachées de leur point d'insertion.

En général, cela se manifeste tout d'abord par une douleur dans le talon, le matin au lever. En marchant, la douleur peut disparaître, mais elle réapparaît le matin suivant. Une inflammation et une douleur accrue sont les résultats d'une négligence à long terme et d'un abus prolongé.

Un éperon calcanéen peut se développer après une blessure lorsque le talon n'est pas soutenu. L'aponévrose plantaire est reliée à l'os du talon par de minuscules fibres. Lorque celles-ci sont irritées, elles s'enflamment avec du sang contenant des globules blancs. A l'intérieur de ces globules se trouvent des ostéoblastes qui se calcifient formant des éperons osseux et des dépôts de calcium. Le corps essaie de réduire le stress auquel est soumise cette partie en construisant un os là où se trouve le stress. Malheureusement, ces substances étrangères provoquent une douleur et une irritation supplémentaire dans les parties molles environnantes.

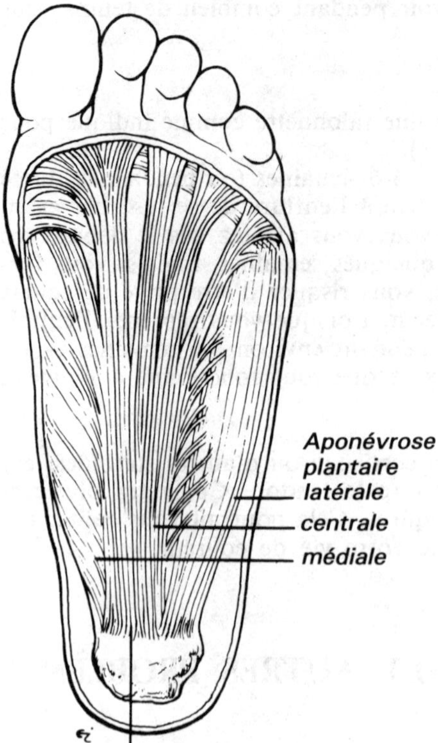

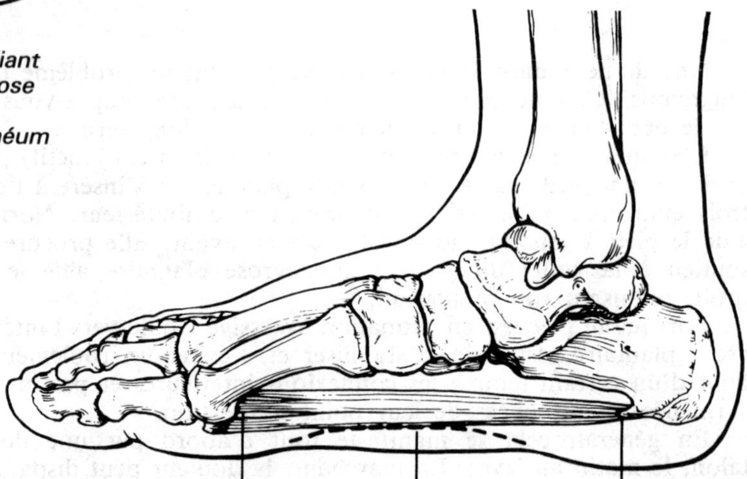

Une douleur chronique à long terme dans le talon peut être due à l'emprisonnement des nerfs calcanéens qui circulent à travers le muscle ou sous la voûte plantaire dilatés, ou à côté de l'éperon calcanéen. On peut avoir recours à la chirurgie pour couper ces nerfs et soulager la douleur. Soyez *très* prudent avant de vous laisser traiter chirurgicalement. Cela doit rester un traitement de dernier recours et qui doit être recommandé par au moins deux médecins.

LES DIFFÉRENTS TYPES DE PROBLÈMES DU TALON

L'APONÉVROSITE PLANTAIRE

Symptômes : douleur dans le talon, à la partie interne ou antérieure du talon. La douleur est très importante le matin, elle s'atténue au fur et à mesure que le pied s'échauffe.

Traitement

• Lorsque la douleur apparaît, mais avant qu'il n'y ait une inflammation, reposez-vous pendant 4-5 jours.

• Massez avec de la glace pendant 10 mn pour bien refroidir la partie. Laissez-la « se réchauffer » 20 mn puis remettez de la glace.

• Fabriquez un système de support plantaire dans vos chaussures. Essayez de répartir de façon égale la pression du poids de votre corps sur la totalité de votre voûte plantaire et de la disperser de la zone plantaire. Utilisez un coussinet en spirale ou un autre dispositif qui soutienne la voûte mais n'exerce aucune pression sur la partie douloureuse. Si les supports maison ne marchent pas, consultez un podologue pour qu'il vous fabrique une semelle correctrice sur mesure.

L'ÉPERON CALCANÉEN

Symptômes : douleur à la partie antérieure, interne ou centrale du talon qui peut malheureusement durer assez longtemps. Lorsque vous massez votre pied, vous pouvez localiser la zone douloureuse et souvent sentir une petite bosse. L'achilléite est un autre problème fréquent du talon (résultant souvent de la répétition de l'impact) que l'on traite de la même manière que l'éperon calcanéen.

Traitement

• Appliquez de la glace et utilisez un support plantaire comme indiqué ci-dessus. Si vous arrivez à localiser l'éperon, découpez un trou dans un morceau de feutre et mettez le trou sur l'éperon. Cela soutient la partie entourant l'éperon et diminue la pression qui s'y exerce.

• Massez l'éperon comme indiqué ci-dessus, 5-10 mn par jour. Commencez par masser légèrement avec le pouce, puis augmentez progressivement la pression jusqu'à ce que vous appuyiez fortement directement sur l'éperon avec vos articulations ou un objet rigide. Même si cela est douloureux, ce devrait être efficace.

DÉCHIRURE DE L'APONÉVROSE PLANTAIRE (rare)

Symptômes : douleur subite qui vous empêche généralement de courir et qui ne s'améliore pas au fur et à mesure que la journée passe. En général, on peut apercevoir une contusion de la région plantaire due à l'hémorragie et à l'inflammation.

Traitement

• Glace et support de la voûte, comme indiqué ci-dessus.

• Consultez un médecin. Prenez 4-5 semaines de repos et suivez ses conseils.

FRACTURE DE FATIGUE

Symptômes : talon douloureux pendant toute la journée ; la douleur est souvent accrue par la marche ou la course. La douleur est plus importante que dans le cas des autres problèmes de talon. On note souvent une enflure et une douleur se produit si l'on appuie sur le talon des deux côtés.

Traitement

- Appliquez de la glace et utilisez un support pour la voûte.
- Commencez par marcher, puis courez sans forcer si vous ne souffrez pas.

LÉSION DU NERF PAR ENGLOBEMENT (se produit rarement)

Symptômes : une douleur chronique qui dure depuis plus d'un an peut être due à une douleur des nerfs qui courent à travers le muscle dilaté de la voûte médiale ou à côté de l'éperon calcanéen. On ressent une douleur vive et des élancements, on a l'impression de recevoir des décharges électriques.

Traitement

- Essayez la glace, le support de la voûte, le massage.
- Si ces méthodes échouent, votre médecin vous recommandera peut-être une injection de stéroïde à assimilation rapide ou de vitamine B 12 ou le dégagement chirurgical du nerf. Si c'est le cas, consultez un deuxième médecin.
- Les piqûres comportent de nombreux risques, parmi lesquels la dissolution du tendon par le stéroïde et la rupture des vaisseaux sanguins ou des artères si l'on n'enfonce pas l'aiguille au bon endroit. On a également déjà utilisé la chirurgie pour soulager la douleur ; en dégageant certaines parties des nerfs ou une partie des connexions du ligament fatigué, on peut réduire la pression et la douleur. Demandez l'avis de plusieurs médecins au sujet de n'importe laquelle de ces méthodes et essayez d'en trouver un qui ait déjà eu affaire à ce type de blessure.

PROBLÈMES DU TIBIA

Il y a deux types de problèmes de tibia. Si vous palpez l'os situé en bas de la face antérieure de votre jambe *(tibia),* vous sentirez une zone osseuse plate appelée loge tibiale. Immédiatement à côté de cette zone se trouve le *muscle tibial antérieur.* Ce muscle est utilisé pendant tout le cycle de la course et comme il reçoit de nombreux chocs, la membrane qui le relie à l'os est parfois partiellement arrachée du tibia et il en résulte une douleur qui rappelle le mal de dent, dans la zone atteinte. Cela se produit le plus souvent lorsque vous en avez trop fait, trop tôt ou que vous avez changé soit de chaussures ou soit de surface ou de programme d'entraînement sans prendre suffisamment de temps pour vous adapter aux changements. Les coureurs expérimentés rencontrent souvent ce problème après une course en descente.

Depuis peu, on utilise le terme de déchirure du mollet pour décrire une blessure du muscle tibial postérieur. Ce muscle se trouve sur la face interne de l'os plat tibial. Il s'agit d'un muscle profond qui sert à stabiliser le pied lorsque l'on s'appuie dessus et à pousser pour quitter le sol. Ce muscle peut être étiré et développé en même temps que les autres muscles du mollet, en suivant les explications données pour l'étirement du mollet et du tendon d'Achille.

Laissez à ce muscle le temps de guérir. Il est toujours nécessaire de réduire le kilométrage.

Un pied flexible, en pronation excessive roulera vers l'intérieur, obligeant les muscles de la loge tibiale à se soumettre et en fatiguera un ou les deux à la fois. Les coureurs possédant un pied rigide ont tendance à souffrir de problèmes de la loge tibiale interne.

Le podologue Irving Miller, d'Atlanta a récemment confié qu'il avait constaté une augmentation de la pronation chez les coureurs âgés qui, pense-t-il, est due au raidissement des muscles — en particulier des muscles du mollet et de ceux qui se trouvent sur la face externe de la jambe. Cela provoque un retournement des pieds vers l'extérieur qui sont alors plus enclins à la pronation pendant la marche ou la course, ce qui provoque des problèmes de tibia. Un programme d'étirements modérés y remédiera.

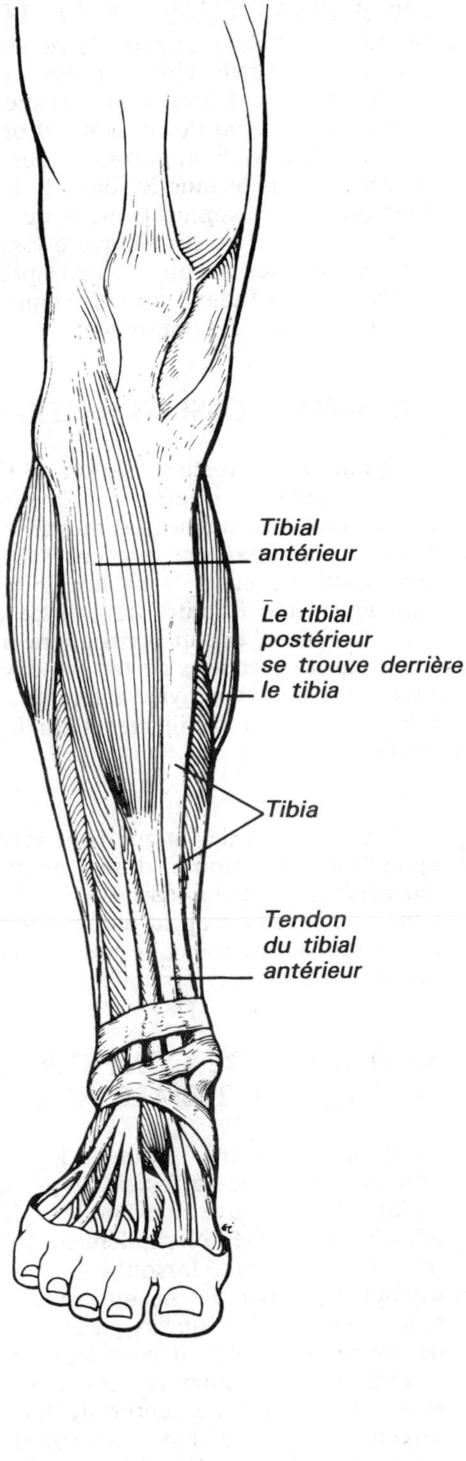

CINQ PROBLÈMES DE LA LOGE TIBIALE. Le tibia est recouvert par une membrane appelée le *périoste.* Il s'agit d'une bande rigide de tissu mou dans laquelle circulent des nerfs et le sang. Les muscles de la loge tibiale s'attachent à cette membrane juste en dessous du genou et près de la cheville, au moyen des tendons. Lorsque les muscles de la loge tibiale subissent une agression importante, des problèmes peuvent se produire en cinq endroits : dans le muscle, dans le tendon, sur le périoste, sur l'os lui-même ou dans les « compartiments » du muscle.

Si vous avez un problème de loge tibiale quel qu'il soit, assurez-vous que vous n'éprouvez aucun des deux premiers symptômes mentionnés ci-dessous — fracture de fatigue ou syndrome de la loge tibiale antérieure — avant de vérifier les autres symptômes.

PROBLÈMES OSSEUX = FRACTURE DE FATIGUE

Symptômes : forte sensation de tiraillement aux points de connexion ; un impact répété ou un effort de torsion provoquera parfois un craquement ou une cassure à la surface ou au cœur même du tibia. Cela survient lentement et ne produit pas une douleur subite, même s'il y a souvent une douleur lancinante. Il peut y avoir une inflammation. Le meilleur moyen pour diagnostiquer une fracture de fatigue est d'appuyer de chaque côté du talon avec les doigts, ce qui provoquera une douleur. Plus vous faites de kilomètres, plus les fractures de fatigue deviennent douloureuses. Si la douleur persiste après que vous ayiez arrêté de courir ou si vous ressentez un engourdissement ou des fourmillements sur le dessus du pied, il s'agit d'un problème médical grave.

Traitement

Les fractures de fatigue sont visibles aux rayons X environ 4-6 semaines après leur apparition et durent environ 6 semaines. Consultez votre médecin (en général un orthopédiste) qui plâtera peut-être la jambe pour éviter que vous ne fatiguiez trop la partie atteinte. Essayez de déterminer les causes de la fracture et envisagez le port de chaussures bien amorties (semelles à air) ou de semelles correctrices.

SYNDROME DE COMPRESSION DU MUSCLE = SYNDROME DE LA LOGE TIBIALE ANTÉRIEURE

Symptômes : Il y a quatre loges os-muscle dans la jambe, mais la plupart des problèmes affectent le groupe de la loge tibiale antérieure. Autour du muscle se trouve une bande rigide ou une aponévrose de tissu que l'on appelle une gaine. Normalement la gaine se dilate en même temps que le muscle. Cependant, lorsqu'il se produit une enflure subite et que le muscle est maintenu par des os ou par d'autres muscles de deux côtés ou davantage, il est possible que la gaine ne puisse se dilater. La pression qui résulte de cet emprisonnement peut léser le nerf et/ou les vaisseaux sanguins et les artères qui sont contenus dans le muscle. Il peut y avoir une douleur diffuse et qui en général s'accentue de façon dramatique lorsque l'on court. Cette affection peut être due à un surentraînement, à un travail en côte ou de vitesse subit ou au fait de trop courir sur les orteils.

Traitement
Il peut s'agir d'un problème assez grave qui peut avoir des effets permanents si vous n'y prêtez pas attention. Si vous éprouvez un engourdissement ou une douleur au-dessus de votre pied, n'insistez pas pour courir ou ne calmez pas la douleur avec des médicaments (y compris de l'aspirine). Si au bout de deux jours la douleur n'a pas disparu, consultez un médecin.

FATIGUE MUSCULAIRE = MYOSITE

Symptômes : douleur musculaire, inflammation probable. Dans la plupart des cas, la douleur semble provenir de l'intérieur du triceps sural et s'estompe un peu au fur et à mesure que l'on s'échauffe en courant.

Traitement

• Repos : Reposez-vous pendant 3-5 jours *(sans courir !)* pour permettre au processus de guérison de démarrer, puis essayez de marcher. Si la marche ne provoque aucune douleur, essayez de courir sans forcer. Essayez de courir un jour sur deux jusqu'à ce que la blessure semble aller mieux. Parlez-en à un médecin et à chaque séance de course restez en deça du seuil de la douleur.

• Appliquez de la glace s'il y a enflure — 10 mn au moins une fois par jour.

• Si votre médecin est d'accord et si votre estomac le supporte, prenez 2 aspirines à chaque repas.

• Étirez régulièrement (et sans forcer) le tendon d'Achille et les muscles du mollet.

• Faites des exercices pour développer les muscles de la loge postérieure.

• Demandez à votre podologue des chaussures plus stables ou des chaussures sur mesures.

FATIGUE DU TENDON = TENDINITE

Symptômes : aux points de connexion, les tendons peuvent être arrachés de l'os ou subir une lésion quelconque. En général, le problème est localisé au point de connexion situé soit en haut, soit en bas de la jambe et il y a une enflure. Au point le plus bas, il s'agit d'un problème de tendon tibial postérieur que l'on peut voir saillir lorsqu'il est fléchi — au milieu de la face interne de la jambe, juste à côté du tibia et juste en dessus de l'os de la cheville. Si cette partie est douloureuse au toucher, il peut y avoir également une inflammation des tendons fléchisseurs des orteils qui se trouvent juste en dessous de ce tendon. Voilà comment on peut isoler le groupe musculaire et savoir si les tendons tibials postérieurs profonds sont enflammés : Asseyez-vous. Tenez votre pied et soulevez-le vers l'intérieur. Si cela vous fait mal, il s'agit du tendon tibial postérieur. Si vous avez mal lorsque vous tenez votre pied droit et essayez de « plier » vos orteils, il s'agit alors d'une inflammation des tendons fléchisseurs des orteils.

Traitement
Identique à celui de la myosite décrit ci-dessus.

FATIGUE DE LA MEMBRANE QUI RECOUVRE L'OS = PÉRIOSTITE

Symptômes : le périoste est la fine membrane (partie molle) qui recouvre l'os. Les tendons sont attachés au périoste plutôt qu'à l'os lui-même. Le surmenage peut provoquer une irritation — normalement localisée aux points de connexion supérieurs ou inférieurs. La douleur est diffuse dans la zone atteinte, semblable à celle provoquée par une fracture de fatigue, mais elle n'est pas localisée en un point spécifique. Elle ne diminue pas et peut même s'accroître lorsque l'on court. La guérison peut prendre 3-4 semaines.

Traitement

- Reposez-vous complètement pendant 2-4 semaines pour permettre à la guérison de commencer. Discutez avec votre médecin pour savoir quand vous pouvez recommencer à courir. (Voir les exercices de remplacement à faire pendant cette période. Le mieux est de courir dans l'eau d'une piscine.)
- Tout autre traitement similaire à celui de la myosite, page précédente.

UN ENTRAÎNEMENT VARIÉ ET ÉQUILIBRÉ

La pratique d'un sport excluant tous les autres peut produire un déséquilibre musculaire et provoque souvent des blessures particulières à un sport. Ces dernières années, les entraîneurs et les athlètes en sont arrivés à reconnaître le bien-fondé de participer à plusieurs activités sportives pour parvenir à un meilleur équilibre musculaire. Si la course à pied fait d'abord travailler les muscles de la loge postérieure de la jambe et le triceps sural, le cyclisme développe le quadriceps, la natation développe la partie supérieure du corps et le ski de fond est un moyen formidable d'entraîner tout le corps en évitant le traumatisme de la course à pied. Voici quelques-uns des avantages que vous apporte le fait d'ajouter d'autres sports à votre programme d'entraînement.

ENTRAÎNEMENT CARDIO-VASCULAIRE. Vous pouvez augmenter votre entraînement cardio-vasculaire hebdomadaire en pratiquant d'autres sports. Si vous passiez le même nombre total d'heures à courir, vous contracteriez très certainement des blessures.

VARIEZ LES SPORTS. L'été lorsque la chaleur est étouffante, la natation est une alternative agréable de même que le cyclisme, avec sa brise incorporée. Les vélos d'intérieur, les appareils à ramer et les piscines couvertes offrent tous la même protection contre les rigueurs de l'hiver. Le fait d'ajouter d'autres sports à votre programme de course à pied vous aide à surmonter les périodes de baisse de motivation et à vous remettre à la course en vous sentant remonté et reposé.

BRÛLER LES GRAISSES. Ceux qui courent pour perdre du poids s'enthousiasment au fur et à mesure que le kilométrage augmente et que leur graisse fond. Malheureusement, une augmentation trop importante du kilométrage conduit souvent à la blessure. Là encore, le fait d'inclure d'autres sports peut permettre de continuer à brûler les graisses et de contrôler son poids.

LES TRIATHLONS. Si le « Hawaï Ironman » est réservé aux super athlètes et/ou à ceux qui ont la possibilité de s'entraîner six heures par jour, les versions allégées vont devenir de plus en plus populaires dans les années 80 — surtout celles que l'on peut terminer dans le temps du marathon (3-4 heures) ou moins. Si vous courez depuis un certain temps vous êtes déjà entraîné pour 1/3 de l'épreuve.

Voici une suggestion de programme pour commencer l'entraînement au triathlon :

Lundi	: long parcours à vélo.
Mardi	: course de vitesse.
Mercredi	: long parcours à la nage.
Jeudi	: course de vitesse à vélo. promenade de course à pied.
Vendredi	: course de vitesse à la nage. promenade à vélo.
Samedi	: repos.
Dimanche	: longue course.

Pour chaque activité, on consacre une journée au fond, à la vitesse et à la détente.

6

L'alimentation

20. La nutrition
21. Le carburant
22. Courir pour éliminer les graisses

20. LA NUTRITION

Les rumeurs concernant les habitudes alimentaires des athlètes de niveau international abondent dans le monde de la course à pied. Il y a quelques années, je circulais dans une salle de restaurant remplie de coureurs qui se servaient autour d'un buffet garni. Une assiette ne contenait rien, excepté une montagne d'olives noires.

Nous sommes souvent tentés d'imiter les habitudes alimentaires des coureurs qui sont nos héros, dans l'espoir de découvrir ce carburant spécial qui « allumera notre feu ». Mais très souvent les coureurs excellent *en dépit de* leur régime alimentaire. Ce n'est pas parce qu'il arrive qu'un grand coureur semble réussir en se nourrissant de hamburgers, de frites, de crèmes glacées et de boissons gazeuses sucrées que cela signifie qu'il faille suivre son exemple. D'une part, il faut envisager les résultats à long terme sur la santé : les différences entre ceux qui se nourrissent de façon médiocre et ceux qui se nourrissent sainement n'apparaîtront peut-être qu'au bout de 10-15 ans.

En outre, il n'est pas suffisant de « se sentir bien » et de « survivre ». Il est possible que vous vous sentiez bien alors que la détérioration est lentement en train de s'installer en vous. Le comité contre les maladies cardio-vasculaires peut vous citer des cas de victimes de crises cardiaques qui avaient consommé pendant 30 ans ou plus des doses mortelles de graisses animales sans éprouver d'effets nocifs et qui un beau jour... clac !

UN PASSÉ VÉGÉTARIEN. Nous pouvons tirer quelques enseignements pour un régime correct en examinant ce que nos ancêtres mangeaient. Les scientifiques nous disent qu'ils étaient principalement végétariens et le prouvent en faisant remarquer la longueur du tube digestif des êtres humains. Les légumes et les céréales ne lâchent pas facilement leurs nutriments et il faut un intestin long et sophistiqué pour les faire éclater. Ce type d'« usine de transformation » est nécessaire pour les herbivores. Au contraire, les carnivores comme le tigre ou le chien possèdent un tube digestif droit et court.

Nos ancêtres parcouraient des distances importantes à la recherche de noix, de fruits et de racines. Cela leur permit d'acquérir une endurance cardio-vasculaire et une ruse formidable. Ce n'est qu'alors qu'ils devinrent des chasseurs efficaces. Comme ils ne possédaient pas la vitesse de chasse de la plupart des quadrupèdes, ils durent acquérir une endurance beaucoup plus importante pour pouvoir parfois poursuivre des animaux pendant des jours et couvrir de très longues distances. C'est ainsi que les premiers chasseurs devinrent les premiers coureurs humains de grand-fond.

De nos jours, de nombreux coureurs expérimentés sont essentiellement végétariens, mais ajoutent à leur régime de petites quantités de viande (surtout du poulet et du poisson). C'est un régime que je suis depuis maintenant des années et qui donne d'excellents résultats. Je suis arrivé à cette approche de l'alimentation en tenant compte non seulement du passé, mais aussi des récentes découvertes des nutritionnistes et de mes propres observations sur la façon dont les différents aliments et régimes influençaient ma santé et ma façon de courir.

Dans ce chapitre, nous allons étudier les six composantes d'un régime sain : protéines, lipides, hydrates de carbone, eau, vitamines et minéraux. Il ne s'agit pas d'un exposé scientifique sur le sujet, mais plutôt d'un bref examen de ces éléments essentiels dont tout le monde a besoin, l'accent étant mis sur ce que je crois être la meilleure combinaison pour tout individu se livrant à une activité physique vigoureuse.

LES PROTÉINES. C'est devenu un mythe de croire que les athlètes ont besoin de grandes quantités de protéines. En fait, tout le monde a besoin de protéines, mais aujourd'hui de nombreux nutritionnistes pensent que les coureurs n'en ont pas un plus grand besoin que les autres et que l'on consomme déjà beaucoup plus de protéines qu'il ne nous en faudrait.

Les protéines ne sont pas directement utilisées comme carburant lors de l'exercice, mais comme matériau de construction pour les cellules, les muscles et les tissus du corps. Un enfant en pleine croissance a besoin de trois fois plus de protéines qu'un adulte, à poids égal.

Bien entendu, nous pouvons trouver nos protéines dans la viande. Nous pouvons aussi en trouver dans les produits non carnés, ainsi que dans les produits laitiers et les œufs. Le fait de privilégier les sources non carnées présente des avantages, surtout aujourd'hui où nous risquons d'absorber les hormones, les médicaments et les insecticides que le bétail gavé de céréales a ingurgités. En outre, la viande que nos ancêtres nomades mangeaient provenait d'animaux sauvages minces alors que la viande rouge consommée aujourd'hui contient d'importantes quantités de graisses saturées qui peuvent s'installer dans les artères humaines et les boucher. Leur texture est si complexe et si difficile à digérer qu'elles passent lentement à travers le tube digestif pouvant provoquer de graves problèmes dans le colon.

Si vous êtes *vraiment* décidé à adopter un régime végétarien, vous devez comprendre quelques principes nutritionnels élémentaires. A présent, vous savez sans doute que les protéines animales sont « complètes », ce qui n'est pas le cas des protéines végétales. Cela signifie que tous les produits d'origine animale contiennent tous les acides aminés (les constituants de base des protéines) de sorte que lorsque vous mangez de la viande, vous absorbez tous les éléments de base des protéines dont vous avez besoin. Ces acides aminés sont utilisés de différentes manières par le corps ; certains sont décomposés et réassemblés sous d'autres formes afin de couvrir des besoins particuliers. Les acides aminés excédentaires sont décomposés en sucre et stockés sous forme de graisse.

Le problème qui se pose lorsque l'on trouve ses protéines dans des sources non carnées comme les céréales, les graines, les produits laitiers et les légumes est qu'aucun de ces produits ne contient tous les acides aminés. En fait, des 22 acides aminés utilisés par le corps, nous pouvons en fabriquer 13 d'après les différents constituants des aliments que nous consommons. Il en reste donc 9 que nous devons absorber directement. Ces neuf acides aminés se trouvent à la fois dans la viande, la plupart des produits laitiers et le soja. Quoi qu'il en soit, les végétariens doivent veiller à associer les aliments faisant partie de leur régime pour trouver des acides aminés. Ce n'est pas aussi difficile que cela le paraît, mais il est vraiment nécessaire de comprendre quelques principes de base.

Méfiez-vous des régimes farfelus ne reposant sur aucune preuve scientifique. J'ai essayé une fois un régime végétarien expérimental à la suite duquel je « tombai en panne de carburant ». Alors que j'avais l'habitude de parcourir 30 miles, après avoir suivi ce régime pendant environ trois semaines, j'eu du mal à en faire 10. Je souffris également de problèmes de concentration mentale. J'avais lu quelque part que les noisettes et le jus de carotte m'apporteraient la bonne combinaison d'acides aminés, j'en avalai donc tous les jours. Plus tard, je calculai la quantité de ces ingrédients dont j'aurais eu besoin et je découvris qu'il m'aurait fallu chaque semaine aller chercher à l'épicerie des sacs de 25 kg de chacun de ces produits.

LES LIPIDES. A l'heure actuelle, 42 % de la ration calorique quotidienne est constitué de lipides. Il se trouve que cela constitue l'une des principales causes de maladie cardiaque. Comme vous le savez probablement, les experts ont récemment recommandé que nous réduisions notre ration de lipides — sans toutefois tomber d'accord sur la quantité. La commission sénatoriale américaine chargée de la nutrition et des besoins alimentaires humains a suggéré que 30 % de lipides constituaient une quantité raisonnable, alors que certains nutritionnistes recommandent de ne pas dépasser 10 %.

Le fait d'inclure une proportion suffisante de lipides dans son régime ne semble pas poser de problèmes. Jusqu'à présent, il semblerait qu'une grande cuillerée à soupe d'huile végétale polyinsaturée par jour suffit à couvrir les besoins nutritionnels. Il serait difficile de ne pas absorber ce minimum. La quantité que nous absorbons au-delà de ce minimum dépend du type d'aliments que nous consommons. La viande, le fromage, les noix, les céréales et les légumes contiennent tous des quantités variables d'acides « gras », les éléments chimiques que nous appelons graisses et huiles.

Le type et la qualité des acides gras varient selon les différents aliments. Les graisses animales (que l'on trouve dans les viandes, les œufs, le fromage et le beurre) contiennent un pourcentage élevé de cholestérol et de graisses saturées qui sont les substances les plus impliquées dans les maladies cardiaques. La viande rouge — le bœuf, l'agneau ou le porc — est beaucoup plus riche en graisses que le poulet ou le poisson. La teneur en lipides des produits laitiers est variable depuis le lait écrémé et le fromage blanc ou le babeurre jusqu'au lait entier, au gruyère ou à la crème fraîche.

En général, en ce qui concerne la santé à long terme, c'est une bonne idée que de réduire la consommation d'aliments gras.

LES HYDRATES DE CARBONE. Si nous n'avons pas besoin d'une quantité de protéines aussi importantes que cela et si nous consommons déjà trop de graisses, alors que sommes-nous censés manger ? La réponse c'est les hydrates de carbone — des aliments riches en amidon et en sucres naturels tels que le pain, les céréales, les pâtes, les haricots secs, les pommes de terre et certains légumes. Ces amidons sont également appelés « hydrates de carbone complexes » parce qu'ils sont composés d'un certain nombre de molécules de sucre ou « hydrates de carbone simples ». Une fois ingérés, ces hydrates de carbone complexes sont décomposés en sucres simples et transportés à travers la circulation sanguine jusqu'au foie où ils sont transformés en glucose. Une partie de ce glucose est alors transformée en glycogène et stockée dans les muscles et dans le foie. Les hydrates de carbone sont un carburant à « combustion propre » dans la mesure où ils ne contiennent pas les éléments toxiques des graisses et des protéines auxquels notre corps doit faire face.

Un autre avantage d'un régime riche en hydrates de carbone c'est que les aliments dans lesquels ils se trouvent nous fournissent non seulement l'énergie, les vitamines et les minéraux dont nous avons besoin, mais aussi les fibres alimentaires. Les fibres contenues dans les légumes aident à la digestion, nous apportent moins de calories et jouent un rôle important dans le transit intestinal et la prévention de la constipation. Voilà une bonne nouvelle pour les coureurs et pour ceux qui souhaitent garder la ligne.

Cependant, lorsque nous consommons trop d'hydrates de carbone et absorbons plus de calories que nous ne pouvons en brûler, l'excédent se transforme en graisse. La même chose se produit avec les graisses et les protéines. Notre corps brûle le sucre pour l'énergie et stocke le carburant sous forme de graisse.

Les coureurs qui font de la compétition et qui — comme vous le savez peut-être — sont prêts à faire presque n'importe quoi pour améliorer leur performance, ont découvert l'importance des hydrates de carbone comme carburant pour l'activité physique. (Ceci est traité de façon plus détaillée, *La surcharge en hydrates de carbone.)*

L'EAU ET LE SEL. Le danger ne réside pas dans le fait de négliger complètement l'eau, mais dans celui de ne pas suffisamment en boire de manière régulière. Notre corps se compose à 60-70 % d'eau. Le pourcentage est légèrement moins élevé chez les femmes que chez les hommes et un peu plus élevé chez les athlètes que chez les non-athlètes. Il s'agit néanmoins de différences mineures. Le principe de base est que nous avons tous besoin chaque jour d'une étonnante quantité d'eau (environ 2,5 litres) même lorsque nous ne faisons aucun exercice physique et que la température est douce. Lorsque nous faisons de l'exercice et qu'il fait chaud, ce chiffre peut facilement être multiplié par deux.

L'eau est indispensable au maintien de la plupart des processus vitaux de notre organisme. Le sang est essentiellement composé d'eau. L'eau nous rafraîchit par temps chaud grâce à la transpiration et à la dilatation des capillaires à la surface de la peau.

Votre corps perd de l'eau au fur et à mesure de la journée, il est donc préférable d'en prendre par petites doses. De petites quantités de 15-20 cl seront plus efficacement assimilées que des quantités plus importantes. Puisque vous en perdez toutes les heures, essayez de remplacer cette perte à chaque heure. Si vous buvez suffisamment d'eau, vos urines devraient être de couleur claire, comme la bière blonde. Si vos urines sont foncées, cela signifie que vous devriez boire davantage.

Les athlètes doivent se rappeler que la soif n'est pas un indicateur efficace de la perte d'eau. Si vous faites de la compétition, vous devez boire une quantité supplémentaire d'eau aux premiers postes de ravitaillement en eau de l'épreuve, même lorsque vous n'avez pas soif.

Plusieurs journées de séances d'entraînement déshydratantes peuvent avoir de graves conséquences. Si vous vous apercevez que vous perdez trop de poids après les séances d'entraînement, c'est un signe de déshydratation, pas de perte en graisse ; cela vient beaucoup plus lentement. Cela indique que vous devriez boire davantage d'eau. (Les conseils pour une prise suffisante de liquide à l'entraînement et en compétition se trouvent p. 84 à 87).

Faut-il prendre davantage de sel lorsque l'on s'entraîne et que l'on transpire abondamment ? La plupart des spécialistes de l'exercice pensent que la quantité de sel consommée dans le cadre d'un régime normal est suffisante et ne recommandent pas d'en ajouter. En général lorsque leur taux de sel est trop bas, les gens salent leurs aliments ou se mettent à rechercher des aliments salés.

LES VITAMINES ET LES MINÉRAUX. Les vitamines sont les catalyseurs qui permettent le fonctionnement des processus vitaux de l'organisme. Alors qu'il y a quelques années de nombreuses personnes pensaient que les vitamines et les minéraux sous forme de compléments étaient nécessaires pour une bonne nutrition, de nombreux nutritionnistes et physiologues sportifs ont récemment abouti à la conclusion qu'un régime équilibré répond généralement aux besoins du corps. C'est particulièrement vrai pour les gens qui mènent une vie active car ils utilisent davantage d'aliments en tant que carburant pour leurs activités et absorbent ainsi davantage de vitamines et de minéraux.

Parmi les différents minéraux dont notre corps a besoin, seuls quelques-uns ont une importance particulière. Certains, comme le sodium existent en quantité si abondante dans les aliments qu'il est difficile de les éviter, alors que d'autres comme le sélénium ne nous sont nécessaires qu'en si petite quantité qu'il serait difficile de ne pas en absorber assez. Le calcium, le fer et le zinc sont trois minéraux auxquels nous devrions faire attention. La plupart des femmes savent déjà probablement que leurs besoins en fer sont plus importants jusqu'à la ménopause. Pourtant, ce n'est que récemment que l'on a découvert l'importance du calcium. Les chercheurs commencent à faire la relation entre une déficience en calcium et l'ostéoporose et ont augmenté les doses conseillées (voir p. 159). Là encore, ceci semble concerner davantage les femmes que les hommes. Le zinc est également étudié de près pour le rôle qu'il joue dans la réparation des tissus. D'une manière générale, pour ces minéraux et pour d'autres, les nutritionnistes suggèrent que nous mangions des céréales, des légumes verts à feuilles et de la viande. (Les haricots secs, les petits pois et les raisins secs sont une bonne source végétarienne de fer.) Ils disent également que le foie est la meilleure source concentrée de minéraux ; il contient également un pourcentage élevé de lipides, mais une petite portion (75 g) apporte une quantité importante de fer, de vitamines A et B et de minéraux.

Encore une fois, le meilleur moyen de se procurer des vitamines est de suivre un régime bien équilibré. Si vous prenez des suppléments, il est important de faire attention aux surdoses possibles de vitamines liposolubles A et D. Celles-ci sont stockées dans le corps et si vous en prenez trop, il peut y avoir une accumulation toxique.

Les aliments particulièrement riches en vitamine A et D sont les œufs, le lait vitaminé (D) et les légumes jaunes (A). La vitamine D est également fabriquée par le corps lorsque la peau est exposée à la lumière du soleil. Les céréales et le pain, les haricots secs, le foie et les légumes verts à feuilles sont une bonne source de vitamine E. Les vitamines E et K sont liposolubles et peuvent donc être toxiques, mais ceci est extrêment rare.

Les vitamines hydrosolubles — les vitamines du groupe B et la vitamine C — ne sont pas stockées dans le corps et il est nécessaire d'en prendre chaque jour. Ces vitamines possèdent différentes fonctions et peuvent être absentes d'un régime contenant beaucoup d'aliments très raffinés. La vitamine C se trouve dans les agrumes, les tomates, les légumes vert foncé et les pommes de terre (cuites au four, pas frites). On trouve les vitamines B dans les céréales et le foie. Les haricots secs, les petits pois et le lait en apportent également. La vitamine B 12 est particulièrement importante pour les végétariens stricts (qui ne mangent aucun produit d'origine animale, y compris le lait, le fromage ou les œufs) car il semble qu'on ne la trouve que dans les produits animaux. Les végétariens devraient donc prendre des comprimés de vitamine B 12.

> En conclusion, un régime associant une large variété de produits frais, de céréales, de fruits, de légumes, de laitages et un peu de viande devrait vous apporter toutes les vitamines et tous les minéraux dont vous avez besoin. Si vous ne prenez pas toutes ces vitamines, il est temps de faire quelques recherches. Les informations que je vous ai fournies ici ne constituent qu'une introduction rudimentaire sur le sujet.

21. LE CARBURANT

SE NOURRIR EN VUE D'UNE PERFORMANCE

J'aimerais vous offrir un régime miraculeux exclusif qui vous permettrait de dépasser vos objectifs. Des bruits courent concernant de telles méthodes expérimentales. En 1978, Dick Gregory mit au point un régime spécial pour l'un des meilleurs marathoniens de Boston, Vinny Fleming. Après l'avoir suivi pendant plusieurs semaines, il participa cette année-là au célèbre marathon de sa ville natale et avala une décoction spéciale au passage des 20 miles. Cela lui permit non seulement de réduire son temps de plusieurs minutes, mais il déclara ensuite que lorsqu'il avait pris cette « infusion » au vingtième mile, cela lui avait donné un sérieux coup de fouet.

Dick refuse de révéler la formule, mais je n'aime pas ce genre d'histoires. Elles cachent la vérité fondamentale qui est que l'entraînement contribue beaucoup plus à améliorer la performance que le régime suivi. C'est sa condition physique qui permit à Fleming d'améliorer son temps et non pas la boisson qu'il avait prise. Pour un niveau de condition physique donné, certains régimes amélioreront un peu la performance, d'autres l'entraveront un peu. Le régime compte davantage à long terme qu'à court terme.

LA SURCHARGE EN HYDRATES DE CARBONE. Des études réalisées à la fin des années 60 montrèrent que les rats stockaient des quantités plus importantes de glycogène lorsqu'on leur faisait suivre une routine particulière de régime et d'exercice. On soupçonna alors que les coureurs pourraient améliorer leur performance en suivant le même programme basé sur l'épuisement puis sur la surcharge d'hydrates de carbone avant une course. La routine est la suivante : sept jours avant la course, il faut effectuer de longues courses à un rythme soutenu ; ceci épuise les ressources en glycogène emmagasinées dans les muscles et dans le foie. Les trois jours suivants, vous vous entraînez normalement et consommez surtout des lipides et des protéines — ceci maintient les réserves de glycogène à un niveau très bas. Puis trois jours avant la course, vous vous entraînez sans forcer et vous vous bourrez d'hydrates de carbone. Ceci est censé vous apporter des réserves de ce carburant à combustion propre.

Je ne suis pas un adepte de cette méthode. Je l'ai expérimentée en 1973 pour le Marathon de Boston alors que je ne m'étais jamais trouvé dans une aussi bonne condition physique et je tombai en panne de carburant à mi-parcours. La seule modification que j'avais apportée à mon train-train concernait mon régime. Je suivis à nouveau ce régime à la lettre en 1974 pour la « Charleston Distance Run » et je souffris de sévères crampes musculaires. Ceci ne m'était encore jamais arrivé et cela ne m'est plus jamais arrivé depuis.

Suite à ces expériences, j'ai naturellement beaucoup réfléchi à la méthode de surcharge en hydrates de carbone. J'ai deux bonnes raisons de déconseiller ce programme basé sur l'épuisement et la surcharge. Premièrement, un changement radical de régime comme celui-ci peut perturber l'organisme de nombreuses façons : en diminuant la résistance aux maladies, en perturbant le psychisme, la chimie et les rythmes du corps. Vous n'avez certainement pas besoin d'une telle perturbation avant une compétition. Deuxièmement, le carburant que vous voulez brûler c'est la graisse et non le glycogène. L'entraînement apprend aux muscles à utiliser la graisse pendant toute la durée d'une course et à réduire le besoin en glycogène. Une allure correcte apprend au corps à utiliser les réserves limitées de glycogène pour en tirer le meilleur profit possible.

Une autre solution qui permet d'éviter ces problèmes est d'avoir un régime équilibré et d'y ajouter simplement des rations supplémentaires d'hydrates de carbone les trois derniers jours. Soyez raisonnable, n'en mangez pas *trop*. De cette manière, vous prendrez plaisir à manger et vous éviterez les parties désagréables du programme de surcharge en hydrates de carbone. J'ai essayé cette méthode et j'ai obtenu de bons résultats.

LES LIQUIDES. Le danger ne réside pas dans le fait d'oublier complètement de boire, mais dans celui de ne pas boire suffisamment de façon régulière. Notre corps est essentiellement composé d'eau ; elle se cache dans divers coins et recoins. Par exemple, on ne peut stocker le glycogène sans eau. L'eau nous refroidit lorsqu'il fait très chaud par le biais de la transpiration et de la dilatation des capillaires à la surface de la peau.

Pour remplacer l'eau que nous perdons petit à petit au cours de la journée (même par temps frais) on devrait boire 15-20 cl toutes les heures et prendre des boissons électrolytes diluées, jus d'orange, de pamplemousse ou de tomate ou une boisson d'effort qui contient du potassium et du magnésium.

Au fur et à mesure que le départ de la course approche, les liquides devront être plus dilués. Au cours des deux dernières heures, je ne bois que de l'eau ; ceci diminue le risque de problèmes gastriques. Durant une épreuve, il est impossible de boire suffisamment pour remplacer l'eau en transpirant ; alors, comme un bon chameau, il vaut mieux se remplir l'estomac avant de partir. Continuez néanmoins à boire de petites quantités. Ne buvez pas une énorme quantité en une seule fois.

Pendant la course. La déshydratation est un problème très important pendant le marathon, relativement moindre dans des courses plus courtes. Lorsqu'il fait chaud, un coureur de marathon peut perdre en un jour 1 ou 2 litres d'eau par heure en transpiration. On perd également des électrolytes (ions de magnésium, potassium, sodium, calcium etc.) qui facilitent la transmission nerveuse et les autres fonctions vitales. La plupart des coureurs que je connais ont tendance à souffrir de perturbations gastriques lorsqu'ils prennent des suppléments nutritifs pendant une longue course. Je sais que c'est mon cas. Cependant un grand nombre de personnes pensent que cela les aide de prendre également quelques boissons électrolytes.

Chaque individu est unique et l'organisme de chaque coureur réagit différemment aux subtances nutritives consommées avant une course. Si vous désirez essayer les boissons électrolytes, testez-les aux cours de l'une de vos longues courses avant la compétition.

24 HEURES AVANT LA COURSE ET LE COMPTE A REBOURS... Je commence mon compte à rebours alimentaire la veille de la course en réduisant les aliments solides. Le repas de midi est mon dernier repas solide. Je mange des protéines et j'essaie de quitter la table repu, mais pas gavé. L'après-midi et le soir qui précèdent la course, je prends régulièrement de l'eau et des jus de fruits. Si j'ai faim, je ne mange que des choses faciles à digérer comme par exemple le pain. J'évite bien entendu les fritures ou les graisses ou les autres aliments difficiles à digérer comme le beurre de cacahuète ou les laitages. J'évite également les produits riches en fibres comme la salade, le son, etc.

Le dîner riche en hydrates de carbone qui précède une compétition peut être prétexte à une soirée très divertissante. C'est très bien de manger un peu, mais ne vous surchargez pas, surtout si vous voulez bien courir. Une quantité excessive de nourriture constituera un fardeau supplémentaire pour l'organisme, ce qui pourra vous gêner.

J'aime me réveiller deux heures avant la course. Au cours de la première heure je prends 500 mg de vitamine C, puis je bois 20 cl toutes les 20 mns. Je répète cela une heure avant la course selon les possibilités de la logistique. En général, j'emporte de l'eau que je bois à petites gorgées après le départ, mais surtout que je verse sur ma tête s'il fait chaud. Cela peut sembler bizarre, mais cela marche ! (Si vous voulez essayer cette méthode, commencez par la tester lors de vos longues courses d'entraînement.)

La caféine. Il est à présent certain qu'une tasse de café prise une heure avant la course, améliorera la performance. Cette drogue aide à mobiliser les acides gras libres et les triglycérides, les rendant disponibles pour l'utilisation de l'énergie dans le courant sanguin. Elle aide également à se réveiller et elle nettoie l'intestin, évitant les files d'attente de dernière minute aux toilettes. Néanmoins, une quantité excessive de caféine peut provoquer une déshydratation et risque d'avoir une influence négative sur votre rythme cardiaque. Soyez prudent et essayez la caféine au cours de plusieurs courses d'essai avant de l'utiliser en compétition.

LE COMPTE A REBOURS ALIMENTAIRE PRÉCÉDANT UNE COMPÉTITION

24 heures avant la course et avant cela : Repas normalement équilibrés. Buvez abondamment pendant toute la journée, en particulier des boissons électrolytes. Avant un marathon, vous pouvez ajouter des hydrates de carbone.

18 heures avant la course : Commencez à réduire les aliments solides. Continuez à prendre des boissons. Après le déjeuner, supprimez la viande rouge, les fritures, les laitages, les graisses, les noix et les fibres.

12 heures avant la course : Ne mangez pas trop. Seulement des aliments légers et faciles à digérer comme des potages, des biscuits secs, du pain grillé en petite quantité. Continuez à boire de l'eau et des boissons électrolytes.

4 heures avant la course : Seulement de l'eau à petites doses régulières. L'eau froide est plus vite absorbée. Je conseille de boire 15 cl toutes les 20 mns, 20 cl lorsqu'il fait très chaud. Si vous voulez de la vitamine C, prenez en 2 heures ou plus avant la course.

Pendant la course : Prenez une boisson à chaque poste de ravitaillement en particulier, aux tous premiers.

22. COURIR POUR ÉLIMINER LES GRAISSES

Tout le monde sait à présent que les régimes ne marchent pas (du moins pas longtemps). N'avons-nous pas tous des amis qui ont suivi un régime, ont eu une ligne formidable pendant quelques temps et puis ont repris leur ancien poids (ou même un poids supérieur) ?

Ce qui marche vraiment et l'on s'en rend de plus en plus compte, c'est l'exercice. Et la forme d'exercice qui permet le mieux de perdre des kilos et de ne pas en reprendre c'est — vous l'avez deviné — la course à pied.

LE POINT DE « PROGRAMMATION ». Des études ont montré que chacun de nous possède un mécanisme naturel permettant de maintenir à n'importe quel moment donné, un taux (ou pourcentage) de graisse — le point de « programmation ». Un ordinateur complexe situé dans notre cerveau prend en compte notre activité, notre métabolisme de base, notre consommation alimentaire puis compare cela à notre accumulation de graisse du moment. Si nous brûlons trop de calories ou si nous ne mangeons pas suffisamment, notre appétit est stimulé. Par contre, si nous avons trop mangé ou fait trop peu d'exercice, notre appétit est supprimé.

La course à pied m'a aidé à équilibrer appétit, exercice et alimentation. Lorsque j'ai commencé à courir à 13 ans, j'imagine que mon corps contenait 11-13 % de graisse. Après deux années de pratique de la course à pied, cette proportion tomba à 9-10 %. Lorsque je commençai m'entraîner sérieusement pour les Jeux Olympiques de 1970, elle tomba à nouveau à 5-7 % et elle est restée depuis lors dans cette zone.

La course à pied semble maintenir mon corps et mon esprit en communication. Je suis maintenant beaucoup plus sensible au fait de trop ou de mal manger. Mon appétit se modifie très vite lorsque j'accrois ou que je réduis mon activité physique, ce qui n'a pas toujours été le cas. Durant mes 8-10 premières années de course à pied, le fait de réduire mon activité (pour cause de blessure) ne modifiait pas mes habitudes alimentaires et je prenais momentanément du poids. A présent, après plus de 25 année de pratique régulière de la course à pied, mon corps est beaucoup plus sensible et réagit très vite. Si je cours moins, je mange moins.

Comme notre cerveau est programmé pour la survie, il aura tendance à ajouter une quantité supplémentaire de graisse en cas de doute. Le schéma normal de la vie veut que le point de « programmation » s'élève plusieurs fois au fil des années. A chaque nouveau point, le corps posséde ce qu'il croit être le pourcentage correct de graisse. Si vous abaissez votre taux de graisse ou si vous vous privez des calories nécessaires au maintien de votre point de programmation actuel vous finirez par reprendre du poids. C'est pour cette raison qu'en général les régimes ne marchent pas.

De nombreux coureurs, en particulier les vétérans d'il y a 10 ans ou plus, ont réussi à abaisser le point de programmation par la pratique sportive. Ceci se fait généralement par étapes successives et est directement lié à une augmentation de l'activité physique.

PERDEZ DE LA GRAISSE — PAS (NÉCESSAIREMENT) DU POIDS. L'exercice d'endurance est probablement la meilleure méthode pour perdre de la graisse. Non seulement vous brûlez de la graisse en courant mais aussi vous transformez les muscles de la course en fourneaux à graisse qui consomment cette substance indésirable avec une rapidité beaucoup plus importante. Les muscles se nourrissent de graisse, donc plus vous aurez un pourcentage élevé de muscle, plus vous brûlerez de graisse en une journée.

Que voulez-vous perdre ? La plupart de ceux d'entre nous qui montent tous les jours sur leur balance répondront « du poids ». Nous pouvons perdre du poids (et la santé) en ayant une alimentation normale ou même décadente et en nous déshydratant, mais sans perdre de graisse. Les alcooliques perdent souvent du poids en ne faisant pas d'exercice et en laissant fondre leurs muscles.

Ce que vous voulez évidemment perdre c'est de la graisse :

- Un bagage excédentaire qui vous retarde à chaque pas.
- Une isolation indésirée qui vous tient chaud.
- Un détournement inutile du sang et de l'oxygène (des muscles qui travaillent).
- Des bourrelets disgracieux.

Certaines personnes ne réalisent peut-être pas qu'elles possèdent des amas de graisse cachée. Beaucoup sont obèses et ne s'en rendent pas compte parce que la graisse est enchevêtrée aux cellules musculaires. Ce n'est que lorsque la plupart des cavités de stockage de la graisse à l'intérieur du tissu musculaire sont pleines que les gens commencent à remarquer la formation de graisse en surface. Encore une fois, l'activité d'endurance est le meilleur moyen de se débarrasser de ce fardeau indésirable et de ne pas le récupérer.

Il ne faut pas devenir esclave de son pèse-personne. Le muscle pèse davantage que la graisse. Une prise de poids consécutive au démarrage d'un programme d'exercice peut être un *bon* signe. Il se peut que vous perdiez du poids en graisse tout en prenant du muscle ; sans perdre un kilo, vous perdrez probablement quelques centimètres.

Ne jetez quand même pas votre pèse-personne à la poubelle. Il vous aide à contrôler la déshydratation. En vous pesant chaque matin, vous pouvez contrôler votre équilibre en liquide. Si vous perdez brusquement un kilo ou davantage, vous pouvez être sûr que c'est de l'eau et il faut immédiatement vous réhydrater. Il faut faire environ 40 km de course de fond pour perdre 500 g de graisse, il est donc peu probable qu'une subite perte de poids soit une perte de graisse.

MESUREZ VOS BOURRELETS. Il y a deux manières de procéder. On peut utiliser une pince pour mesurer l'épaisseur du pli cutané. C'est une méthode rapide et pratique. L'autre méthode consiste à peser la personne immergée et elle est généralement jugée plus précise. On vous pèse d'abord hors de l'eau, puis on vous pèse à nouveau immergé dans un caisson. Pendant que vous êtes sous l'eau vous expirez le plus d'air possible, puis le spécialiste fait un relevé de votre poids. La différence entre les deux pesées indique votre pourcentage en graisse, étant donné que la graisse flotte et que le muscle maigre et l'os coulent.

LES MUSCLES HABITUÉS AU TRAVAIL D'ENDURANCE BRÛLENT DE LA GRAISSE PENDANT ET APRÈS L'EFFORT. La course à pied développe des muscles brûleurs de graisse. Lorsque ces muscles entrent en action, ils avalent la graisse pendant l'exercice et continuent à le faire au cours des heures qui suivent — même lorsque l'on reste assis ou que l'on dort.

Pour abaisser efficacement les réserves de graisse du corps, il faut d'abord les mobiliser afin qu'elles lâchent leurs acides gras et leurs triglycérides dans le courant sanguin, De cette manière, elles seront amenées dans les cellules du muscle qui travaille et brûlées comme carburant.

L'OBJECTIF DES 40 MINUTES. Lorsque vous commencez à courir, vous brûlez essentiellement des hydrates de carbone et très peu de graisse. Au bout de 5-10 minutes, le pourcentage de graisses brûlées augmente alors que le pourcentage d'hydrates de carbone diminue. Au bout d'une demi-heure environ, vous brûlez les graisses comme principal carburant. A ce stade, des quantités importantes d'acides gras circulent dans le sang. D'où l'utilité d'étendre la durée de l'exercice à 40 mn ou au-delà. Si le fait de courir pendant 40 mn sans interruption vous fatigue, marchez régulièrement et fréquemment. Pour mobiliser la graisse, il vaut mieux courir pendant 40-60 mn trois fois par semaine, plutôt que 20-30 mn six fois par semaine.

C'EST LA DISTANCE ET NON LA VITESSE QUI BRÛLE LES CALORIES. Un débutant n'est pas suffisamment résistant pour courir sans interruption pendant 40 mn et doit brûler des hydrates de carbone. Au fur et à mesure que le muscle devient plus résistant, les cellules individuelles du muscle accroissent leur capacité à la fois pendant et après l'exercice. La course à pied brûle environ 100 calories par mile et la vitesse à laquelle vous courez ne fait pas beaucoup de différence. Des muscles plus forts vous permettent de courir de plus en plus longtemps et donc de brûler davantage de calories. Alors allez y doucement, allongez la distance et brûlez ces calories !

L'APRÈS-COMBUSTION. Lorsque vous vous arrêtez, votre corps n'interrompt pas son activité. D'une certaine manière, il continue à « courir » et à brûler des calories. Lorsque vous faites de l'exercice, votre corps s'emballe. Lorsque vous vous arrêtez, il lui faut plusieurs heures pour revenir lentement à son rythme de base. Les tableaux de calories / kilomètres ou les tableaux de kilomètres / croissants ne tiennent pas compte de ce facteur.

BRÛLER DES GRAISSES EN DORMANT. Non seulement vous brûlez davantage de calories que les personnes qui ne font pas d'exercice, pendant et après l'exercice, mais aussi lorsque vous êtes assis ou lorsque vous dormez. Avec des muscles habitués au travail d'endurance, vous possèderez un taux de métabolisme au repos (qui transforme les aliments en énergie) plus rapide et votre température sera plus élevée. Les gens en forme ont tendance à avoir une température plus élevée car les chambres à combustion de leurs muscles s'emballent brûlant jour et nuit davantage de calories.

LES BRÛLEURS DE SUCRE DEVIENNENT DES BRÛLEURS DE GRAISSE. La course d'endurance peut former vos cellules brûleuses de sucre à devenir des brûleuses de graisse. Cela accroît votre capacité à brûler les graisses et réduit votre tour de taille. A la naissance, les muscles de vos jambes sont composés d'une quantité déterminée de muscles à contraction rapide et à contraction lente (explications plus détaillées p. 44). Les muscles à contraction rapide tournent rapidement mais de manière discontinue et brûlent le sucre. Ceux à contraction lente brûlent de la graisse et peuvent fonctionner de manière répétée, mais ne marchent pas très vite. Le physiologue Dave Costill m'a mesuré et a trouvé un taux de contractions lentes de 97 %. (Je ne défie personne au 100 mètres !) Bien que les cellules à fonctionnement lent ne puissent jamais fonctionner plus vite, *les cellules à contractions rapides peuvent être entraînées à fonctionner comme des cellules à contractions lentes.* Les anciens sprinters *sont* donc capables de faire de la course d'endurance, même s'il leur faut parfois des mois pour s'adapter.

LE CAFÉ. Il a déjà été prouvé que le fait de boire du café avant de faire de l'exercice peut aider à réduire les graisses. Des expériences effectuées sur des rats ont montré qu'une injection de caféine une heure environ avant l'exercice d'endurance provoquait une diminution des graisses chez les rats qui avaient reçu cette drogue. Il est conseillé de ne prendre qu'une seule tasse de café, environ une heure avant l'effort.

COURIR EN PORTANT DU POIDS. Les coureurs qui courent avec des bracelets lestés aux mains ont constaté une accélération de la perte en graisse par rapport à ceux qui couraient la même distance sans utiliser ces bracelets. Le poids supplémentaire augmente la charge de travail totale et entame les réserves du corps. Toutefois, cela exerce une pression supplémentaire sur les articulations, les ligaments, les tendons, etc., surtout si vous avancez en pronation excessive. Les poids que l'on se fixe aux jambes fatiguent les pieds et sont *à déconseiller* ; pour brûler davantage de graisse il vaut mieux allonger la distance en marchant.

La caféine et les poids jouent un rôle mineur dans l'accroissement de votre capacité à brûler les graisses. Ils peuvent vous aider à perdre quelques kilos sur plusieurs années, mais vous perdrez surtout de la graisse en développant la puissance des importants muscles brûleurs de graisse qui se trouvent dans vos jambes. Pour ce faire, il faut courir régulièrement et augmenter progressivement la distance.

LES RÉGIMES NE DONNENT DES RÉSULTATS QUE S'ILS SONT ASSOCIÉS AVEC L'EXERCICE. La presque totalité du poids perdu lorsque l'on suit un régime est constituée d'eau. En fait, il a récemment été prouvé qu'un régime sans exercice amènera la personne qui le suit à reprendre du poids à long terme.

COURIR MINCE. Les régimes de famine ne sont pas nécessaires. La plupart des coureurs constatent que leur activité physique leur permet de manger à peu près tout ce dont ils ont envie. L'idéal est de manger modérément et de ne pas absorber trop de calories. La réduction des calories peut être une question de goût. Écartez-vous petit à petit des aliments gras que vous aimez en prenant goût à des aliments similaires préparés avec moins de graisse.

Remplacez :	Par :
• Les fritures.	• Des aliments marinés dans des fines herbes et cuits sur le grill.
• La viande rouge.	• Du poisson ou des volailles.
• Le fromage.	• Du fromage blanc maigre.
• Le lait entier.	• Du lait écrémé.
• La vinaigrette.	• Un peu d'huile additionnée de jus de pomme (et de vinaigre).
• Les frites etc.	• Des légumes émincés (carottes, celeri, etc.).

Les hydrates de carbone complexes tels que les céréales et les légumes satisferont votre appétit et ne vous apporteront pas beaucoup de calories. En fait, certains physiologues déclarent que les graisses « brûlent dans une flamme d'hydrate de carbone ». Il vous faut suffisamment d'hydrates de carbone pour décomposer les acides gras (la première source de carburant stockée par votre corps) en énergie. Méfiez-vous cependant des additifs ; la salade est un merveilleux aliment à basses calories, mais une cuillère à soupe d'huile dans la vinaigrette renverse la situation. Les pommes de terre sont une extraordinaire source de basses calories — mais faites attention à la crème fraîche !

Le moment où l'on mange a énormément d'importance. Essayez de faire de petits repas pendant la journée pour éviter d'être affamé aux repas, ce qui vous amène à trop manger. Lorsque vous attendez longtemps entre les repas, vous stimulez les enzymes qui déposent les graisses, ces petites créatures font un gros repas et le stockent de la manière que vous souhaitez le moins. Plus vous attendez, plus le nombre d'enzymes produits est élevé. Lorsque vous faites de petits repas, cela permet au corps de brûler les aliments au fur et à mesure de leur entrée. Cela vous donne également un flot d'énergie continu pendant toute la journée — pourvu que les petits repas ne contiennent pas trop de sucre ou de graisse.

En réduisant légèrement et raisonnablement les calories pour les adapter progressivement à votre mode de vie, vous brûlerez davantage de calories pendant l'exercice. Cette approche sensée d'un nouveau mode de vie tourné vers la santé aura des effets permanents : une activité d'endurance, un régime sain, un corps plus mince.

NE FAITES PAS LE RÉGIME LORSQUE VOUS VOUS METTEZ A FAIRE DAVANTAGE D'EXERCICE Il vaut mieux éviter de faire en même temps le régime et d'augmenter le kilométrage. Cela fatigue énormément l'organisme et il est préférable de faire une seule chose à la fois. Une fois que vous avez atteint un kilométrage plus élevé et que votre organisme s'y est bien ajusté, vous pouvez envisager de suivre un régime. Il est néanmoins préférable de perdre du poids en faisant davantage d'exercice.

7

Les chaussures

23. Les chaussures et leurs secrets
24. Acheter des chaussures

23. LES CHAUSSURES ET LEURS SECRETS

INFORMATIONS CONFIDENTIELLES SUR LA CONCEPTION DES CHAUSSURES

Tel le Saint Graal, les coureurs recherchent la chaussure parfaite. Nous avons le sentiment que quelque part il existe une paire parfaite qui résoudra les problèmes de pied, nous permettra de courir plus vite et nous aidera à rebondir sans effort dans le crépuscule. Nous nous laissons persuader par les publicités, les articles des magazines et nous sommes tentés par les chaussures que portent nos amis.

Bon, ne placez pas vos espoirs trop haut. Bien que l'on ait fait de gros progrès dans le domaine de la chaussure, je n'ai pas encore rencontré le coureur qui a trouvé la paire parfaite. Il y a trente ans, le modèle type était une chaussure de toile fabriquée par une des sociétés spécialisées dans les articles de basket. Cette chaussure était théoriquement conçue pour la course en salle, le ping-pong, le volley-ball ou toute autre activité pour laquelle le vendeur réussissait à vous convaincre. La toile noire absorbait la transpiration et le sel et frottait souvent vos pieds jusqu'à ce qu'ils soient couverts d'ampoules ou en sang. Une semelle de caoutchouc rigide était directement collée à la toile... et c'était tout. La stabilité, l'amorti, le contrôle de la pronation et toutes les autres choses que nous considérons à présent comme allant de soi appartenaient au domaine de la science-fiction.

Aujourd'hui on peut trouver une chaussure de course adaptée à n'importe quelle forme de pied et des dispositifs permettant d'éviter ou de réduire de nombreuses fatigues dues à la course à pied. Chaque vague de recherches produit une nouvelle génération de chaussures qui démode pratiquement les chaussures précédentes. Avec tous les choix qui s'offrent à vous, il est important que les chaussures s'adaptent à votre propre anatomie et à votre façon de courir. Autrement, les chaussures pourraient *provoquer* des problèmes. Par exemple, si vous portez des chaussures qui ne vous conviennent pas, cela peut vous faire incliner le pied du mauvais côté et provoquer une blessure ou vous faire gaspiller de l'argent pour l'achat de dispositifs correcteurs coûteux dont vous n'avez pas besoin.

L'expérience de la vente des chaussures que nous avons acquise dans nos magasins a montré que les vendeurs qui sont également des coureurs peuvent donner les meilleurs conseils et vous aider à vous y retrouver dans la jungle des nouveaux modèles. Le problème le plus important cependant est de trouver une telle personne — qui comprenne la course à pied parce qu'elle la pratique, qui soit au courant de tous les modèles existants, qui ait suivi une formation sur les techniques d'ajustage et qui puisse écouter vos problèmes et vous aider à prendre une décision judicieuse.

Il est fort probable que vous aurez du mal à trouver un tel spécialiste en chaussures de course. La plupart des magasins — même spécialisés — engagent simplement des gens qu'ils payent au salaire le plus bas et ne leur donnent aucune formation. Les magazines spécialisés dans la course à pied essaient de combler le vide, mais deviennent trop techniques et leurs essais pour simuler la course dans des tests de laboratoire ne marchent pas. En outre, la masse d'informations qu'ils donnent submerge le lecteur. Les magazines essaient parfois de clarifier les choses en mettant au point un système de cotation et en notant les chaussures mais cela n'informe pas suffisamment le coureur individuel. Chaque personne a besoin d'une combinaison de facteurs uniques. Un classement indique en général les meilleures chaussures pour un coureur « moyen » mythique.

Dans ce chapitre, je vais vous donner une liste de facteurs importants dont il faut tenir compte pour choisir des chaussures. Vous pourrez ensuite appliquer ces informations à votre propre style de course, à votre poids, à vos tendances et objectifs — pour trouver la meilleure combinaison possible.

Il est utile de connaître les deux types de construction de base des chaussures : celle où l'on place un morceau de fibre cartonnée entre le pied et la semelle intermédiaire qui apporte un soutien supplémentaire au pied mais qui, en général réduit la flexibilité (construction A) et celle où la semelle et la semelle intermédiaire sont directement cimentées sur la toile de la chaussure, sans semelle intérieure. Les chaussures construites de cette manière ont tendance à être moins stables, mais sont plus souples (construction B).

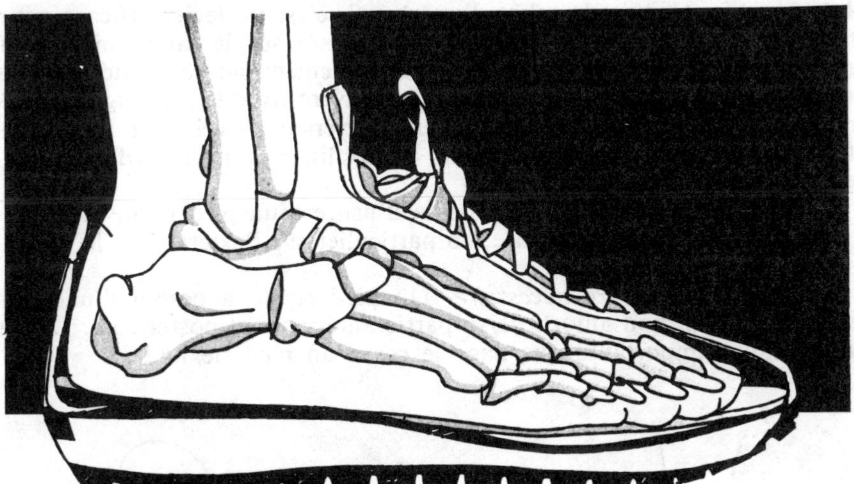

DÉFINITION DES MOUVEMENTS DU PIED. Avant de commencer à parler des deux types de pieds, nous allons définir les deux principaux types de mouvements du pied.

• *La pronation* est un mécanisme normal d'absorption des chocs. La plupart des coureurs atterrissent sur le talon, puis le pied roule vers l'avant et vers l'intérieur, le poids du corps appuyant sur le milieu de l'avant-pied. Cela amortit les chocs.

• *La pronation excessive* c'est lorsque le pied du coureur roule trop *vers l'intérieur,* et en particulier l'avant-pied. Cela fatigue les genoux et la face interne des tibias. On s'en aperçoit à l'usure de la partie intérieure du talon mais surtout à celle de l'intérieur de l'avant-pied (même lorsque l'usure du talon se trouve sur le bord extérieur de la chaussure).

• *La supination excessive.* C'est lorsque le pied roule trop vers l'extérieur, ce qui fatigue les ligaments, les tendons et les os de ce côté du pied. On s'en aperçoit à l'usure excessive du bord extérieur de la semelle et à l'absence d'usure ailleurs.

QUEL TYPE DE PIED POSSÉDEZ-VOUS ? Le seul facteur déterminant pour choisir correctement une chaussure, c'est votre type de pied : *rigide* ou *flexible.* Le pied humain est conçu pour être à la fois un levier (rigide) et une plate-forme (flexible). Cela nous permet de nous propulser vers l'avant, tout en nous adaptant aux diverses surfaces. De nombreux pieds en raison de leur structure osseuse et de leurs attaches musculaires peuvent être décrits comme étant plutôt « articulés » d'une façon ou d'une autre : soit de l'avant vers l'arrière (rigide) soit d'un côté vers l'autre (flexible), certains pieds possédant les deux caractéristiques à la fois.

LE PIED RIGIDE

• *Caractéristiques.* Il se déplace surtout d'avant en arrière, avec une solide poussée. Comme le sabot d'un cheval, c'est un levier efficace pour la vitesse. Il est possible que le coureur atterrisse sur le talon, mais le pied rigide roule vite vers l'avant et s'appuie solidement sur sa partie antérieure. La supination excessive qui se rencontre souvent avec le pied rigide survient lorsque les pieds s'affaissent trop vers l'extérieur. Ceci peut imposer une fatigue excessive aux os, aux tendons et aux ligaments du bord extérieur du pied.

• *Usure des chaussures.* Le schéma d'usure d'un pied rigide se situe sur le bord extérieur de la chaussure, en particulier sur l'extérieur et le milieu de la partie antérieure du pied.

• *Type de chaussure nécessaire.* Un pied rigide a besoin d'une bonne flexibilité et d'un bon amorti de sa partie antérieure et postérieure. La stabilité est moins importante que dans le cas d'un pied flexible.

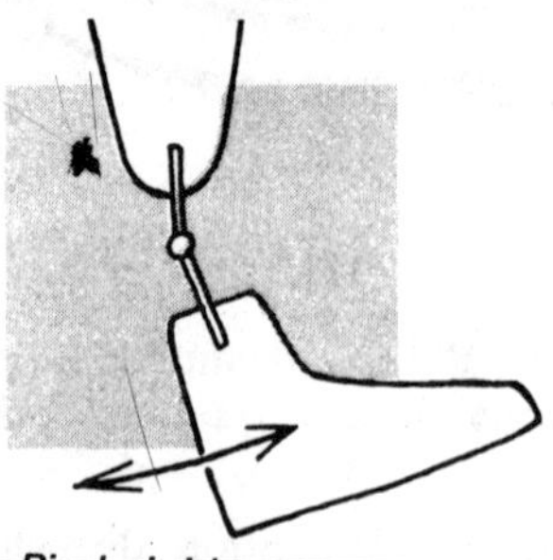

Pied rigide

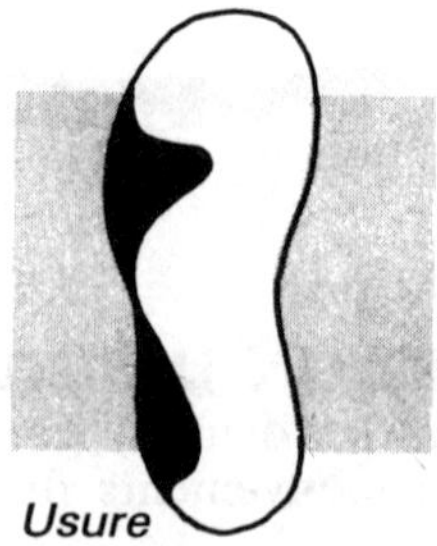

Usure de la chaussure provoquée par un pied rigide

LE PIED FLEXIBLE

• *Caractéristiques.* Il fonctionne comme s'il était articulé d'un côté vers l'autre. Le premier choc se produit généralement sur l'extérieur (parfois à l'intérieur) du talon, mais ensuite le pied roule vers l'intérieur de la partie antérieure. Un tel roulement vers l'intérieur peut aboutir à une pronation excessive et provoquer des problèmes de genou ou de tibia.

• *Usure des chaussures.* Le schéma d'usure provoquée par un pied flexible consiste en une succession de points d'usure là où le pied prend appui. L'espace vide qui se trouve entre peut ne faire apparaître que peu d'usure ou pas d'usure du tout. Une usure du bord intérieur du talon ou de l'intérieur de la partie antérieure de la chaussure est particulièrement préoccupante, car c'est le signe d'une pronation excessive. Dans ce cas, le pied roule trop loin. Le pied, le genou et la hanche ne sont plus alignés et le genou et le tibia subissent en général une fatigue trop importante.

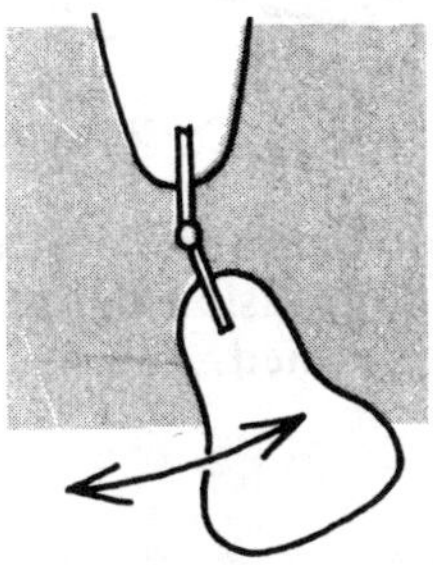

Pied flexible

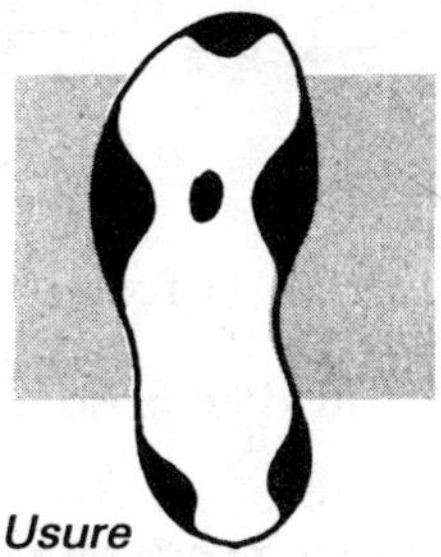

Usure de la chaussure provoquée par un pied flexible

• *Type de chaussure nécessaire.* Un pied flexible a besoin d'être soutenu. La partie postérieure et surtout antérieure du pied doivent disposer d'une plate-forme stable. Les chaussures où l'on place un morceau de fibre cartonnée entre pied et semelle sont en général plus stables. Certains coureurs s'en contentent. D'autres ont besoin d'une semelle spéciale faite sur mesure pour corriger le mouvement excessif. Si vous avez des problèmes, consultez un podologue. Une chaussure trop amortie peut compromettre la stabilité même si celle-ci est bien faite et il en est de même pour tous les dispositifs orthopédiques conçus pour contrôler la pronation. *Il vaut mieux sacrifier l'amorti à la stabilité* — des deux maux il faut choisir le moindre.

• *Un mot sur la pronation.* N'allez pas imaginer que pronation égale ennuis. Si vous n'avez pas de problèmes, vous en aurez probablement en mettant des dispositifs correcteurs à l'intérieur de vos chaussures. Si vous êtes un pronateur et souffrez de douleurs dans les genoux ou les tibias, ce genre d'accessoire peut vous aider, mais renseignez-vous d'abord. J'ai vu de grands pronateurs qui ne semblaient avoir aucun problème — ils doivent posséder des mécanismes de compensation quelque part dans leurs jambes ou dans leurs pieds.

FORME DES CHAUSSURES. Il existe deux formes principales de chaussures : droite et incurvée. Essayez des chaussures des deux types pour connaître la forme qui convient le mieux à votre pied. Une chaussure droite a à peu près la même allure que sa consœur, vue d'en dessous. Par contre, une chaussure incurvée sera tout à fait différente de sa partenaire. Si votre pied est incurvé, une chaussure droite appuiera sur votre gros orteil et sur l'articulation de l'orteil. Si votre pied est droit, une chaussure incurvée appuiera sur sa partie extérieure et le bord intérieur de la partie avant de votre pied sera probablement plus à l'aise dans la chaussure. La « forme droite modifiée » est un compromis entre les deux.

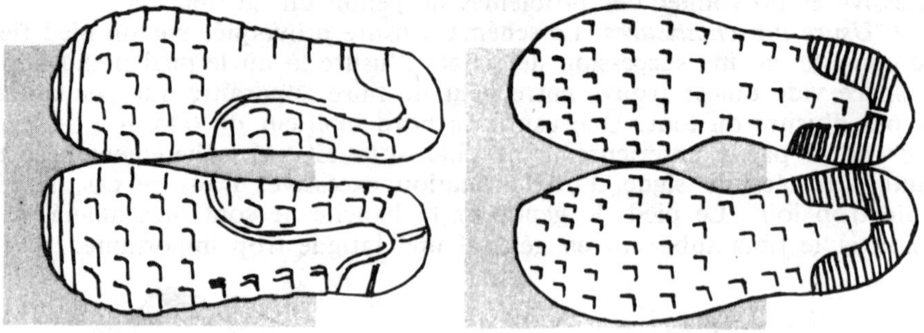

Chaussure droite *Chaussure incurvée*

En général, la forme d'une chaussure devrait correspondre à la forme de votre pied. Vérifiez bien qu'il n'y ait aucune zone de pression ou de douleur ou sensation d'emprisonnement lorsque vous pliez le pied.

AJUSTAGE DES CHAUSSURES

Expansion/Contraction. En courant, votre pied enflera, surtout en été. Pensez-y lorsque vous achetez des chaussures. Il est préférable d'essayer des chaussures l'après-midi car les pieds enflent au cours de la journée. Vous ne voulez pas que vos pieds flottent dans vos chaussures, mais vous ne voulez pas non plus qu'ils soient trop serrés.

De la place pour vos orteils. Lorsque vous courez, votre pied fonctionne comme un pendule. A chaque balancement, une quantité plus importante de sang est injectée dans le pied, surtout dans la région des orteils. Lorsque les orteils sont trop à l'étroit cela provoque des ampoules et un noircissement des ongles des pieds. En général, il suffit d'environ 1 cm de largeur supplémentaire à l'endroit des orteils pour éviter les problèmes. Si vous avez déjà eu des problèmes d'orteils, choisissez une chaussure à bout arrondi plutôt que pointu.

Si la chaussure est confortablement ajustée sur le milieu de votre pied, ne vous inquiétez pas si votre pied dispose de 2,5 cm de largeur supplémentaire. Les orteils aussi aiment la liberté !

• *Ajustage du talon.* La chaussure devrait être confortablement ajustée à votre talon, mais sans l'emprisonner. L'idéal est qu'il y ait un très léger jeu au talon, pas assez important pour vous inquiéter. *Vous devriez avoir l'impression que la chaussure est une extension de votre pied et non un élément à part.* Il ne devrait aussi n'y avoir aucun roulement du talon d'un côté vers l'autre, à l'intérieur de la chaussure.

• *Les chaussettes.* Lorsque vous essayez des chaussures, mettez des chaussettes de la même épaisseur que celles que vous porterez pour courir.

FAITES UNE COURSE D'ESSAI. Essayez de marcher le plus possible avec les chaussures dans le magasin. Cela vous permet de voir la façon dont la chaussure répond aux mouvements de votre pied. Certains magasins n'acceptent pas de vous laisser courir avec les chaussures — mais il est vraiment nécessaire de le faire. C'est la seule façon de voir si la chaussure vous va et remplit son rôle. Essayez de trouver un magasin qui vous permette cela.

L'AMORTI. Si vous ne couriez que sur un terrain de golf, vous n'auriez besoin que de chaussures très peu amorties. Mais la plupart d'entre nous doivent faire face aux chocs du trottoir, à chaque foulée du parcours — du moins dans de nombreuses courses et compétitions. Si vos chaussures n'absorbent pas le choc, celui-ci est répercuté plus haut — aux pieds, aux genoux, aux hanches et aux muscles et tendons importants. Rappelez-vous les deux types de pieds et leurs exigences particulières.

• *Le pied rigide* a besoin d'amorti et de flexibilité dans sa partie antérieure.

• *Le pied flexible* a besoin de stabilité et de suffisamment d'amorti pour atténuer les chocs de la route. Une chaussure trop amortie peut encourager une pronation excessive.

LES PRONATEURS EXCESSIFS. Méfiez-vous des chaussures souples. Un amorti trop important permettra à votre pied de continuer à rouler pendant la pronation. Ce problème est accru lorsqu'il y a des couches verticales de fibre intermédiaire dans la chaussure. Vous voulez une absorption suffisante des chocs jusqu'à ce que le pied rencontre une résistance plate et stable. Ensuite, soit le pied prendra un peu appui sur la chaussure, soit il sera au moins capable d'utiliser sa propre force pendant la prise d'appui.

Un amorti trop important provoque une instabilité. Outre que cela accentue les problèmes de pronation, cela vous amène à gaspiller de l'énergie à chaque pas. Si vous courez avec les chaussures avant de les acheter, vous pourrez tester l'amorti.

LAÇAGE PERSONNALISÉ

• *Pour réduire le glissement de la chaussure au talon.* Vous pouvez ajuster plus étroitement la chaussure au talon en tirant sur les lacets du haut. Pour éviter de pincer le pied, utilisez la méthode de laçage croisé. Cela répartit la pression sur quatre trous au lieu de deux.

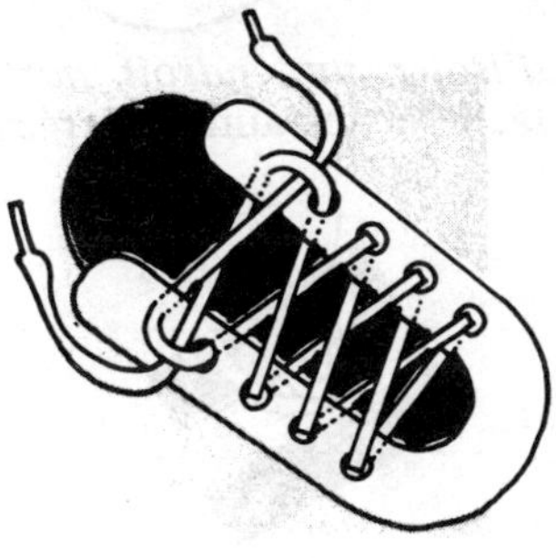

• *Pour atténuer la pression exercée par les lacets.* Popularisée par Arthur Lydiard, cette méthode élimine la pression exercée sur le haut du pied par le croisement des lacets sous la bordure. Il faut un certain temps pour apprendre à faire ce laçage mais c'est un système qui assure sécurité et confort.

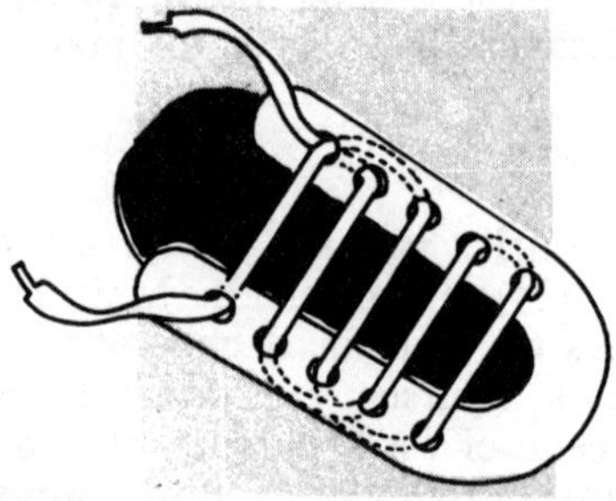

• *Pour éliminer la pression exercée à certains endroits.* Si certaines parties du dessus de votre pied sont gênées, ne passez pas les lacets dans les œillets qui se trouvent au-dessus. Cela atténue la pression tout en vous permettant de resserrer d'autres endroits.

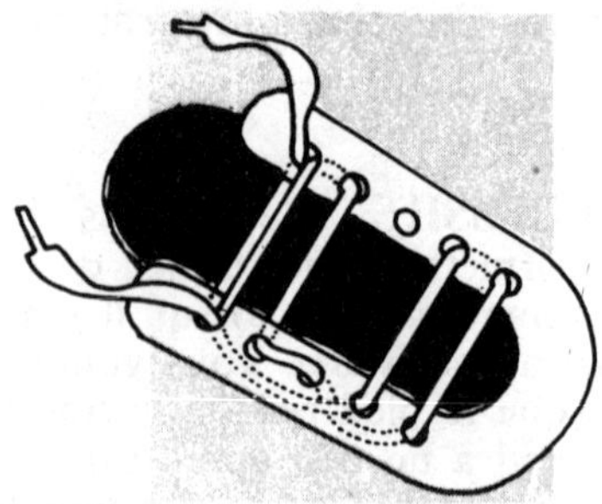

• *Pour que vos orteils aient plus de place.* Ce système de laçage transforme l'emplacement destiné à vos orteils en une « tente ». En tirant fortement sur le lacet le plus court (celui qui est droit) vous augmenterez la place pour vos orteils et diminuerez la pression exercée sur ces derniers.

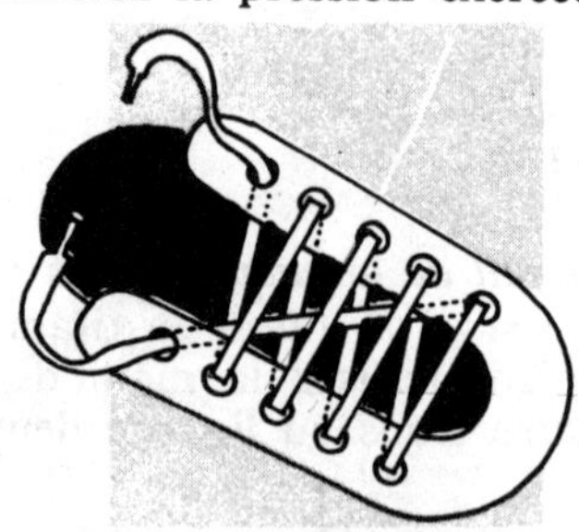

• *Laçage permettant d'isoler un endroit particulier.* Si une partie de votre pied doit être lacée lâche et les autres serrées, enroulez le lacet autour de l'œillet.

24. ACHETER DES CHAUSSURES

Certains fabricants de chaussures consacrent des millions à la recherche tandis que d'autres choisissent de consacrer une part importante de leur budget à la publicité. C'est pour cela qu'il est difficile de faire la différence entre l'utile et le superflu. Comment s'y retrouver dans la jungle des nouveaux modèles, à travers les caractéristiques soi-disant spectaculaires et parmi les centaines de chaussures que l'on vend dans les magasins spécialisés.

Cela aide de trouver un magasin dont le personnel est constitué de coureurs formés à la vente des chaussures. Le conseiller idéal vous écoutera puis essaiera de trouver une chaussure répondant à vos besoins et à vos problèmes. Cependant c'est *à vous* que revient la décision finale — même le meilleur vendeur ne peut se mettre à l'intérieur de la chaussure et sentir comment elle vous va.

LES POINTS A VÉRIFIER AVANT DE CHOISIR UNE CHAUSSURE

Voici quelques points clés dont il faut tenir compte pour choisir la bonne chaussure. Recopiez cette liste et emportez-la avec vous dans le magasin.

COMBIEN DE KILOMÈTRES FAITES-VOUS CHAQUE SEMAINE ?

■ *En dessous de 30 km* : pratiquement n'importe lequel des meilleurs modèles de chaussures — fera l'affaire. Les chaussures devraient tenir le coup assez longtemps. A moins que vous n'ayiez de réels problèmes de pied, vous n'avez pas besoin d'une paire de chaussures coûteuses.

■ *30-80 km* : la plupart des chaussures de course sont conçues pour les gens de ce groupe. Au fur et à mesure que votre kilométrage augmente, recherchez des chaussures d'une qualité supérieure.

■ *Au-delà de 80 km* : il vous faut une chaussure robuste, conçue pour votre style de course et pour votre type de pied.

SUR QUELLES SURFACES COUREZ-VOUS ?

■ *L'herbe ou la terre* : vous n'avez pas besoin de beaucoup d'amorti, mais vous devriez rechercher la traction, la stabilité et une protection contre les cailloux.

■ *Le bitume* : amorti suffisant. Rappelez-vous qu'en gagnant de l'amorti, vous perdez de la stabilité. Si vous souffrez de pronation excessive, vous devez trouver un équilibre mais privilégier plutôt la stabilité.

VOTRE PIED EST-IL FLEXIBLE OU RIGIDE ? (Pour déterminer le type auquel vous appartenez reportez-vous p. 214 et 215).

■ *Flexible* : plate-forme stable, moins d'amorti, parfois utilisation de dispositifs pour contrôler la pronation (souvent intégrés à la chaussure). Recherchez une chaussure avec un morceau de fibre cartonnée entre le pied et la semelle intermédiaire (construction A).

■ *Rigide* : chaussure flexible, amortie. Recherchez une chaussure où semelle et semelle intermédiaire sont directement cimentées sur la toile (construction B).

VOTRE PIED EST-IL DROIT OU INCURVÉ ?

■ *Droit* : si une chaussure incurvée appuie sur le côté extérieur de votre pied et s'il reste de la place à l'intérieur, vous possédez un pied droit.

■ *Incurvé :* si une chaussure droite appuie sur votre orteil et sur votre articulation, vous possédez un pied incurvé.

LES BLESSURES QUI INFLUENCENT LE CHOIX D'UNE CHAUSSURE

Si vous avez eu des blessures dues aux chaussures, il est préférable de consulter un médecin. L'ennui c'est qu'il y a une évolution si rapide dans le domaine de la chaussure de sport que les podologues et les orthopédistes ne peuvent réellement pas tester toutes les nouvelles chaussures et n'ont pas le temps de voir comment les chaussures évoluent avec le temps. Il est donc utile que vous connaissiez quelques principes élémentaires sur ce que vous recherchez.

Au fil des années, j'ai découvert que certains types de chaussures pouvaient aider à résoudre certains problèmes.

Les conseils qui suivent ne constituent pas un avis médical, mais les conseils offerts par un coureur à d'autres coureurs.

PROBLÈMES DE GENOU ET DE TIBIA

• *Pied rigide* : davantage d'amorti et de flexibilité. Si votre cheville tourne ou se tord fréquemment, recherchez une chaussure stable et solide sur toute sa partie extérieure.

• *Pied flexible* : plate-forme solide, construction A (page 213) peu ou légèrement amortie. Solide construction du talon.

PROBLÈMES DE TENDON D'ACHILLE : talon plus haut, contrefort emboîtant bien le talon mais ne tirant pas sur le tendon lorsque la chaussure se plie. Pour cette raison, il faut aussi de la flexibilité. La chaussure devrait avoir une excellente stabilité à l'arrière.

FASCIITE PLANTAIRE (douleur au talon). Davantage de stabilité grâce à une construction de type A. Le contrefort du talon doit être très bien fixé à la semelle intermédiaire et devrait s'adapter au talon sans lui laisser la place de rouler.

DÉCHIRURE DU MOLLET. Construction A, léger amorti, chaussure stable.

AUTRES « TRUCS » CONCERNANT LES CHAUSSURES

BRISER LES CHAUSSURES. Je suis très surpris du nombre de personnes qui font 15-20 km la première fois qu'ils étrennent une paire de chaussures, puis se plaignent d'ampoules. Les deux premiers jours, contentez-vous de vous promener avec. Si possible, portez les chaussures pour vaquer à vos occupations quotidiennes afin qu'elles se fassent à vos pieds. Au début, courez seulement 1-3 km, puis augmentez progressivement la distance. Au bout d'environ une semaine, elles devraient s'être faites à votre pied.

USER LES CHAUSSURES. Plusieurs parties de la chaussure s'useront simultanément. Chaque pas détruit la séparation individuelle des bulles d'air et use la semelle, provoquant son aplatissement. Au fur et à mesure qu'elle s'aplatit, vous perdez amorti et support. Ceci survient de manière si progressive que vous ne vous en apercevez pas jusqu'à ce que vous compariez la chaussure avec une chaussure neuve.

La partie supérieure de la chaussure se détend et s'affaiblit aux points de pression. Lorsque cela se produit, le pied perd son support latéral. C'est surtout un problème pour les pronateurs. Avec moins de support, il y a davantage de risque de blessure. Au fur et à mesure que les matériaux se fatiguent le pied peut rouler de plus en plus. Contrôlez cette usure lente en essayant des chaussures neuves et en comparant l'amorti et le support à intervalles périodiques.

CHANGER TOUS LES JOURS DE CHAUSSURES : les chaussures durent plus longtemps si on les laisse reposer et sécher entre les courses. Il est donc bien d'en posséder deux paires. Lorsqu'une paire a atteint la moitié de sa « vie », achetez une paire neuve et commencez à alterner. Il est cependant mauvais de faire alterner une paire flambant neuve et une paire toute usée, car cela provoque des blessures.

Ned Frederick, physiologue et directeur de recherche chez Nike conseille lorsque l'on trouve une chaussure qui donne de bons résultats, d'en acheter deux paires. Ceci vous garantit d'avoir une autre paire du même modèle en réserve (avant que ce modèle ne soit supplanté par un autre modèle plus récent et de conception différente). Cela vous donne également un point de référence. Gardez une paire dans le placard et utilisez-la seulement une fois de temps en temps. En comparant ces chaussures à celles que vous utilisez tous les jours, vous saurez combien d'amorti et de support vous avez perdu.

Les chaussures sont constituées de matériaux et de colles qui réagissent différemment à la transpiration. Lavez-les à l'eau et au savon avec une brosse dure. Un léger trempage dans du bicarbonate de soude éliminera l'odeur intérieure mais les chaussures de type A (page 213) se déforment souvent lorsqu'on les fait tremper. Après le lavage, tordez-les légèrement pour en faire sortir l'eau et mettez-les à sécher dans un endroit tempéré, en les bourrant de papier. Le cirage permet de conserver aux parties en cuir leur souplesse.

8

Du départ jusqu'à l'arrivée

Ou courir de 7 à 77 ans ?

25. Faut-il laisser les enfants pratiquer la course à pied ?
26. Courir après 40 ans

25. FAUT-IL LAISSER LES ENFANTS PRATIQUER LA COURSE A PIED ?

LES EFFETS BÉNÉFIQUES. Plus un enfant commence à courir tôt, meilleur sera son acquis cardio-vasculaire pour les années suivantes. Un tel développement donne à l'enfant une longueur d'avance en ce qui concerne sa santé à long terme et la compétition, s'il décide d'en faire. A chaque étape, le cœur, les poumons et l'appareil circulatoire sont fortifiés et les effets sont multipliés au fur et à mesure des années qui passent. Néanmoins, les éléments les plus importants sont la joie et le sentiment de réussite. Si un enfant éprouve du plaisir à courir il ou elle aura plus de chance de poursuivre.

LES DANGERS. Je ne suis pas qualifié pour décrire les possibles dommages que la course d'endurance peut faire aux articulations, aux os ou aux autres parties vitales d'un corps en pleine croissance. Je n'ai jamais constaté qu'un entraînement raisonnable des enfants ait conduit à de tels problèmes, mais si vous avez des doutes contactez votre pédiatre ou votre médecin de famille.

Mais le véritable danger qui guette les jeunes coureurs c'est le court circuitage psychologique. La plupart des jeunes stars de la course à pied ou des meilleurs athlètes universitaires n'atteignent jamais leur potentiel de coureur, en raison du syndrome du « trop loin, trop vite, trop tôt ». Des parents ou des entraîneurs bien attentionnés mais trop zélés souhaitent naturellement que les enfants se livrent à une activité physique saine et peuvent les pousser à s'entraîner trop durement et à participer à de trop nombreuses compétitions. Dépourvus du sens du rythme et de la retenue que leur confère la maturité, ils se laissent pousser jusqu'à ce qu'ils connaissent l'ennui, la désillusion ou le découragement.

LES VRAIS OBJECTIFS. Je suis devenu un adepte de la course à pied à l'âge de treize ans, probablement parce que mes objectifs étaient la relaxation et la sensation de bien-être que me procurait l'exercice. Si les jeunes savent apprécier ces récompenses intérieures, ils découvriront sans doute le chemin d'une existence consacrée à la forme. Les compétitions mineures, les voyages et les contacts entre coureurs sont aussi fort divertissants. Il est important que les principaux objectifs du coureur soient les effets bénéfiques apportés par la course à pied sur le plan psychologique et sur le plan de la santé, et que les victoires, les temps réalisés et les trophées ne deviennent pas des fins en eux-mêmes.

Si vous les « retenez », il voudront continuer. Lorsque l'on retient légèrement les enfants, leur désir augmente. Contrôlez soigneusement le programme de votre enfant et retenez-le légèrement, sur une base régulière — ne le laissez pas être emporté par son jeune enthousiasme.

LA COMPÉTITION. La compétition non officielle est bénéfique, mais j'ai le sentiment que les équipes de jeunes coureurs auxquels on fait faire un travail de vitesse intensif et des compétitions régimentées ne sont pas souhaitables les premières années. Une course sur route occasionnelle, une course pour rire, ou une rencontre d'athlétisme scolaire peuvent constituer une compétition non officielle, sans grande tension psychologique. L'entraînement au marathon et la compétition sont également trop intensifs et risquent de provoquer un abandon précoce. On a toute sa vie pour courir des marathons, il n'est donc nullement nécessaire de se précipiter pour en faire.

PROGRAMME CONSEILLÉ

De 1 à 5 ans. Encouragez la course et tous les types d'activité physique. De temps en temps emmenez l'enfant voir une course et dites-lui des choses comme « Un jour quand tu seras grand, peut-être voudras-tu en faire autant... » Parlez-lui des effets salutaires de la course à pied.

De 5 à 11 ans. Si l'enfant montre un intérêt particulier pour la course à pied, vous pouvez l'encourager. Courez avec lui (ou avec elle) et parlez-lui des effets salutaires. Ne forcez pas l'enfant, ne le poussez jamais et n'allongez pas la durée de la course ; en même temps, ne le laissez pas aller trop loin ; dites-lui de se réserver pour la prochaine fois. Utilisez les courses sur route ou les courses pour rire comme des récompenses après un entraînement régulier.

De 11 à 12 ans. Si votre enfant veut suivre un programme d'entraînement à la course dans le cadre de son école, surveillez-le. Il est raisonnable de faire deux ou trois séances d'entraînement par semaine et trois ou quatre compétitions par saison. Évitez un travail d'intervalle intensif et un kilométrage élevé. La participation à des courses locales pourra être basée sur trois séances d'entraînement par semaine.

De 13 à 18 ans. Parallèlement à la course à pied, encouragez les autres activités — études, musique, sorties, participation à la fabrication du journal de l'école, etc. A présent, le jeune coureur peut commencer à s'entraîner sérieusement pourvu qu'il ne perde pas les pédales. Évitez un kilométrage trop élevé (plus de 65-80 km par semaine), un travail de vitesse intensif et les compétitions chaque week-end. A quinze ans, un coureur physiquement mûr et doué peut essayer les compétitions nationales — s'il est prêt. Je ne pense pas que les enfants de moins de quinze ans doivent faire de la compétition à un niveau national. Ne leur dites pas ce qu'ils valent par rapport aux coureurs du même groupe d'âge qu'eux. Pour des enfants de cet âge, quelques compétitions locales sont largement suffisantes.

18 ans et au-delà. A présent, vous êtes un conseiller. Il ou elle est capable de décider quand courir un marathon, avec quelle intensité s'entraîner, si il (ou elle) doit participer à une compétition internationale, etc. Les règles à suivre pour un entraînement sensé, pour un repos suffisant et pour l'établissement d'un programme etc., ont déjà été soulignées dans ce livre, il suffit maintenant de les appliquer.

26. COURIR APRÈS 40 ANS

Nous ne pouvons rien contre le temps qui passe. Comme des étoiles traversant l'espace, nous nous acheminons inéluctablement vers la fin de notre vie comme vers un mystérieux trou noir, ne sachant ni à quel moment ni à quel endroit nous allons y pénétrer. La course à pied est l'une de ces distractions qui peut rendre notre passage sur terre plus intéressant et plus stimulant.

Même si nous ne pouvons prédire avec exactitude la durée de notre vie, il est de plus en plus certain que nous pouvons agir sur le processus de notre vieillissement. Grâce à des habitudes de vie saines, nous avons non seulement une meilleure chance de vivre plus longtemps, mais nous pouvons aussi améliorer de manière significative la qualité de notre vie.

Les coureurs s'aperçoivent du processus de vieillissement : un peu plus de temps pour démarrer le matin, de temps en temps quelques douleurs et maux supplémentaires, des blessures qui mettent plus longtemps à guérir. J'ai maintenant 39 ans et je suis en équilibre devant le « mur » des quarante ans. Je me suis inspiré de quelques individus pour pouvoir franchir ce mur sans rencontrer les difficultés habituelles. Ces gens m'ont montré qu'il restait encore de la vie après quarante ans et qu'en vieillissant, notre corps pouvait encore mieux servir à la course, s'il était bien entretenu.

UN TEMPS DE RÉCUPÉRATION PLUS LONG. Harold Tinsley, président du « Road Runners Club of America » fait partie du petit groupe de coureurs qui atteignirent la catégorie des vétérans (40 ans et plus) sans connaître la « rupture » prolongée que les adultes connaissent après le lycée ou l'université. Non seulement Harold avait été un pionnier solitaire de la course à pied dans les années soixante et soixante-dix, mais à cette époque il organisait des compétitions pour essayer d'amener les autres à courir, dans sa ville natale de Huntsville, en Alabama. Il fut également l'un des premiers à s'intéresser à l'industrie électronique et à présent il fabrique des systèmes de processeurs de haute technologie pour l'astronautique (et pour les courses — dans sa cave, Harold a mis au point le meilleur système que je connaisse pour analyser les résultats d'une course.)

Les effets du vieillissement s'étant progressivement installés, il a découvert qu'il lui fallait plus longtemps pour récupérer après une séance d'entraînement difficile. A plus de 45 ans, les temps qu'il effectue lors de ses répétitions de vitesse ne sont pas beaucoup plus élevés que ceux qu'il réalisait dans son adolescence, mais ensuite il est plus lent pendant quelques jours.

Harold dit que la maturité lui a apporté une concentration accrue. Nous sommes capables de nous forcer davantage dans tous les domaines de notre vie. Tendus vers un objectif, nous poussons notre corps sans nous laisser distraire et nous le fatiguons davantage. Nous avons appris à tirer davantage de notre corps et — c'est là l'inconvénient — nous le poussons plus facilement vers la blessure. Nous sommes plus fatigués ; lorsque nous nous écroulons, il nous faut plus longtemps pour nous remettre. En outre, nous menons une vie plus stressée (travail, famille...) qui s'ajoute aux difficultés de la course à pied et au temps de récupération.

Harold suggère que nous prévoyions un plus grand nombre de jours de récupération après les journées d'entraînement intensif, au fur et à mesure que passent les années. Il croit également qu'une élévation trop importante de la température du corps ou une forte consommation d'aliments riches en graisses conduit à une baisse des performances. Les avantages d'un repos accru et d'une alimentation légère prennent même de plus en plus d'importance au fil des années.

UN CHANGEMENT DE CAP RADICAL A MI-PARCOURS DE LA VIE. Lorsqu'il était lycéen, Tom Conklin était un athlète moyen en football, en basket-ball et en athlétisme. Une fois devenu un avocat célèbre à Chicago, il se mit petit à petit à succomber aux délicieuses et coupables tentations du monde des adultes qui ont réussi. Trois paquets de cigarettes par jour, la caféine et le sucre l'aidèrent à tenir le coup dans une vie harassante à laquelle s'ajoutaient deux divorces. Une visite médicale en 1980 fit ressortir un risque très élevé de maladie coronarienne et une forte chance d'attaque cardiaque imminente. Tom — une personnalité caractéristique du type A (exigeante, perfectionniste) — fut évidemment déprimé par le diagnostic. Après plusieurs semaines de reflexion, Tom comprit qu'il était en train de mourir. Peu après, il prit la décision de vivre.

Par l'intermédiaire d'amis, il trouva un médecin spécialiste de la forme qui commença à lui faire suivre un programme élémentaire de gymnatisque, d'élongation, de tennis, et de jogging. Au début, lorsqu'il lui fallut faire vingt mètres en courant, puis cent mètres en marchant, il eut l'impression d'être collé au sol. Au bout de deux mois, il était capable de courir 400 mètres, mais il souffrait tellement d'une arthrite au genou qu'il pensa qu'il lui faudrait abandonner. Il prenait 12 aspirines par jour pour combattre l'inflammation.

Puis un esprit de compétition salutaire fit couler l'adrénaline de type A qui était en lui. D'autres avocats qui travaillaient avec lui commencèrent à participer à des courses de 10 km. Il découvrit que le fait d'avoir la distance de la course comme objectif, donnait un but à ses séances quotidiennes d'entraînement et il commença à faire de réels progrès. Peu à peu, les douleurs dans son articulation disparurent et à l'automne il était capable de courir 2 miles et se livrait à des commentaires audacieux et irresponsables du genre « L'année prochaine, je cours le marathon » accompagné de la réserve de l'avocat « Si dieu le veut ! ».

Il explique que ce qui l'a aidé à atteindre son objectif, ce sont les leçons de la technique Alexander (une méthode pour déplacer le corps avec équilibre et coordination) et les programmes d'entraînement d'Arthur Lydiard. Son poids descendit de 106 à 77 kilos et à ce jour il a participé à sept marathons. Lorsque je rencontrai Tom dans un de nos stages de course à pied de Tahoe, ses deux années et demie de course à pied avaient fait de lui un drogué de la course et il s'entraînait pour son prochain marathon.

Tom pense qu'il faut se méfier de la soi-disant maturité de l'homme de plus de quarante ans et ne pas laisser l'ego contrôler la situation. Attendez plutôt que les progrès viennent tout doucement, sans forcer. Il pense également que son régime a été un facteur important dans son changement de cap. Il se sent incontestablement mieux depuis qu'il a abandonné le sucre et la viande rouge et qu'il mange beaucoup de céréales et de légumes.

COURIR UN JOUR SUR DEUX. Il y a plusieurs années le Dr George Sheehan modifia sa « semaine de course » et ne courut plus que trois jours au lieu de sept. Nous fûmes nombreux à penser que le bon docteur était en train de perdre tout intérêt pour la course jusqu'au jour où, à 62 ans George courut le marathon le plus rapide de sa vie. A présent, George court 10 miles tous les deux jours, et il a le sentiment que cela lui permet de mieux garder la forme que s'il faisait 5-6 miles *tous* les jours. Il ajoute de longues courses lorsqu'il veut courir un marathon.

Jack Foster, qui se mit à la course à pied à l'âge de 33 ans et courut un marathon en 2 heures 11 minutes à 41 ans, fêta son cinquantième anniversaire en 1982 en courant le marathon en un peu plus de 2 heures 20''. Le fait était déjà incroyable en lui-même, mais il l'était encore davantage si l'on considère que lui aussi ne s'entraîne plus que 3 jours par semaine.

Pour conserver son esprit de compétition, Jack fait des accélérations une fois par semaine. Il court 100 mètres dans un parc voisin à une allure d'environ 5 mn au km, puis court pendant 600 mètres à petites foulées pour récupérer. En général, il effectue deux fois ces répétitions, mais augmente le nombre avant une course importante. Il effectue deux parcours par semaine : deux de 15 miles (24 km), un de 20 miles (32 km). Auparavant il avait pour habitude de faire 10 miles (16 km) par jour. Le samedi, Jack enfourche sa bicyclette et se promène sur les routes néo-zélandaises. L'ancien coureur cycliste constate également une prédominance d'instincts plus jeunes et transforme ces promenades en de dures séances d'entraînement cardio-vasculaire de 3-4 heures qui ne fatiguent pas autant ses articulations.

Vous ne courrez pas aussi rapidement que Foster (il est le meilleur coureur mondial dans sa catégorie) mais les mêmes principes s'appliquent à tous les coureurs qui atteignent la maîtrise. Il y a des années que les scientifiques savent que les longues courses sont meilleures pour l'organisme. Vous envisagerez peut-être de courir plus longuement 3 jours par semaine et de vous reposer davantage entre temps. Cela laisse davantage de temps libre pour d'autres activités adultes ou puériles.

COURIR APRÈS 60 ANS. Mavis Lindgren a grandi dans le Canada rural et a souffert de différentes maladies dans son enfance. Ses parents déménagèrent en Colombie britannique, dans l'Ouest, pour être à proximité des hôpitaux nécessaires pour sauver la vie de leur petite-fille. Durant son adolescence, elle contracta la tuberculose ; après une lutte acharnée, elle la vainquit, mais elle resta faible et malade pendant la plus grande partie de sa vie adulte. Vers la cinquantaine, elle attrapa une série d'infections qui provoquèrent une infection pulmonaire qui dura 3 ans. Les médecins lui dirent alors — c'était il y a 20 ans — que ce serait là sa dernière maladie. Comme ils avaient raison !

Au lieu de mourir, Mavis se cramponna à la vie quelques années de plus et elle fut à peine capable d'accompagner son mari Carl lorsqu'il commença un programme de marche à pied. Bien que durant toute sa vie les médecins lui avaient dit d'éviter l'exercice, elle se mit à trottiner aux côtés de Carl ; au début, elle ne put faire que 2-3 mètres. Elle persévéra et le plus étonnant, c'est qu'une année plus tard elle pouvait courir à petites foulées pendant environ un kilomètre et demi.

Aujourd'hui âgée de plus de 75 ans, Mavis participe non seulement à des marathons mais établit des records dans sa catégorie d'âge. Elle est pleine de vie et d'énergie, et cette femme qui pendant cinquante ans ne pouvait résister à la maladie n'a pas eu un rhume depuis dix ans. Parler est pour elle une nécessité. Lorsqu'elle était plus jeune, elle avait peur de parler en public. « A présent, dit-elle on a du mal à m'empêcher de donner des conférences sur la course à pied et sur la santé qu'elle m'a apportée. »

CONCLUSION

J'ai vu un jeune homme incontestablement peu doué, réussir à force d'efforts à devenir un des plus grands coureurs de fond universitaires des États-Unis. J'ai vu des mères au foyer devenir des marathoniennes de niveau mondial et mon vieil ami Franck Shorter devenir champion olympique. Mais la personne qui m'a le plus inspiré n'est pas un champion olympique, un détenteur de titre mondial ou un champion international. Il s'agit au contraire d'un homme qui s'est mis à la course à pied à l'âge de 52 ans.

A cet âge-là, Elliott réalisa que plus de la moitié des copains de l'équipe de football de son lycée étaient morts de maladies dégénérescentes. Il pesait environ 100 kg, il était un grand consommateur de graisses, ne faisait pas d'exercice, et son médecin lui avait dit qu'il devrait en faire s'il voulait survivre. Cet ancien joueur de football de niveau national *savait* que trente années d'inactivité ne devraient pas l'empêcher de dépasser les lents joggers qu'il voyait courir dans le parc qui entourait son bureau. La réalité fut cependant plus dure à avaler ; lorsqu'il commença son programme d'exercices, il ne put atteindre le premier poteau télégraphique.

Chaque jour Elliott se forçait à atteindre le poteau suivant. Après 4-5 mois, il était capable de faire environ 1 ou 2 miles. La course à pied l'aida à perdre du poids et au fur et à mesure qu'il fondait, il avait de moins en moins de mal à courir. Au début, il avait du mal à admettre qu'il devait marcher, mais il s'aperçut que le fait d'alterner la course et la marche l'aidait à accroître son endurance et réduisait la fatigue. Il dut oublier l'époque où il faisait de la compétition et apprendre que la course à pied pouvait être un passe-temps agréable.

Elliott persévéra avec toute la série de poteaux télégraphiques et découvrit bientôt qu'il était capable de courir un 5 km, puis un 10 km. Au début, il ne s'occupa pas du style, mais au fur et à mesure qu'il commença à s'améliorer, il s'aperçut que cela lui permettait d'aller plus loin. En apprenant à courir avec efficacité, il réalisa que lorsqu'il courait le mile en 8 mn, il éprouvait la même sensation que lorsqu'il le faisait en 5 mn, à l'époque où il faisait de l'athlétisme, au lycée. Il avait réussi à effectuer la transition, en écoutant son corps.

Son corps réapprit doucement à courir. En 1978, il se qualifia pour le Marathon de Boston, ayant perdu une vingtaine de kilos depuis ses débuts. Puis, quelques jours avant son 59e anniversaire Elliott courut le « Callaway gardens Marathon » en Georgie en 2 heures 59 minutes.

C'est une histoire qui me passionne, car Elliott Galloway c'est mon père. Ce qui m'a le plus impressionné, c'est la discipline quotidienne et le mode de vie sain qui ont permis à mon père de rajeunir de vingt ans. Aucun d'entre nous ne peut exercer un contrôle strict sur le mince fil de notre vie auquel nous sommes suspendus. Pourtant, le plus curieux de l'affaire, c'est que mon père continuera à m'inspirer lorsqu'il entrera dans le vingt et unième siècle, toujours en courant. Cela permettra également à *mon* fils d'apprendre à le connaître et à mieux se connaître lui-même.

Lorsque nous voyons les secondes défiler sur la grande horloge de nos vies, nous pouvons choisir soit d'accepter la détérioration qui vient de la négligence, soit de prendre en main notre santé et notre vie. Il existe des milliers d'histoires semblables à celle de mon père, qui sont chacune un acte de courage significatif. Chaque personne qui réussit à faire la même chose à un avantage psychologique dans la bataille contre les années qui passent. Lorsque vous vieillissez vous n'êtes pas obligé de rester assis à ne rien faire et de laisser les choses empirer. A vous de choisir.

appendice

PRÉVOIR UNE PERFORMANCE EN COMPÉTITION

Ce tableau va vous aider à prévoir une performance dans une future course, en vous basant sur une course passée, d'une distance différente. Les chiffres se basent sur ce que l'on appelle « *une courbe de performance normale* » qui vous permet de « prévoir une performance sur une distance donnée, en vous basant sur une performance établie sur une autre distance... ». Cela ne permet pas de prédire une performance exacte pour le jour de la compétition, étant donné qu'il y a de nombreux facteurs tactiques, psychologiques et environnementaux qui affectent chaque performance.

Une des questions soulevée par un tel tableau est la suivante : « Chaque coureur n'a-t-il pas tendance à exceller sur une certaine distance ! » Votre meilleure distance peut être le 10 km, votre temps au marathon indiqué sur le tableau ne correspondra donc pas au temps « équivalent » inscrit sur la même ligne. Ou il se peut que votre meilleure course soit le marathon. Il faut noter que dans une épreuve qui n'est pas sa spécialité, la performance d'un coureur se situera à un niveau typiquement inférieur aux performances établies dans sa spécialité. Néanmoins, la course de performance s'applique toujours... Il faut également remarquer que l'athlète doit s'entraîner en fonction de l'épreuve à laquelle il va participer de manière à atteindre un niveau approximativement égal à celui atteint dans d'autres épreuves.

SE BASER SUR UNE DISTANCE INFÉRIEURE POUR EFFECTUER UNE DISTANCE SUPÉRIEURE. Si vous prévoyez votre temps de marathon en vous basant sur une course moins longue et n'atteignez pas votre objectif, cela signifie que vous avez la vitesse mais pas l'endurance nécessaire pour faire une course plus longue. Pour remédier à cette situation, modifiez votre programme de manière à courir plus longtemps (et si possible moins souvent) et portez le nombre des répétitions effectuées lors de vos séances de vitesse à 13.

SE BASER SUR UNE DISTANCE SUPÉRIEURE POUR EFFECTUER UNE DISTANCE INFÉRIEURE. Si votre temps au 10 km n'est pas aussi bon que celui que vous aviez prévu en vous basant sur votre temps de marathon ou de demi-marathon, cela signifie que vous possédez l'endurance mais pas la vitesse. Consultez le chapitre 8 *La vitesse*, et le chapitre 12 *Le compétiteur avancé*.

Remarque : Lorsque vous modifiez votre programme, faites-le prudemment et *progressivement*. Tenez compte des réactions de votre corps si vous vous écartez des tableaux pour le 10 km ou pour le marathon.

Ce tableau vous aidera à planifier votre course en vous donnant vos temps de passage clés tout au long du parcours. Pendant une course, il devient de plus en difficile d'effectuer les calculs mentaux nécessaires pour savoir si l'on respecte l'allure prévue à chaque passage. Si vous inscrivez ces temps de passage sur votre main ou sur votre bras à l'encre indélébile, cela devrait vous aider à garder l'allure. Ces tableaux peuvent aussi être utilisés après une course pour calculer votre allure effective.

Remarque : mi = miles, km = kilomètres.

5Km	8Km	10Km	15Km	20Km	25Km	30Km	Marathon	50Km
12:58	21:23	27:09	41:50	56:50	1:12:05	1:27:32	2:06:18	2:31:43
13:02	21:30	27:17	42:05	57:09	1:12:29	1:28:02	2:07:02	2:32:35
13:06	21:38	27:27	42:20	57:29	1:12:54	1:28:32	2:07:45	2:33:28
13:11	21:45	27:36	42:30	57:49	1:13:19	1:29:30	2:08:30	2:34:21
13:15	21:52	27:45	42:45	58:08	1:13:44	1:29:54	2:09:14	2:35:15
13:20	22:00	27:55	43:00	58:29	1:14:10	1:30:05	2:10:00	2:36:10
13:24	22:08	28:04	43:20	58:29	1:14:36	1:30:36	2:10:46	2:37:05
13:29	22:15	28:14	43:30	59:09	1:15:02	1:31:08	2:11:32	2:38:01
13:33	22:22	28:24	43:45	59:30	1:15:28	1:31:41	2:12:19	2:38:58
13:38	22:30	28:34	44:00	59:51	1:15:55	1:32:13	2:13:06	2:39:55
13:43	22:38	28:44	44:20	1:00:13	1:16:22	1:32:46	2:13:54	2:40:53
13:48	22:45	28:54	44:35	1:00:34	1:16:50	1:33:20	2:14:43	2:41:51
13:52	22:52	29:04	44:50	1:00:56	1:17:18	1:33:54	2:15:32	2:42:51
13:57	23:02	29:15	45:05	1:01:18	1:17:46	1:34:28	2:16:22	2:43:51
14:02	23:10	29:25	45:20	1:01:41	1:18:14	1:35:03	2:17:12	2:44:52
14:07	23:20	29:36	45:40	1:02:03	1:18:43	1:35:38	2:18:04	2:45:53
14:12	23:28	29:47	45:56	1:02:26	1:19:12	1:36:14	2:18:55	2:46:56
14:17	23:35	29:57	46:13	1:02:49	1:19:42	1:36:50	2:19:48	2:47:59
14:23	23:45	30:08	46:30	1:03:13	1:20:12	1:37:26	2:20:41	2:49:03
14:28	23:53	30:20	46:47	1:03:37	1:20:42	1:38:03	2:21:34	2:50:08
14:33	24:00	30:31	47:05	1:04:01	1:21:13	1:38:40	2:22:29	2:51:13
14:39	24:10	30:42	47:23	1:04:25	1:21:44	1:39:28	2:23:24	2:52:20
14:44	24:20	30:54	47:41	1:04:50	1:22:15	1:39:57	2:24:20	2:53:27
14:50	24:30	31:06	47:59	1:05:15	1:22:47	1:40:36	2:25:10	2:54:35
14:55	24:40	31:18	48:18	1:05:40	1:23:20	1:41:15	2:26:13	2:55:44
15:01	24:48	31:30	48:36	1:06:06	1:23:52	1:41:55	2:27:11	2:56:54
15:07	24:58	31:43	48:55	1:06:32	1:24:25	1:42:35	2:28:10	2:58:05
15:12	25:08	31:55	49:15	1:06:58	1:24:59	1:43:16	2:29:10	2:59:17
15:18	25:17	32:07	49:34	1:07:25	1:25:33	1:43:58	2:30:10	3:00:30
15:24	25:27	32:20	49:54	1:07:52	1:26:08	1:44:40	2:31:11	3:01:44
15:30	25:37	32:33	50:14	1:08:19	1:26:42	1:45:22	2:32:13	3:02:59
15:36	25:48	32:46	50:34	1:08:47	1:27:18	1:46:06	2:33:16	3:04:15
15:43	25:58	32:59	50:55	1:09:15	1:27:54	1:46:50	2:34:20	3:05:32
15:49	26:09	33:12	51:16	1:09:44	1:28:30	1:47:34	2:35:25	3:06:50
15:55	26:19	33:26	51:37	1:10:13	1:29:07	1:48:19	2:36:30	3:08:09

5Km	8Km	10Km	15Km	20Km	25Km	30Km	Marathon	50Km
16:02	26:30	33:40	51:58	1:10:42	1:29:45	1:49:05	2:37:37	3:09:29
16:08	26:41	33:54	52:20	1:11:12	1:30:23	1:49:51	2:38:44	3:10:51
16:15	26:52	34:08	52:42	1:11:42	1:31:01	1:50:38	2:39:53	3:12:13
16:22	27:03	34:23	53:05	1:12:13	1:31:40	1:51:26	2:41:02	3:13:37
16:28	27:15	34:37	53:27	1:12:44	1:32:20	1:52:14	2:42:13	3:15:02
16:35	27:26	34:52	53:50	1:13:15	1:33:00	1:53:03	2:43:24	3:16:28
16:42	27:38	35:07	54:14	1:13:47	1:33:41	1:53:53	2:44:37	3:17:56
16:49	27:50	35:22	54:37	1:14:20	1:34:22	1:54:43	2:45:50	3:19:25
16:57	28:02	35:37	55:01	1:14:53	1:35:04	1:55:35	2:47:05	3:20:55
17:04	28:14	35:53	55:26	1:15:26	1:35:47	1:56:27	2:48:21	3:22:27
17:11	28:27	36:01	55:51	1:16:00	1:36:30	1:57:19	2:49:38	3:24:00
17:19	28:39	36:25	56:16	1:16:35	1:37:14	1:58:13	2:50:56	3:25:34
17:27	28:52	36:41	56:41	1:17:10	1:37:59	1:59:08	2:52:15	3:27:10
17:34	29:05	36:58	57:07	1:17:45	1:38:44	2:00:03	2:53:36	3:28:48
17:42	29:18	37:14	57:33	1:18:21	1:39:30	2:00:59	2:54:58	3:30:27
17:50	29:32	37:31	58:00	1:18:58	1:40:17	2:01:56	2:56:21	3:32:01
17:58	29:45	37:49	58:27	1:19:35	1:41:04	2:02:54	2:57:45	3:33:49
18:07	29:59	38:06	58:55	1:20:13	1:41:52	2:03:53	2:59:11	3:35:33
18:15	30:13	38:24	59:21	1:20:51	1:42:41	2:04:53	3:00:39	3:37:19
18:23	30:27	38:43	59:51	1:21:30	1:43:31	2:05:53	3:02:07	3:39:06
18:32	30:42	39:01	1:00:20	1:22:10	1:44:22	2:06:55	3:03:37	3:40:55
18:41	30:56	39:20	1:00:49	1:22:50	1:45:13	2:07:58	3:05:09	3:42:46
18:50	31:11	39:39	1:01:19	1:23:31	1:46:05	2:09:02	3:06:42	3:44:38
18:59	31:26	39:58	1:01:50	1:24:12	1:46:58	2:10:07	3:08:17	3:46:33
19:08	31:42	40:18	1:02:20	1:24:55	1:47:52	2:11:13	3:09:53	3:48:30
19:17	31:57	40:38	1:02:52	1:25:38	1:48:47	2:12:20	3:11:32	3:50:28
19:27	32:13	40:58	1:03:24	1:26:21	1:49:43	2:13:28	3:13:11	3:52:29
19:36	32:30	41:19	1:03:56	1:27:06	1:50:40	2:14:38	3:14:53	3:54:32
19:46	32:46	41:40	1:04:29	1:27:51	1:51:38	2:15:48	3:16:36	3:56:37
19:56	33:03	42:02	1:05:03	1:28:37	1:52:37	2:17:00	3:18:21	3:58:44
20:06	33:20	42:23	1:05:37	1:29:24	1:53:37	2:18:14	3:20:08	4:00:53
20:17	33:37	42:46	1:06:11	1:30:12	1:54:38	2:19:28	3:21:57	4:03:05
20:27	33:55	43:08	1:06:47	1:31:00	1:55:40	2:20:44	3:23:48	4:05:19
20:38	34:13	43:31	1:07:23	1:31:50	1:56:43	2:22:01	3:25:41	4:07:36
20:49	34:31	43:55	1:07:59	1:32:40	1:57:47	2:23:20	3:27:36	4:09:56
21:00	34:50	44:18	1:08:37	1:33:31	1:58:53	2:24:40	3:29:34	4:12:18
21:11	35:08	44:43	1:09:15	1:34:24	2:00:00	2:26:02	3:31:33	4:14:42
21:22	35:28	45:07	1:09:53	1:35:17	2:01:08	2:27:25	3:33:35	4:17:10
21:34	35:47	45:32	1:10:33	1:36:11	2:02:17	2:28:50	3:35:39	4:19:40
21:46	36:07	45:58	1:11:13	1:37:06	2:03:28	2:30:16	3:37:46	4:22:14
21:58	36:28	46:24	1:11:54	1:38:02	2:04:40	2:31:44	3:39:55	4:24:50
22:10	36:48	46:51	1:12:36	1:39:00	2:05:53	2:33:14	3:42:06	4:27:30
22:23	37:10	47:18	1:13:18	1:39:58	2:07:08	2:34:46	3:44:21	4:30:12
22:36	37:31	47:46	1:14:02	1:40:58	2:08:25	2:36:20	3:46:38	4:32:59
22:49	37:53	48:14	1:14:46	1:41:59	2:09:43	2:37:55	3:48:58	4:35:48

5Km	8Km	10Km	15Km	20Km	25Km	30Km	Marathon	50Km
23:02	38:16	48:42	1:15:31	1:43:01	2:11:02	2:39:32	3:51:21	4:38:41
23:15	38:38	49:12	1:16:17	1:44:05	2:12:23	2:41:12	3:53:46	4:41:38
23:29	39:02	49:42	1:17:04	1:45:09	2:13:46	2:42:53	3:56:15	4:44:39
23:43	39:26	50:12	1:17:52	1:46:15	2:15:11	2:44:37	3:58:47	4:47:43
23:58	39:50	50:43	1:18:41	1:47:23	2:16:37	2:46:23	4:01:23	4:50:51
24:12	40:15	51:15	1:19:31	1:48:32	2:18:06	2:48:11	4:04:02	4:54:04
24:27	40:40	51:48	1:20:22	1:49:42	2:19:36	2:50:02	4:06:44	4:57:21
24:43	41:06	52:21	1:21:15	1:50:54	2:21:08	2:51:55	4:09:30	5:00:42
24:58	41:32	52:55	1:22:08	1:52:08	2:22:42	2:53:50	4:12:20	5:04:08
25:14	41:59	53:29	1:23:02	1:53:23	2:24:19	2:55:48	4:15:13	5:07:39
25:30	42:27	54:05	1:23:58	1:54:40	2:25:58	2:57:49	4:18:11	5:11:15
25:47	42:55	56:41	1:24:55	1:55:59	2:27:38	2:59:53	4:21:13	5:14:56
26:04	43:24	55:18	1:25:54	1:57:19	2:29:22	3:02:00	4:24:19	5:18:42
26:21	43:53	55:56	1:26:53	1:58:41	2:31:07	3:04:09	4:27:29	5:22:33
26:39	44:23	56:35	1:27:54	2:00:06	2:32:55	3:06:22	4:30:45	5:26:30
26:57	44:54	57:14	1:28:57	2:01:32	2:34:46	3:08:38	4:34:05	5:30:33
27:16	45:26	57:55	1:30:01	2:03:00	2:36:40	3:10:57	4:37:30	5:34:43
27:35	45:58	58:36	1:31:06	2:04:31	2:38:36	3:13:20	4:41:00	5:38:58
27:54	46:31	59:19	1:32:14	2:06:04	2:40:35	3:15:46	4:44:36	5:43:20
28:14	47:05	1:00:02	1:33:23	2:07:39	2:42:38	3:18:16	4:48:17	5:47:49

TABLEAU DE PRÉVISION DE L'ALLURE DE COURSE

Minutes par mile	Temps pour les distances suivantes : 2mi	3mi	5km	4mi	5mi	6mi	10km	7mi	8mi	9mi	15km
4:50	9:40	14:30	15:01	19:20	24:10	29:00	30:02	33:50	38:40	43:30	45:03
5:00	10:00	15:00	15:32	20:00	25:00	30:00	31:04	35:00	40:00	45:00	46:36
5:10	10:20	15:30	16:03	20:40	25:50	31:00	32:06	36:10	41:20	46:30	48:09
5:20	10:40	16:00	16:34	21:20	26:40	32:00	33:08	37:20	42:40	48:00	49:42
5:30	11:00	16:30	17:05	22:00	27:30	33:00	34:10	38:30	44:00	49:30	51:15
5:40	11:20	17:00	17:36	22:40	28:20	34:00	35:12	39:40	45:20	51:00	52:48
5:50	11:40	17:30	18:07	23:20	29:10	35:00	36:14	40:50	46:40	52:30	54:21
6:00	12:00	18:00	18:39	24:00	30:00	36:00	37:17	42:00	48:00	54:00	55:56
6:10	12:20	18:30	19:10	24:40	30:50	37:00	38:19	43:10	49:20	55:30	57:29
6:20	12:40	19:00	19:41	25:20	31:40	38:00	39:22	44:20	50:40	57:00	59:03
6:30	13:00	19:30	20:12	26:00	32:30	39:00	40:24	45:30	52:00	58:30	1:00:36
6:40	13:20	20:00	20:43	26:40	33:20	40:00	41:26	46:40	53:20	1:00:00	1:02:09
6:50	13:40	20:30	21:14	27:20	34:10	41:00	42:28	47:50	54:40	1:01:30	1:03:42
7:00	14:00	21:00	21:45	28:00	35:00	42:00	43:30	49:00	56:00	1:03:00	1:05:15
7:10	14:20	21:30	22:16	28:40	35:50	43:00	44:32	50:10	57:20	1:04:30	1:06:48
7:20	14:40	22:00	22:47	29:20	36:40	44:00	45:34	51:20	58:40	1:06:00	1:08:21
7:30	15:00	22:30	23:18	30:00	37:30	45:00	46:36	52:30	60:00	1:07:30	1:09:54
7:40	15:20	23:00	23:49	30:40	38:20	46:00	47:38	53:40	61:20	1:09:00	1:11:27
7:50	15:40	23:30	24:20	31:20	39:10	47:00	48:40	54:50	62:40	1:10:30	1:13:00
8:00	16:00	24:00	24:51	32:00	40:00	48:00	49:42	56:00	1:04:00	1:12:00	1:14:33
8:10	16:20	24:30	25:22	32:40	40:50	49:00	50:44	57:10	1:05:20	1:13:30	1:16:06
8:20	16:40	25:00	25:53	33:20	41:40	50:00	51:46	58:20	1:06:40	1:15:00	1:17:39
8:30	17:00	25:30	26:24	34:00	42:30	51:00	52:48	59:30	1:08:00	1:16:30	1:19:12
8:40	17:20	26:00	26:55	34:40	43:20	52:00	53:50	1:00:40	1:09:20	1:18:00	1:20:45
8:50	17:40	26:30	27:26	35:20	44:10	53:00	54:52	1:01:50	1:10:40	1:19:30	1:22:18
9:00	18:00	27:00	27:57	36:00	45:00	54:00	55:54	1:03:00	1:12:00	1:21:00	1:23:51
9:10	18:20	27:30	28:28	36:40	45:50	55:00	56:56	1:04:10	1:13:20	1:22:30	1:25:24
9:20	18:40	28:00	28:59	37:20	46:40	56:00	57:58	1:05:20	1:14:40	1:24:00	1:26:57
9:30	19:00	28:30	29:30	38:00	47:30	57:00	59:00	1:06:30	1:16:00	1:25:30	1:28:30
9:40	19:20	29:00	30:01	38:40	48:20	58:00	1:00:02	1:07:40	1:17:20	1:27:00	1:30:03
9:50	19:40	29:30	30:32	39:20	49:10	59:00	1:01:04	1:08:50	1:18:40	1:28:30	1:31:36
10:00	20:00	30:00	31:04	40:00	50:00	60:00	1:02:08	1:10:00	1:20:00	1:30:00	1:33:12

TABLEAU DE PRÉVISION DE L'ALLURE DE COURSE

Minutes par mile	10mi	20km	1/2 Marathon	15mi	25km	30km	20mi	Marathon	50km
4:50	48:20	1:00:04	1:03:52	1:12:30	1:15:05	1:30:06	1:36:40	2:07:44	2:30:10
5:00	50:00	1:02:08	1:05:33	1:15:00	1:17:40	1:33:12	1:40:00	2:11:06	2:35:20
5:10	51:40	1:04:12	1:07:58	1:17:30	1:20:15	1:36:18	1:43:20	2:15:28	2:40:30
5:20	53:20	1:06:16	1:08:55	1:20:00	1:22:50	1:39:24	1:46:40	2:19:50	2:45:30
5:30	55:00	1:08:20	1:12:06	1:22:30	1:25:25	1:42:30	1:50:00	2:24:12	2:50:50
5:40	56:40	1:10:24	1:14:17	1:25:00	1:28:00	1:45:36	1:53:20	2:28:34	2:56:00
5:50	58:20	1:12:28	1:16:28	1:27:30	1:30:35	1:48:42	1:56:40	2:32:56	3:00:17
6:00	1:00:00	1:14:33	1:18:39	1:30:00	1:33:10	1:51:48	2:00:00	2:37:19	3:06:20
6:10	1:01:40	1:16:38	1:20:50	1:32:30	1:35:45	1:54:54	2:03:20	2:41:41	3:11:30
6:20	1:03:20	1:18:43	1:23:01	1:35:00	1:38:20	1:58:00	2:06:40	2:46:03	3:16:40
6:30	1:05:00	1:20:47	1:25:13	1:37:30	1:40:55	2:01:06	2:10:00	2:50:25	3:21:50
6:40	1:06:40	1:22:52	1:27:23	1:40:00	1:43:30	2:04:12	2:13:20	2:54:47	3:17:00
6:50	1:08:20	1:24:56	1:29:34	1:42:30	1:46:05	2:07:24	2:16:40	2:59:09	3:22:10
7:00	1:10:00	1:27:00	1:31:32	1:45:00	1:48:40	2:10:30	2:20:00	3:03:03	3:37:20
7:10	1:11:40	1:29:04	1:33:57	1:47:30	1:51:15	2:13:36	2:23:20	3:07:55	3:42:30
7:20	1:13:20	1:31:08	1:36:08	1:50:00	1:53:50	2:16:42	2:26:40	3:12:17	3:47:40
7:30	1:15:00	1:33:12	1:38:20	1:52:30	1:56:25	2:19:48	2:30:00	3:16:39	3:52:50
7:40	1:16:40	1:35:16	1:40:30	1:55:00	1:59:00	2:22:54	2:33:20	3:21:01	3:58:00
7:50	1:18:20	1:37:20	1:42:42	1:57:30	2:01:35	2:26:00	2:36:40	3:25:23	4:03:10
8:00	1:20:00	1:39:24	1:44:52	2:00:00	2:04:10	2:29:06	2:40:00	3:29:45	4:08:20
8:10	1:21:40	1:41:28	1:47:02	2:02:30	2:06:45	2:32:12	2:43:20	3:34:07	4:13:30
8:20	1:23:20	1:43:32	1:49:15	2:05:00	2:09:20	2:35:18	2:46:40	3:38:29	4:18:40
8:30	1:25:00	1:45:36	1:51:25	2:07:30	2:11:55	2:38:24	2:50:00	3:42:51	4:23:50
8:40	1:26:40	1:47:40	1:53:07	2:10:00	2:14:30	2:41:30	2:53:20	3:47:13	4:29:00
8:50	1:28:20	1:49:44	1:55:18	2:12:30	2:17:05	2:44:36	2:56:40	3:51:35	4:34:10
9:00	1:30:00	1:51:48	1:58:00	2:15:00	2:19:40	2:47:42	3:00:00	3:56:00	4:39:20
9:10	1:31:40	1:53:52	2:00:11	2:17:30	2:22:15	2:50:48	3:03:20	4:00:19	4:44:30
9:20	1:33:20	1:55:56	2:02:22	2:20:00	2:24:50	2:53:54	3:06:40	4:04:41	4:49:00
9:30	1:35:00	1:58:00	2:04:33	2:22:30	2:27:25	2:57:00	3:10:00	4:09:03	4:54:50
9:40	1:36:40	2:00:04	2:06:44	2:25:00	2:30:00	3:00:06	3:13:20	4:13:25	5:00:00
9:50	1:38:20	2:02:08	2:08:55	2:27:30	2:32:35	3:03:12	3:16:40	4:17:50	5:05:10
10:00	1:40:00	2:04:16	2:11:07	2:30:00	2:35:20	3:06:24	3:20:00	4:22:12	5:10:40

Achevé d'imprimer par Corlet, Imprimeur, S.A.
14110 Condé-sur-Noireau (France)
Précédent dépôt : octobre 1990 - N° d'Imprimeur : 6171 - Dépôt légal : octobre 1992
Imprimé en C.E.E.